LES

ENFANTS CÉLÈBRES

PARIS. — TYPOGRAPHIE PILLET ET DUMOULIN

5, RUE DES GRANDS-AUGUSTINS

Vous vous trompez de victime, c'est moi qui suis le roi !

LES
ENFANTS CÉLÈBRES

OU

HISTOIRE DES ENFANTS

DE TOUS LES SIÈCLES ET DE TOUS LES PAYS

QUI SE SONT IMMORTALISÉS

PAR LE MALHEUR, LA PIÉTÉ, LE COURAGE, LE GÉNIE, LE SAVOIR

ET LE TALENT

PAR

MICHEL MASSON

ONZIÈME ÉDITION

PARIS

DIDIER ET Cⁱᵉ, LIBRAIRES-ÉDITEURS

35, QUAI DES AUGUSTINS, 35

—

1881

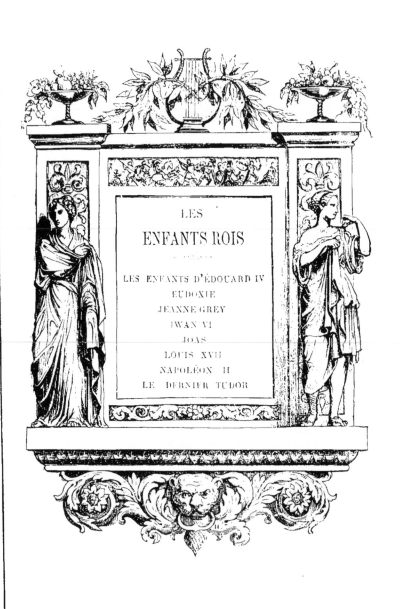

LES

ENFANTS ROIS

LES ENFANTS D'ÉDOUARD IV
EUDOXIE
JEANNE GREY
IWAN VI
JOAS
LOUIS XVII
NAPOLÉON II
LE DERNIER TUDOR

LES ENFANTS D'ÉDOUARD IV

ɪs étaient deux frères : d'abord le
roi Édouard V, âgé d'un peu plus
de douze ans, et puis Richard, duc
d'York, qui venait à peine d'entrer
dans sa onzième année. Édouard IV,
leur père, pendant un règne de vingt-deux ans, avait
eu à subir de difficiles épreuves dont il n'était pas
toujours sorti avec bonheur pour sa vertu. Certes,
Édouard IV d'Angleterre n'était pas un méchant prince;
mais, comme il ne savait pas commander à ses passions,
les grands avaient pour lui peu d'estime, et son peuple
ne lui obéissait qu'en murmurant. Reconnaissant trop
tard les fautes qu'il avait pu commettre dans l'exercice
du pouvoir souverain, il mourut accablé de remords et
laissant la tutelle de ses deux fils à Élisabeth de Wood-
ville, leur mère. Élisabeth n'était pas née près du trône,

mais elle mérita d'y monter; car elle y fut appelée par ses vertus. La veuve d'Édouard IV avait pour ennemi le frère de son royal époux; c'était Richard, duc de Glocester, homme ambitieux, mal fait, boiteux, qui portait sur son visage repoussant l'image de sa vilaine âme; on le vit régner plus tard sous le nom de Richard III, quand le crime eut fait tomber sur son front la couronne d'Angleterre.

Une violente querelle éclata entre la reine tutrice et le duc de Glocester; ce dernier réclamait comme un droit le titre de régent du royaume qui lui avait été refusé par le testament d'Édouard; pour atteindre le but que son ambition lui montrait comme le plus sûr acheminement vers le trône, l'audacieux Richard se rendit à Ludlow, sur les frontières du pays de Galles, et s'empara de la personne du jeune Édouard V; il le conduisit à Londres, convoqua le grand conseil et se fit déclarer protecteur du royaume pendant la minorité de son neveu. Un frère de la reine Élisabeth, le comte de Rivers, indigné d'une tutelle usurpée qui retenait Édouard éloigné de sa mère et prisonnier dans son propre palais, tenta de soulever le peuple et de renverser la fortune de Richard en délivrant le jeune roi; mais le duc de Glocester, prévenu à temps du coup qui le menaçait, déjoua la conspiration, et, au nom même d'Édouard V, il fit condamner le malheureux et fidèle comte de Rivers à avoir la tête tranchée pour crime de lèse-majesté.

Pendant que tout ceci se passait dans le palais, où Richard commandait en maître, la veuve d'Édouard IV s'était réfugiée avec le duc d'York, son plus jeune fils, dans l'abbaye de Westminster; car elle savait bien que partout ailleurs le cruel régent l'aurait fait prendre, et peut-être l'eût-il fait mourir.

Quant à Édouard V, captif dans ses appartements royaux, il ne voyait autour de lui que des espions vendus au comte de Glocester; aussi, c'est à peine si le monarque orphelin osait demander à quelqu'un des nouvelles de la tendre mère qui le soignait si bien quand il était malade. Cependant les soins maternels lui devenaient de jour en jour plus nécessaires; jamais Édouard ne s'était senti si faible et si souffrant, que depuis qu'on l'avait séparé de celle que nul autre ne pouvait remplacer auprès de lui; Édouard n'osait pas non plus parler de son jeune frère Richard, de ce cher compagnon de ses jeux, de celui dont la franche et naïve gaieté était un baume si doux pour ses souffrances.

Jamais, au milieu de la foule, isolement ne fut plus complet que celui du jeune roi d'Angleterre au milieu de sa cour. On lui témoignait bien les respects que l'on doit aux personnes royales, on lui parlait à genoux comme à un roi, mais jamais on ne lui parla avec ce doux intérêt qui fait tant de bien au cœur des enfants. Il voyait des visages humbles, mais pas un seul regard d'amitié ne s'adressait à lui, pas un mot de tendresse ne venait interrompre la monotonie de cette triste existence.

Cela dura deux mois, puis un jour il ne fut plus seul; un jour il lui fut permis d'embrasser ce frère qu'il aimait tant. Le duc de Glocester avait enfin pris soin de réunir les enfants d'Édouard IV; mais ce n'était pas dans le palais du roi leur père qu'ils avaient eu la joie de se revoir. Ils s'étaient retrouvés, pour ne plus se quitter, dans une salle de la Tour de Londres dont la porte ne devait pas se rouvrir pour eux. Le gouverneur de la Tour, le chevalier Robert de Brockenbury, reçut du régent l'ordre de ne laisser communiquer les deux prisonniers avec qui que ce fût du dehors; bientôt un ordre plus cruel lui fut donné : le duc de Glocester, voulant se débarrasser enfin de deux enfants qui gênaient ses projets ambitieux, ordonna au gouverneur de les faire mourir; mais le brave chevalier Robert rejeta cette proposition avec horreur; alors les clefs de la Tour lui furent retirées, et le régent, qui persistait dans son coupable dessein, confia la garde des deux prisonniers à Jacques Tyrrel, homme perdu de débauches, criblé de dettes et bien capable, pour arriver à la fortune, de tuer même des enfants !

« Oserais-tu te charger d'assassiner un de mes amis? lui avait dit Richard. — Oui, mais j'aimerais mieux tuer deux de vos ennemis, répondit aussitôt Tyrrel. — Eh bien ! c'est cela même, il s'agit de me délivrer de deux mortels ennemis qui troublent mon repos; ce sont les deux prisonniers qui sont dans la Tour. — Ouvrez-moi le chemin qui mène jusqu'à eux, ajouta l'assassin, et tout à l'heure ils ne vous inspireront plus de craintes. »

L'histoire ne dit pas quelles étaient les occupations de ces pauvres enfants pendant leur détention dans la prison de la Tour; mais voici comment leur assassin raconta lui-même le spectacle qui s'offrit à ses yeux quand il vint avec ses deux complices pour assurer, par un coup de poignard, la couronne d'Angleterre sur la tête de Richard III.

« Ces deux enfants, couchés dans le même lit, dit assassin, se tenaient l'un l'autre enlacés dans leurs bras innocents et blancs comme l'albâtre. Leurs lèvres semblaient quatre roses sur la même tige ; un livre de prières était posé sur leur chevet. Au bruit que nous fîmes ils s'éveillèrent, le jeune duc d'York effrayé sauta hors du lit ; il voulut crier, un coup de stylet le réduisit au silence. Sa blessure saignait, mais il n'était pas mort ; Édouard V se leva, et, se plaçant devant son frère comme pour le protéger, il s'écria : « Grâce pour le duc d'York ! « vous vous trompez de victime, c'est moi qui suis le « roi ! » L'ordre était donné, il fallut bien les frapper tous deux ; mais après cette horrible boucherie, nous sortîmes de la chambre en pleurant, car nous venions d'immoler deux bien nobles créatures. »

Ce double assassinat fut commis en 1485 ; cent ans plus tard, la reine Élisabeth fit ouvrir la porte d'une chambre murée depuis longtemps dans la Tour de Londres ; on y trouva, sur un lit, deux petits squelettes avec deux carcans au cou ; c'était là tout ce qui restait de périssable du roi Édouard V et de Richard son frère. Élisabeth, qui ne voulait pas renouveler la mémoire de ce forfait, fit remurer la porte et défendit de parler jamais de la découverte qu'on venait de faire. Enfin, cent ans à peu près se passèrent encore ; Charles II, qui régnait alors sur l'Angleterre, fit rouvrir la porte condamnée, et les derniers restes des victimes de Richard III furent transportés à Westminster, dans la sépulture des rois.

EUDOXIE

IMPÉRATRICE D'ORIENT

ÉONCE, philosophe ou plutôt so-
phiste athénien, avait une fille
nommée Athénaïs ; elle était si
belle et si savante, que son père,
en mourant, pensa qu'elle n'aurait pas besoin de biens, et il la
déshérita au profit de ses frères. Mais le savoir et la
beauté ne pouvaient la préserver des épreuves de la
misère, car elle était si jeune qu'on ne lui eût point
permis d'ouvrir une école dans Athènes, et ceux qui
auraient pu aspirer à sa main, la voyant sans dot, ne
songèrent pas à lui faire des propositions de mariage.
A l'époque de la mort de son père, arrivée vers l'an 420,

1.

Athénaïs comptait à peine quatorze ans; elle crut que ses frères ne demanderaient pas mieux que de la garder dans la maison paternelle, pour qu'elle pût y continuer ses chères études, elle se trompait : la jeune fille déshéritée n'obtint pas même cette faveur; les méchants la renvoyèrent en disant : « Notre père t'a donné encore la meilleure part de ce qu'il possédait, car nous n'avons que ses biens, et toi tu as sa science. » Indignée de cette odieuse conduite, Athénaïs invoqua ses droits, elle voulut rentrer dans sa portion d'héritage ; mais, voyant qu'elle ne pouvait obtenir justice des magistrats d'Athènes, elle prit le parti de se rendre à Constantinople pour porter plainte devant l'empereur ; quelques amis l'aidèrent de leurs secours, quand elle parut décidée à entreprendre ce long voyage. Enfin, après avoir courageusement vaincu chacun des obstacles qu'elle devait inévitablement rencontrer sur sa route, Athénaïs arriva dans la capitale de l'empire d'Orient, où régnait alors Théodose II, dit le Jeune. C'était un prince plein d'humanité ; il avait ouvert un asile dans ses États aux chrétiens de l'empire perse qui fuyaient la persécution. Quand Varazanes, leur persécuteur, fit réclamer par des envoyés ses sujets fugitifs, Théodose répondit aux ambassadeurs de Varazanes que, pour traîner en Perse ces vertueux chrétiens dont on voulait verser le sang, il fallait que le roi vînt lui-même les arracher d'entre ses bras.

Athénaïs voulut tout d'abord parvenir jusqu'auprès de l'empereur ; mais elle fut bientôt forcée de renoncer à ce projet, car les courtisans de Théodose, jaloux de

toutes les faveurs impériales qui ne retombaient pas
sur eux, obstruaient les avenues du trône afin que personne ne pût en approcher, et ils se plaçaient à chaque
instant du jour comme une muraille infranchissable
entre le prince et ses sujets. Un autre obstacle devait
encore s'opposer à ce que la jeune et belle Athénienne
pût être favorablement accueillie par Théodose; elle
n'était pas chrétienne, et la sévère piété de l'empereur
d'Orient ne lui permettait pas de recevoir dans son palais une fille des païens.

Seule, sans protecteur à Constantinople, Athénaïs
s'était déjà fait remarquer cependant par son imposante
beauté, et ceux qui avaient été à même de l'entendre
faisaient grand bruit dans la ville de son esprit incom-
parable et de son prodigieux savoir. Ce bruit était par
venu jusqu'à Pulchérie, sœur de l'empereur Théodose;
elle voulut connaître cette merveilleuse jeune fille.
Athénaïs, instruite du désir de la princesse, se rendit à
la porte du temple où Pulchérie venait prier tous les
jours. Quand celle-ci arriva à l'heure accoutumée pour
remplir ses devoirs de dévotion, elle trouva sur les
marches du saint lieu la belle Athénienne, qu'un groupe
nombreux entourait; à l'approche de la princesse, la
foule se dérangea pour lui faire passage; mais, au lieu
d'entrer dans le temple, Pulchérie s'arrêta et resta en
contemplation devant la jeune fille; puis, après ce premier moment donné à l'admiration, la sœur de Théodose se décida à interroger Athénaïs. La philosophe de
quatorze ans répondit à la princesse avec modestie,

elle mit tant de charme et d'esprit dans ses paroles, que Pulchérie, toujours plus émerveillée, conçut tout à coup une vive amitié pour l'intéressante étrangère; elle voulut même que la belle Athénienne l'accompagnât dans le temple, mais Athénaïs s'y refusa.

« Je ne pourrais prier avec vous, madame, je ne suis pas chrétienne. »

Pulchérie fit un mouvement d'effroi et s'éloigna de la jeune fille, car elle aussi avait horreur des païens. Voyant le mauvais effet de ses dernières paroles, Athénaïs s'empressa de rassurer cette bonne princesse, dont la protection lui était si nécessaire, et c'est par ces mots qu'elle essaya de la retenir :

« Non, madame, je ne suis pas chrétienne, mais je n'ai rien tant à cœur que de recevoir le baptême; j'ai lu les livres de votre religion, ils ont éclairé mon esprit, ils m'ont fait détester les erreurs de mon enfance; aussi j'attends comme un bienfait la régénération de mon âme. Mais qui voudrait se charger de répondre de moi devant le Dieu que vous adorez? qui pourrait consentir à être ma marraine? je ne connais personne dans ce pays! »

En disant cela, ses beaux yeux se tournèrent timidement vers la princesse, qui lui ouvrit ses bras et lui répondit :

« Chère enfant, s'il est vrai que la foi soit entrée dans votre cœur, si votre âme a faim du pain de la vérité, comptez sur ma protection, je veux moi-même vous guider hors des ténèbres dont vous fûtes environnée,

vous quitterez votre nom païen d'Athénaïs, je serai votre
marraine, et, comme ma pieuse mère, vous vous nom-
merez Eudoxie. »

Toutes deux alors entrèrent dans le temple, et la jeune
fille qui, quelques moments auparavant, se voyait sans
amis au milieu de cette populeuse cité, se trouva la protégée du personnage le plus puissant à la cour de Théodose le Jeune.

Placée par les soins de Pulchérie auprès d'une pieuse
et noble famille, la future Eudoxie arriva bientôt au jour
désiré de son baptême. En abjurant la croyance de ses
pères, elle s'acheminait sans le savoir vers la puissance
impériale.

Depuis les premiers jusqu'aux moindres courtisans
du palais de Théodose, chacun avait sollicité la faveur
d'être admis à cette solennité, où l'on célébrait la bien-
venue d'une nouvelle chrétienne dans le port du salut.
L'empereur Théodose avait voulu y assister en personne,
et durant la cérémonie religieuse, il ne cessa pas de
contempler, avec une muette admiration, l'Athénienne
de quatorze ans. Quelques jours après, Pulchérie présenta solennellement à son frère la fille de Léonce qui
réclamait justice. L'empereur laissa parler Eudoxie,
car toutes ses paroles étaient douces à entendre ; mais
lorsqu'elle eut fini d'exposer sa plainte, Théodose lui
dit :

« Si considérable que soit l'héritage de votre père,
j'ose croire que la part dont vous avez été injustement
déshéritée ne vaut pas le don d'une couronne ; cessez

de vous considérer comme une orpheline, car vous avez une famille, et c'est la mienne ; ainsi ne vous regardez donc plus comme la sœur des méchants qui vous ont chassée ; vous n'êtes plus Athénaïs, fille de Léonce ; vous êtes Eudoxie, impératrice d'Orient. »

Tandis que l'empereur parlait, Eudoxie se sentait pâlir et trembler ; elle ne pouvait croire à cette haute destinée que le ciel lui réservait. Pulchérie, la voyant chanceler, la retint dans ses bras, et lui dit pour la convaincre que tout cela n'était pas un songe :

« Impératrice d'Orient, relevez-vous et embrassez Pulchérie, votre sœur ! »

Quand arriva le jour du couronnement et du mariage d'Eudoxie, il se trouva dans Constantinople deux hommes qui ne pouvaient sans frémir entendre prononcer le nom de la nouvelle impératrice. Ces hommes avaient été amenés d'Athènes sous bonne escorte, et on les retenait prisonniers dans une salle du palais, en attendant que l'épouse de Théodose le Jeune décidât de leur sort. Comme on l'a deviné, ces deux hommes étaient les frères de l'impératrice Eudoxie, qu'elle-même avait fait conduire à Constantinople pour être témoins de son triomphe : ils avaient à se reprocher une bien mauvaise action envers elle ; aussi leur faute leur faisait tant d'horreur en ce moment, que chacun des deux frères la rejetait sur la conscience de l'autre. Enfin le cortége, qui avait traversé la ville, rentra dans le palais au bruit des acclamations du peuple ; la jeune impératrice, entourée de toute la cour, demanda si les coupables étaient là, et

comme on lui répondit affirmativement, elle ordonna
que ses deux frères lui fussent amenés. Ils se présentèrent devant elle comme des criminels qui vont au supplice. Les malheureux, se reconnaissant indignes de
pardon, se précipitèrent aux genoux d'Eudoxie sans
avoir la force d'implorer leur grâce. L'impératrice s'empressa de les rassurer, et pour toute vengeance elle leur
dit ce que Pulchérie lui avait dit à elle-même : « Relevez-vous, et embrassez votre sœur ! »

JEANNE GREY

—

'EST là une déplorable histoire. Qu'on se figure une belle et rieuse enfant âgée d'environ quinze ans; un modèle de grâce et de savoir; une enfant à qui le ciel a donné toutes les vertus qui font la tendre fille, la bonne épouse, l'amie dévouée, la femme courageuse; une enfant, enfin, qui ne demandait au ciel que d'être la joie de ses parents, le bonheur de son jeune ménage, car elle avait épousé, il y avait de cela quelques mois, un noble et vertueux jeune homme, lord Guilford; eh bien! sur cette tête toute riante, qui ne voulait se parer que de fleurs, l'ambition du duc de Northumberland, son beau-père, s'avisa de placer une couronne. Édouard VI était mort; au mépris des droits légitimes de Marie, fille d'Henri VIII, le vieux duc de Northumberland avait fait

proclamer reine sa belle-fille, Jeanne Grey; mais celle-
ci ne savait rien de tout cela; aussi quand on vint un jour
lui dire : « Vous êtes reine! » son premier mouvement
fut de repousser la couronne qu'on lui offrait : « Il y a
une héritière légitime du trône, dit-elle, et derrière ce
trône il y a un échafaud où doit monter celle qui usur-
pera, ne fût-ce que pour un jour, la puissance souveraine. D'ailleurs je ne veux pas régner. Pourquoi me
condamner aux embarras de la royauté quand je suis
si heureuse ici? Je n'ai que des amis, j'aurais des envieux, des calomniateurs, des assassins peut-être! lais-
sez à ma cousine Marie la couronne qui lui appartient;
moi, je garde mon bonheur, et ma part est la plus
belle. »

Ainsi parla Jeanne Grey au duc de Northumberland;
mais elle eut beau s'en défendre, son sort était fixé; il
était écrit que Jeanne se laisserait couronner reine d'Angleterre, qu'elle régnerait pendant neuf jours, puis après
que l'innocente enfant poserait sa tête sur ce même
billot devant lequel Anne de Boleyn et Catherine Howard
se courbèrent pour mourir.

On l'emmena donc à la Tour de Londres, où le conseil
privé s'était réuni pour proclamer Jeanne Grey. Ses
larmes, ses prières, furent inutiles; on ne voulut pas
même céder aux pressentiments qu'elle avait de son
malheureux avenir. Jeanne, voyant alors qu'elle ne pouvait plus opposer de résistance à sa famille, qui la condamnait à accepter la couronne, consentit à recevoir les
hommages de sa cour. Le duc de Northumberland, qui

voulait la lier indissolublement au trône, l'obligea, pour
prendre possession de la royauté, de signer ce jour-là
même son premier édit; cet unique et singulier acte de
puissance, émané de la volonté d'une reine de quinze
ans, consistait à réduire de deux pouces les pointes des
chaussures, qui étaient à cette époque d'une extrava-
gante longueur.

Pendant neuf jours que dura le règne de Jeanne Grey,
elle ne changea rien aux habitudes de sa vie studieuse
et paisible; la jeune reine continua de lire les poëtes
grecs, latins et français qu'elle aimait, puis elle écrivit à
ses amies dans ces trois langues : « Jeanne Grey, duchesse de Guilford, était bien plus libre que Jeanne
Grey, reine d'Angleterre. »

La royale enfant avait bien compris sur quel sable
mouvant on la faisait marcher; à peine arrivait-elle au
trône que déjà, de toutes parts, le sol tremblait sous ses
pas; sa couronne chancelante se détachait de jour en
jour de son jeune front. Les partisans de Marie, là reine
légitime, ne tardèrent pas à élever haut la voix et à menacer l'innocente usurpatrice d'une chute prochaine.
Puissance bien attaquée est, dit-on, puissance bientôt
renversée; comme justice vient toujours au bon droit,
et que la justice n'était pas du côté de Jeanne Grey, la
force n'y resta pas longtemps.

Malgré les efforts du duc de Northumberland, de lord
Guilford et de ses amis, le peuple et la noblesse se rangèrent sous les drapeaux de la véritable reine d'Angleterre; la nation tout entière reconnut Marie pour souve-

raine, et Jeanne Grey se laissa découronner avec joie;
elle écrivait même à la nouvelle reine : « Le diadème a
déjà trop pesé sur ma tête, recevez-le, vous qui êtes plus
digne que moi de le porter. »

Un moment Jeanne se flatta de l'espoir que sa cousine Marie lui permettrait de retourner à son palais de
Durham, où elle était née, où elle avait vu de si beaux
jours; mais ce n'était pas là ce que voulait la vindicative
fille d'Henri VIII; cette usurpation de neuf jours lui
pesait sur le cœur, et Marie souhaitait trop d'être vengée
pour rendre à la liberté sa noble et modeste parente,
qui ne demandait rien autre chose cependant que de
retourner enfin aux simples plaisirs de son heureuse
jeunesse.

Jeanne Grey ne pouvait pas avoir impunément régné;
dans ce temps-là il fallait mourir reine ou prisonnière;
il fallait que la main fût assez forte pour garder le sceptre
ou qu'elle acceptât des fers : une couronne ne pouvait
pas tomber sans faire tomber aussi la tête qui l'avait
portée.

Marie, qui pouvait mériter la reconnaissance de
Jeanne et l'admiration de la postérité par un généreux
pardon, n'écouta que la voix de la vengeance; elle fit
jeter en prison Jeanne Grey et son époux, le duc de
Guilford, puis d'autres cachots s'ouvrirent pour l'ambitieux duc de Northumberland et pour tous ceux qui
avaient prêté les mains à cette usurpation. On condamna
à mort tous les complices de l'usurpatrice involontaire :
ils furent exécutés. Quant à Jeanne Grey et à lord Guil-

ford, ils restèrent en prison pendant près d'une année. Ce n'était pas par humanité que Marie leur faisait grâce de la vie, mais elle avait peur que le peuple ne se soulevât à la vue d'une victime si jeune, si belle, et qui n'avait rien fait pour mériter ni la royauté ni le supplice.

Vers le commencement de l'année 1554, une révolte fomentée par sir Thomas Wyatt servit de prétexte à l'exécution des deux prisonniers de la Tour de Londres. Marie ordonna leur mort. Quand on apprit à Jeanne Grey qu'il ne lui restait que le temps nécessaire pour se préparer à mourir, elle répondit avec un sourire pénible : « Je savais bien que ma cousine, la reine d'Angleterre, ne pouvait pas nous oublier. » Après avoir dit ces paroles, Jeanne Grey se retira dans sa chambre à coucher, et là elle écrivit à Catherine Grey, sa sœur : « Je vais partir avec celui que j'aime; nous t'attendrons là-haut; mais puisses-tu nous faire attendre longtemps ! »

Lord Guilford, à force de sollicitations, obtint la permission de venir embrasser pour la dernière fois sa jeune et infortunée compagne, car il ne devait plus la revoir qu'au ciel. L'arrêt de mort portait que Guilford serait conduit à l'échafaud le premier. Un officier vint demander à Jeanne Grey si elle voulait recevoir son mari.

« Non, dit-elle avec une noble fermeté, puisque nous devons mourir, il faut éviter tout ce qui ferait faiblir notre courage : cette entrevue ne servirait qu'à nous ôter la force qui nous est si nécessaire dans ce doulou-

reux moment; dites à mon cher époux que je lui envoie
le baiser d'adieu que j'aurais voulu recevoir de lui, mais
auquel je dois renoncer; car il ne peut répondre de son
cœur, et je sens que le mien serait trop sensible à notre
séparation : il ne faut pas que nos ennemis puissent dire
de nous que nous avons eu peur de la mort. »

Une heure après que la courageuse femme eut ainsi
répondu à l'envoyé de son mari, l'implacable reine d'Angleterre, par un raffinement de cruauté, fit passer la tête
sanglante de Guilford si près de la fenêtre de Jeanne
Grey, que celle-ci ne put s'empêcher de la voir. Au lieu
de se détourner avec effroi à l'aspect de cette triste
dépouille de la victime de Marie, Jeanne lui envoya un
baiser. « Adieu, s'écria-t-elle, ce reste mortel n'est pour
moi que le signal de notre réunion prochaine; je ne vois
ici que la moindre partie de toi-même, la plus noble est
déjà dans le ciel, je vais l'y rejoindre, et là nos liens
seront indissolubles. »

Bientôt après on la conduisit au supplice. Quand elle
fut sur l'échafaud, Jeanne Grey s'adressa au peuple :
« Si j'ai porté la couronne, dit-elle, ce fut pour obéir à
mes parents; l'exemple de ma mort apprendra que l'on
peut être condamné sans être coupable. Je remercie
ceux qui ont voulu me sauver, mais qu'ils sachent que
le salut de l'Angleterre exige ma mort, et qu'il vaut
mieux laisser périr un innocent que de compromettre la
sûreté de l'État. »

Elle dit, se mit en prière, ses femmes de service lui
bandèrent les yeux; elle demanda à toucher le fatal billot.

« Mon Dieu, s'écria-t-elle, je remets mon âme entre **vos**
mains. » Sa tête se courba, la hache tomba lourdement,
et la cruelle Marie eut un crime de plus à se repro-
cher.

IWAN VI

ous ne dirions pas : « Heureux comme un roi ! » si nous voulions bien nous rendre compte de toutes les misères attachées à la royauté, de tous les pièges qu'on lui tend, de tous les dangers qui la menacent et de toutes les ambitions dont elle est toujours le jouet et quelquefois la victime.

Non, ne disons pas : « Heureux comme un roi ! » car tête couronnée c'est souvent tête condamnée, sinon à la mort, du moins à d'immenses chagrins, qui sont inséparables de la grandeur.

Mais c'est surtout quand la couronne est placée sur un jeune front qu'elle devient le but des atteintes les plus audacieuses. L'intérêt qui s'attache à l'enfance disparaît lorsque l'enfant est roi ; le conspirateur se sent doublement fort et de la témérité de son projet, et de la faiblesse de celui qu'il veut sacrifier : dans le meurtre d'un jeune roi, incapable de se défendre, ses ennemis ne voient qu'un crime facile, et le charme si doux de la jeunesse ne trouve pas grâce devant eux.

Parmi ceux pour qui le trône fut un malheur, il faut citer avant tout le czar Iwan VI. Neveu de l'impératrice Anne Iwanowna, le don de la couronne fut pour lui le présent le plus funeste ; il paya, du prix de la plus déplorable existence, le triste honneur de compter parmi ceux qui ont régné sur la Russie.

Une intrigue de palais le fit proclamer empereur quand il comptait deux mois à peine ; l'année suivante une autre intrigue de palais le jeta du trône dans une prison. Il fut ainsi précipité du faîte dans l'abîme, sans avoir été en état de comprendre qu'il avait eu une cour à ses genoux, que des armées obéissaient à son nom, qu'en son nom aussi la justice avait été rendue à d'immenses populations. Ainsi Iwan n'emporta pas même dans la forteresse de Schlüsselbourg, où on le relégua, le souvenir de sa grandeur passée. Lorsque le jeune czar détrôné fut en âge de voir, de sentir et de comprendre, il ne trouva autour de lui que des geôliers, car pas un serviteur ne lui était resté fidèle, pas un ami ne venait le consoler de sa triste captivité et le saluer du titre d'empereur ; rien ne lui parlait de son règne passé, qu'il ignorait absolument. Dans cette forteresse, dont il était le prisonnier le plus important, l'enfant roi n'avait qu'une pauvre petite chambre avec une fenêtre soigneusement grillée, puis une porte à gros verrous, et devant cette porte une sentinelle qu'on changeait toutes les heures : on craignait si fort l'indiscrétion de ceux qui devaient le garder, que, durant sa longue captivité, il ne vit pas deux fois le même visage de soldat en faction devant sa cellule. Personne ne lui parlait; on ne lui permettait que de rares promenades, et si, par hasard, l'enfant venait à profiter d'une porte ouverte pour dépasser la limite qui lui était assignée, il trouvait devant lui des fusils mis en joue et prêts à faire feu qui l'obligeaient à rebrousser chemin. Iwan grandissait cependant, quelques-uns des officiers à qui sa garde était confiée n'avaient pu s'empêcher de remarquer sa beauté, sa douceur et sa grâce naïve; ils en parlaient tout bas à leurs amis de Saint-Pétersbourg, et tout bas aussi les complots se formaient en faveur de ce jeune czar, qui était doublement sacré pour eux, car il portait tout à la fois et la couronne impériale et celle du martyre. Mais de tous ces complots qui menaçaient plutôt qu'ils ne servaient cette existence précieuse, aucun n'arriva jusqu'au jour de l'exécution; les conjurations, presque aussitôt découvertes qu'elles étaient formées, attiraient toujours sur Iwan une rigueur nouvelle. Pendant seize ans on le promena de prison en prison, de cachot en cachot, et le jeune empereur se laissait conduire partout où on voulait le mener, ne demandant à personne pourquoi on le tenait ainsi captif; car telle était son ignorance touchant la condition des hommes sur la terre, qu'il ne soupçonnait pas même qu'il y eût ici-bas autre chose que des prisonniers.

2

Soit par caprice, soit par remords, un jour la czarine
Élisabeth, celle-là qui régnait à la place d'Iwan VI, voulut voir le jeune empereur qu'elle avait si cruellement
privé et de la liberté et du trône. On tira Iwan de sa
cellule et on le conduisit à Saint-Pétersbourg, dans une
voiture fermée et accompagné d'une imposante escorte. Le czar découronné fut introduit chez la fille de
Pierre le Grand : quand ces deux royautés, c'est-à-dire
celle qui abusait de la toute-puissance et celle qui ne
pouvait user d'aucune liberté, se trouvèrent en présence, il y eut de part et d'autre des larmes d'attendrissement; l'impératrice fut touchée des malheurs de sa
propre victime, Iwan pleura de reconnaissance en
voyant la noble dame inconnue prendre en pitié son
malheureux sort. C'était la première fois qu'on parlait
avec tant de bonté au pauvre prisonnier ; leur entrevue
dura longtemps, et pendant cette entrevue l'agitation
des courtisans fut grande dans le palais; le secret entretien d'Élisabeth et d'Iwan fit concevoir de terribles
craintes à ceux qui avaient aidé à renverser le jeune
czar; on pensa que l'impératrice, cédant à un bon
mouvement de son cœur, allait remettre le sceptre
impérial à celui qui devait légitimement le porter;
bien des existences se jugèrent compromises, plus
d'un grand seigneur de la cour de Russie se prépara
à saluer un nouveau soleil levant; mais les craintes
et les espérances ne tardèrent pas à s'évanouir, car
Élisabeth, ayant fait entrer dans la chambre royale
ceux qui avaient amené le czar Iwan, donna l'or-

dre de reconduire le prisonnier dans sa forteresse.

Six ans se passèrent encore, puis l'impératrice Élisabeth mourut et Pierre III monta sur le trône. Celui-ci
voulut aussi connaître le prisonnier de Schlüsselbourg;
il ne fit pas venir Iwan dans son palais, mais il se présenta dans la prison du pauvre enfant comme un vieil
ami de sa famille, qui venait pour lui parler de sa mère,
et pour lui rendre l'espoir d'une liberté prochaine. Nous
l'avons dit, on ne s'était pas le moins du monde occupé
de l'éducation d'Iwan, il ne savait rien de ce que les
sciences et l'usage du monde enseignent; mais tout ce
que l'esprit et le cœur peuvent devoir à la nature il le
possédait au plus haut degré : ses facultés naturelles
étaient si heureuses, qu'elles ne demandaient plus qu'une
faible culture pour se développer et faire du jeune czar
un digne successeur de Pierre Ier, le grand homme.

A la suite de cette longue entrevue avec Iwan,
Pierre III emporta de celui-ci une idée si avantageuse
qu'il résolut de lui léguer la couronne impériale; mais
peu de jours après sa visite à la forteresse de Schlüsselbourg, Pierre III mourut assassiné, et sa femme Catherine II, proclamée impératrice, déchira le testament
qui devait ouvrir au prisonnier la porte de son cachot.

Iwan, n'entendant pas sonner l'heure de sa délivrance,
se disait : « On m'oublie! » et il se résignait à son sort.
Pourtant ses chaînes lui semblaient plus pesantes et
plus difficiles à porter depuis qu'il avait vu une femme,
cette Élisabeth qu'il croyait généreuse, le plaindre
et l'embrasser en pleurant, et depuis surtout qu'un

homme, généreux aussi, était venu le visiter et lui dire :
« Vous serez libre, vous serez roi ! »

Iwan se trompait, on ne l'oubliait pas.

L'histoire, qui nous promet toute la vérité, laisse
souvent, à défaut de preuves, planer de terribles soupçons sur les mémoires royales. Catherine II fut-elle
innocente du meurtre d'Iwan VI? a-t-elle eu à rendre
compte devant Dieu du sang de cette jeune victime? On
le croit, on le craint, mais on ne saurait l'affirmer. Nul
ne dira quelle fut la main cachée qui fit jouer les fils de
l'horrible intrigue qui se termina par un coup de poignard; mais voici ce qui arriva :

Tandis que le jeune Iwan reposait dans sa prison, rê-
vant peut-être aux jours heureux qui lui avaient été
promis, un sous-officier nommé Wasili Mirowitsch, qui
avait sollicité le commandement de la garde du prince,
éveilla les soldats qu'il avait sous ses ordres, dans la
nuit du 4 au 5 juillet 1764; il les rangea en bataille et
leur dit qu'il y avait là, dans cette prison d'État, un
grand prince vraiment digne du trône, et que ce prince,
leur czar légitime, attendait d'eux sa délivrance. Aussitôt
on charge les armes, on brise la porte du cachot, on
s'élance pour délivrer Iwan, et l'on ne trouve qu'un
cadavre : le czar prisonnier venait d'être assassiné! Il
faut dire que dès la première alerte le commandant de
la forteresse était entré dans la cellule d'Iwan par une
porte secrète; le geôlier du jeune czar avait reçu depuis
quelques jours avis du mouvement populaire qui devait
avoir lieu en faveur de son prisonnier, et il lui était or-

donné de tuer le malheureux prince, si la porte de son
cachot venait à s'ouvrir devant ses libérateurs; la porte
fut ouverte, et le commandant, suivant l'ordre barbare
qu'il avait reçu, donna à ses officiers le signal du meurtre d'Iwan. Le jeune czar demanda grâce, on ne l'é-
couta pas; il tomba percé de coups aux pieds du commandant. Wasili Mirowitsch eut la tête tranchée. Quant
à l'impératrice Catherine, désormais affermie sur le
trône de Russie, elle cessa d'avoir à trembler comme
autrefois pour sa puissance, au seul nom de l'empereur
prisonnier.

JOAS

—

 UR la sainte montagne où Abraham autrefois offrit en sacrifice son jeune fils Isaac, le peuple de Dieu avait bâti le temple de Jérusalem. Les prêtres, qui étaient tous de la famille d'Aaron, et les lévites, qui leur obéissaient, gardaient secrètement dans la maison du Seigneur un enfant échappé à la mort par miracle. L'orphelin si mystérieusement élevé se doutait peu, en servant les saints sacrifices, qu'à sa sortie du temple il dût monter sur le trône de Juda.

Cet enfant, qui se nommait Joas, était fils d'Ochosias et petit-fils de la reine Athalie. Il n'avait qu'un an lorsque son père mourut; l'ambitieuse Athalie, qui voulait régner absolument, ordonna le massacre de tous les enfants d'Ochosias; un seul d'entre eux fut sauvé. Josa-

beth, la tante de Joas, qui était femme du grand prêtre
Joïada, pénétra dans le palais pendant qu'on massacrait
les frères de Joas. Elle s'approcha du berceau de cette
victime oubliée, se saisit de l'enfant, l'enveloppa dans
un voile, et parvint, à la faveur de la nuit, à se glisser
dans le temple avec son précieux fardeau. Athalie,
croyant bien que tous ses petits-fils étaient morts, et ne
voyant plus personne qui pût lui disputer la couronne,
se fit proclamer reine; puis, abjurant la foi du peuple
de Juda, elle consacra un temple au dieu Baal, idole
cruelle à laquelle on sacrifiait des victimes humaines.

Cependant Joas, sous un nom supposé, grandissait
dans le temple et se formait à la vertu, grâce aux leçons
de sa pieuse tante et grâce aux sages conseils du grand
prêtre Joïada. Vers sa septième année, le bruit de la
précoce sagesse de l'enfant s'étant répandu au dehors,
Athalie voulut connaître ce jeune lévite si bien élevé
dans la crainte du Seigneur, et dont les plus enclins à
l'impiété ne pouvaient s'empêcher de parler avec une
sorte d'admiration.

Mais ce n'était pas le seul désir de rendre hommage
à la jeune vertu de Joas qui conduisait Athalie dans le
temple de Jérusalem. Un songe avait troublé la reine :
elle consulta à ce sujet Mathan, le prêtre de Baal, et
celui-ci, pour se venger de Joïada qu'il détestait, s'était
empressé de jeter dans l'âme d'Athalie un soupçon
contre l'orphelin qu'on élevait avec mystère dans le
saint lieu.

Athalie se présenta donc dans la maison du Seigneur,

et ayant pris Joas à part, voici, d'après notre grand
Racine, l'un des poëtes chrétiens les plus sublimes,
l'entretien que la criminelle aïeule eut avec son royal
petit-fils.

ATHALIE.

Comment vous nommez-vous?

JOAS.

J'ai nom Eliacin.

ATHALIE.

Votre père?

JOAS.

Je suis, dit-on, un orphelin,
Entre les bras de Dieu jeté dès ma naissance,
Et qui de mes parents n'eus jamais connaissance

ATHALIE.

Vous êtes sans parents?

JOAS.

Ils m'ont abandonné!

ATHALIE.

Comment et depuis quand?

JOAS.

Depuis que je suis né :

ATHALIE.

Ne sait-on pas au moins quel pays est le vôtre?

JOAS.

Ce temple est mon pays, je n'en connais point d'autre.

ATHALIE.

Où dit-on que le sort vous a fait rencontrer?

JOAS.

Parmi des loups cruels prêts à me dévorer.

ATHALIE.

Qui vous mit dans ce temple?

JOAS

Une femme inconnue,
Qui ne dit pas son nom, et qu'on n'a pas revue.

ATHALIE.

Mais de vos premiers ans quelles mains ont pris soin ?

JOAS.

Dieu laissa-t-il jamais ses enfants au besoin?
Aux petits des oiseaux il donne leur pâture,
Et sa bonté s'étend sur toute la nature.

ATHALIE.

Quels sont donc vos plaisirs?

JOAS.

Quelquefois à l'autel
Je présente au grand prêtre ou l'encens ou le sel,
J'entends chanter de Dieu les grandeurs infinies,
Je vois l'ordre pompeux de ses cérémonies.

ATHALIE.

Eh quoi! vous n'avez pas de passe-temps plus doux?
Je plains le triste sort d'un enfant tel que vous.
Venez dans mon palais, vous y verrez ma gloire.

JOAS

Moi! des bienfaits de Dieu je perdrais la mémoire ·

ATHALIE.

Non, je ne vous veux pas contraindre à l'oublier.

JOAS.

Vous ne le priez point !

ATHALIE.

Vous pourrez le prier.

JOAS.

Je verrais cependant en invoquer un autre.

ATHALIE.

J'ai mon Dieu que je sers, vous servirez le vôtre,
Ce sont deux puissants dieux.

JOAS.

Il faut craindre le mien!
Lui seul est Dieu, madame, et le vôtre n'est rien.

ATHALIE.

Les plaisirs près de moi vous chercheront en foule.

JOAS.

Le bonheur des méchants comme un torrent s'écoule

N'ayant pu ni séduire Joas, ni rien apprendre de lui, Athalie sortit du temple, mais avec un projet de vengeance qu'elle ne tarda pas à mettre à exécution. L'an 870 avant Jésus-Christ, elle fit piller le divin sanctuaire pour orner de ses dépouilles les autels de Baal.

Alors Joïada rassembla ses lévites et les principaux chefs des familles : ce jour était celui de la fête de la Pentecôte; il présenta à l'assemblée son élève Joas revêtu des ornements royaux, et, le front ceint du diadème, il le sacra roi en présence de son pieux auditoire. Bientôt les acclamations du peuple répondent aux cris de victoire des lévites réunis dans la maison du Seigneur; on court en foule au temple de l'idole, l'autel de Baal est détruit, Athalie est massacrée, et le fils d'Ochosias, solennellement reconnu par le peuple, monte enfin sur le trône de son père.

Élève soumis du grand prêtre, tant que vécut ce saint pontife, Joas fut un modèle de justice et de piété; mais après la mort de Joïada, dont Dieu avait prolongé les jours jusqu'à l'âge de cent trente ans, le roi de Juda foula aux pieds les lois et la religion; dans un moment d'orgueil et de colère il fit lapider Zacharie, le fils de son bienfaiteur; ensuite, et par lâcheté, il livra les trésors du temple à Hazaël, roi de Syrie. Pour punir Joas, Dieu le fit tomber dans une extrême langueur dont rien ne put le guérir, et quelque temps après ce prince coupable mourut assassiné par deux officiers qu'il avait comblés de ses bienfaits. Le crime des assassins de Joas est abominable sans doute, mais ces deux perfides ser-

viteurs ne se montrèrent pas plus ingrats envers leur
bienfaiteur qu'il ne l'avait été lui-même envers la famille de Joïada.

Suivant la coutume des temps antiques, les Juifs usè-
rent du droit qu'ils avaient de juger leurs rois après que
ceux-ci étaient morts, et ils refusèrent à Joas les honneurs de la sépulture.

LOUIS XVII

—

D E quelque part que vienne le crime, soit qu'il ait pour but l'intérêt d'un trône ou la sûreté de l'État, il est toujours odieux, impie, révoltant; il est toujours crime enfin. La postérité ne saurait absoudre ceux qui l'ont commis; on aura beau se retrancher derrière les titres imposants de volonté royale ou de souveraineté populaire, l'histoire y verra toujours une victime à plaindre et des bourreaux à flétrir. Une nation n'a pas plus le droit de se venger qu'un seul homme, et l'action coupable de tous n'est pas plus justifiable que l'action coupable d'un seul. Si la voix du peuple est, comme on l'a dit, la voix de Dieu, c'est quand elle proclame des lois de justice et de vérité : or le martyre d'un enfant n'a pas été justice, et le crime est toujours une erreur.

L'histoire que je veux raconter a marqué d'une nouvelle tache de sang cette terrible époque où l'humanité
eut tant à gémir, où l'orgueil national eut à s'enorgueil-
lir de tant de belles choses. Bénissez le ciel vous qui êtes
jeunes! vous qui profitez de la moisson que vos pères
ont arrosée de leur sang et de leurs larmes! bénissez le
ciel, vous dont la robe d'innocence n'a rien perdu de sa
blancheur; mais plaignez ceux qui ont vécu dans un
temps où il ne fut pas toujours permis, même aux hommes nés pour la vertu, de sortir les mains et le cœur
purs de cette longue épreuve révolutionnaire.

PREMIÈRE ÉPOQUE. — LE DAUPHIN

Dans un coin réservé du parc de Versailles, il y avait
un petit jardin bien soigneusement peigné, bêché, ar-
rosé, et dont toutes les fleurs s'épanouissaient comme à
plaisir sous les mains d'un petit jardinier de six à sept
ans, qui cultivait cet étroit enclos. Tous les matins de
bien bonne heure le propriétaire de ce petit domaine
venait cueillir ses roses les plus belles et ses giroflées
les plus odorantes, pour en former un bouquet; il ne
souffrait pas que quelqu'un l'aidât, car ce bouquet, il le
destinait à sa mère. A son réveil, la reine Marie-Antoinette trouvait toujours devant ses yeux les fleurs que
son fils venait de placer là pour elle. L'enfant, caché
derrière un rideau, la voyait sourire à son présent ma-
tinal; plus elle lui semblait contente, plus il se sentait
heureux. Alors, sortant de sa cachette, il venait recevoir

sa récompense; cette récompense c'était un baiser; ce baiser lui était si doux, que ni la grêle ni la pluie ne pouvaient l'empêcher de descendre dans son petit jardin pour mériter le prix de sa peine. « Un jour, dit M. le duc de Maillé, que le soleil était ardent, je vis monseigneur le dauphin bêcher avec tant d'action autour d'un jasmin d'Espagne, que de grosses gouttes de sueur lui tombaient du front; je voulus appeler le jardinier pour épargner au jeune prince un travail qui le fatiguait trop. — Non, laissez-moi faire, me répondit en riant Son Altesse royale; je veux faire croître moi-même ces fleurs pour qu'elles soient plus agréables à maman, qui les aime surtout parce que je les cultive. »

On cite du royal jardinier des traits de sensibilité charmants : il avait un joli petit chien nommé Mouflet, qu'il aimait beaucoup; après sa mère et ses fleurs, tous ses soins étaient pour Mouflet, tout son plaisir était de courir avec lui dans les belles allées du parc ; madame de Tourzel, sa gouvernante, s'effrayant de le voir aller si vite, disait à la reine : « Il risque de tomber. — Il faut qu'il apprenne à tomber, répliquait Marie-Antoinette. — Mais il peut se faire mal. — Il faut qu'il apprenne à souffrir, » disait encore la reine; mais sans se douter que le pauvre enfant ferait de la souffrance un si long et si cruel apprentissage.

Le jeune prince n'était pas toujours également soumis et studieux : un jour il fallut le punir de son indocilité, on ne trouva pas de meilleur moyen, pour le rendre plus sage à l'avenir, que de le priver de son cher Mouflet; le petit chien fut enfermé dans un cabinet d'où le jeune prince pouvait l'entendre, mais, hélas ! ils ne pouvaient se voir, et c'était là aussi une cruelle privation pour Mouflet : il aimait tant son maitre ! D'abord Mouflet se mit à gémir, puis il grogna, puis il gratta à la porte et finit par faire un bruit affreux, si bien que le dauphin, se sentant le cœur navré, courut chez la reine en pleurant.

« Maman, lui dit-il, Mouflet a bien du chagrin, et pourtant ce n'est pas lui qui a été méchant, on ne doit pas le punir. Si vous voulez le délivrer, je vous promets d'aller me mettre à sa place, et d'y rester tant que vous voudrez. » Cette prière fut exaucée, on rendit Mouflet à la liberté, et le petit dauphin resta sans se plaindre dans le cabinet noir jusqu'au moment où sa mère crut devoir lever les arrêts.

Comme tous les enfants de son âge, il n'appliquait pas toujours bien les maximes qu'il entendait répéter; il arriva qu'une fois, comme il courait entre une double haie de rosiers, peu s'en fallut qu'il ne se jetât au milieu d'un buisson : « Prenez-garde, lui dit la reine, ces épines pourraient vous crever les yeux et vous déchirer le visage. — Chère maman, répondit-il d'un ton décidé, les chemins épineux sont ceux qui mènent à la gloire. — C'est une belle maxime, ajouta la reine, mais dont vous avez mal compris le sens : quelle gloire y a-t-il à se crever les yeux pour le seul plaisir de courir et de jouer? si c'était pour tirer quelqu'un du danger, il y aurait de la gloire ; mais ici il n'y a que de l'imprudence. Attendez, mon enfant, pour parler de gloire, que vous soyez en état de lire l'histoire des héros qui ont défendu la France au prix de leur fortune et de leur sang. »

Le dauphin rougit, baissa les yeux d'un air confus : il parut réfléchir un moment; ensuite il saisit la main de sa mère, la baisa avec respect et repartit : « Eh bien! maman, moi je veux mettre ma gloire à vous aimer, à vous obéir et à suivre vos conseils. »

Bientôt arriva une grande et terrible journée; la Bastille tomba sous le canon des Parisiens, et la volonté du peuple ramena aux Tuileries le roi et sa famille. Il fallut dire adieu à ce beau palais de Versailles, à ce petit jardin si bien cultivé, à ces pauvres fleurs qui allaient mourir faute de soins. Pour consoler l'enfant on lui disait : « Tu en auras d'autres à Paris. — Ce ne seront plus les miennes, répondit-il. — On t'en donnera de plus belles. — Elles ne le seront pas à mes yeux, puisque je ne les aurai pas arrosées. »

Pauvre héritier de soixante-six rois, il regrettait des fleurs, et c'était une couronne qu'il allait perdre !

Cependant, aux Tuileries aussi, il eut son petit jardin. A l'extrémité de la grande terrasse du château, on lui réserva un enclos à claire-voie, où tous les jours il allait travailler sous la surveillance d'un détachement de la garde nationale. Dans le commencement l'escorte fut peu nombreuse; aussi faisait-il entrer tous les gardes avec lui, il leur distribuait des fleurs avec une grâce charmante; souvent il leur disait : « Je vous en donne-

rais bien davantage; mais c'est que j'ai une maman qui
les aime beaucoup. » Peu à peu la garde du jeune
prince fut augmentée, le jardin devenait trop exigu pour
qu'il pût faire à tout le monde les honneurs de son domaine, et voilà pourquoi il dit une fois à ceux qui se
pressaient autour de la palissade : « Je suis bien fâché,
messieurs, que mon jardin soit si petit, car cela me prive
du plaisir de vous y recevoir tous. » La prison de la
famille royale était vaste encore : elle s'étendait jusqu'aux barrières de Paris. La reine faisait de fréquentes
promenades avec son fils; c'est dans les établissements
de charité qu'elle prenait soin de le conduire. Ils allaient
souvent ensemble visiter l'hospice des Enfants Trouvés;
deux valets de pied, tenant de grandes bourses ou-
vertes, suivaient le dauphin qui parcourait les dortoirs,
et s'arrêtait devant chaque lit pour y déposer une of-
frande. Quand il sortit pour la première fois de cet asile
du malheur, sa première parole fut celle-ci : « Quand
donc y reviendrons-nous? » Quelque temps avant la
journée du 20 juin, qui devait conduire dans la prison
du Temple Louis XVI et ses enfants, une femme du
peuple pénétra dans le petit jardin du Dauphin, et lui
présenta une pétition : « Monseigneur, lui dit-elle, si
j'obtenais la grâce que je demande, je serais heureuse
comme une reine; » l'enfant prit le papier, il regarda
la pauvre femme d'un air tout chagrin et lui dit : « Heureuse comme une reine! moi j'en connais une qui est
bien bonne, et qui pourtant ne fait que pleurer tous les
jours. »

Il ne nous appartient point de juger ici ou le bien ou le mal de cette journée qui décida du sort de la monarchie : nous dirons seulement qu'il y eut un roi outragé, une femme, une reine insultée, et des enfants qui se jetèrent en pleurant dans les bras de leur mère tremblante, cette noble reine que l'on voulait tuer. Nous parlons ici du 20 juin 1792. Ce jour-là l'insurrection armée braqua ses canons jusque dans la salle des gardes du roi. Le fils de Louis XVI, qui n'était déjà plus l'héritier du trône, car la royauté était abolie, partagea toutes les craintes et tous les dangers de cette journée, et quand le lendemain il entendit battre encore la générale autour du château, il se réfugia avec effroi auprès de sa mère, en s'écriant : « Maman, est-ce qu'hier n'est pas fini ? »

Non, car ce même hier dura jusqu'au 10 août suivant, et le lendemain la famille royale était prisonnière dans la tour du Temple

DEUXIÈME ÉPOQUE. — LE PRISONNIER.

Nous venons d'entrer dans cette longue suite de malheurs où l'on marche les pieds dans le sang, où à chaque pas on heurte un échafaud, où le bourreau ne peut plus compter les têtes qui tombent, tant la révolution met de zèle à lui fournir des victimes. D'autres se sont chargés de vouer à l'exécration ceux qui firent jouer l'instrument de mort; d'appeler les larmes de la pitié sur ceux

qui moururent avec courage, dans une lutte où les adversaires, qui disposaient de toutes les forces, ne laissèrent pas même l'arme de la parole à ceux qu'ils appelaient au combat : c'est seulement l'agonie d'un enfant
que nous voulons raconter.

Il était encore à cet âge doré où l'on ne comprend pas
toute son infortune; le plus grand chagrin du jeune
prince, c'était de voir pleurer ses deux mères : maman
la reine et maman Élisabeth. A la prison du Temple,
aussi bien que dans le parc de Versailles, aussi bien
que dans le jardin des Tuileries, il avait son petit enclos
où les fleurs manquaient sans doute d'un peu de soleil;
mais enfin, là encore, il pouvait cultiver les fleurs.

Le roi, qui avait, même au dire de ses ennemis,
toutes les vertus qui font le bon père de famille, donnait
tous ses soins à l'éducation de son fils; il se plaisait
à exercer cette jeune intelligence qui, déjà plus d'une
fois, s'était fait remarquer par d'ingénieuses reparties
et par une singulière vivacité d'esprit. Ainsi, comme le
dauphin et son père jouaient un jour aux quilles, il arriva que Louis XVI perdit plusieurs parties sans pouvoir
marquer plus de seize points : « Ce nombre seize est
bien malheureux! dit le roi. — Hélas! nous souffrons
tous pour lui, reprit l'enfant; mais il faut espérer qu'il
finira par gagner la partie. »

Tous les jours, dès six heures du matin, le roi se
levait et préparait les leçons qu'il devait donner à son
fils; à dix heures les prisonniers du Temple se réunissaient chez la reine, et l'on se livrait à l'étude. Ces

heures étaient bien douces encore pour les captifs, et
tant que la leçon durait, chacun semblait oublier sa
grandeur passée, ses dangers à venir; mais trop souvent,
hélas! les bruits du dehors venaient interrompre les
paisibles scènes de famille. Des cris de mort proférés
dans la rue ne rappelaient que trop bien aux royales
victimes qu'après le sacrifice de leur trône et de leur
liberté elles n'avaient même plus le droit de compter
sur la vie.

C'est dans ces cruels moments que le courage de
Louis XVI grandissait avec le péril; ce courage, qui
consistait seulement à savoir souffrir, lui permettait
d'opposer un visage calme à l'orage qui le menaçait, et
de rassurer par sa contenance tranquille une épouse,
une sœur et deux enfants, à qui l'expérience du passé
et le danger du moment arrachaient toujours de lamen-
tables cris.

Quand le nouveau sujet de terreur avait cessé,
Louis XVI essayait de le faire oublier en proposant des
énigmes à son fils, et les réponses ingénues du royal
enfant parvenaient à ramener la gaieté sur ces visages
tant de fois sillonnés de larmes.

« Charles, lui demandait un jour le roi, qui est-ce qui
est blanc et noir et ne pèse pas une once; qui va nuit et
jour comme le vent, qui dit et apprend mille choses
sans parler? — Je crois que c'est un cheval, répondit
le dauphin. — Y pensez-vous, Charles, un cheval? —
Sans doute, papa, est-ce qu'un cheval ne peut pas être
noir et blanc? — En effet. — Enfin, un cheval court la

poste et il ne parle pas. — C'est encore juste, mon ami ;
mais un cheval pèse un peu plus d'une once et il ne dit
pas de nouvelles. — Attendez donc, papa, je crois que
j'y suis : c'est la *Gazette;* » et après avoir deviné, le
jeune prince se mit à rire de si bon cœur, qu'il fit partager sa joie à tous ceux qui l'entouraient.

« Eh bien ! en voici une autre, continua le roi : quelle
est la dame la plus intéressante, la plus noble, la plus
belle du monde? — C'est maman, interrompit le dauphin. — Un instant, Charles, je n'avais pas fini, poursuivit son père ; écoutez jusqu'au bout : je vous deman-
dais donc quelle est la dame la plus intéressante, la
plus noble, la plus belle du monde, et qui malheureuse-
ment éloigne et fait fuir tout le monde ! »

Ici le jeune prince fut moins pressé de répondre, il
se gratta l'oreille, et se pencha vers sa sœur, qui lui
souffla tout bas ces trois mots : « C'est la vérité. »
« Mon papa, c'est la vérité, répondit hardiment le dauphin; mais pour vous la dire tout entière, je dois vous
avouer que ce n'est pas moi qui ai trouvé celle-là. »

C'est dans ces entretiens que s'écoulaient les heures
de récréation quand le temps ne permettait pas d'aller
jouer dans le préau de la prison du Temple. Ce temps,
qui était si bien réglé que l'étude en avait la plus grande
part, sans que pour cela le maître se fatiguât d'enseigner
et l'élève d'apprendre, ce temps s'écoula; puis arriva
l'hiver ; l'année 1793 venait de commencer ! Jamais le
dauphin n'avait vu couler tant de larmes ; ses réponses
les plus naïves ne provoquaient plus le moindre sourire.

3.

On ne lui disait pas le grand malheur qui se préparait pour lui, et la contenance ferme et courageuse de son père ne pouvait pas le lui faire soupçonner.

Le 20 janvier arriva : quand on vint lui annoncer son arrêt de mort, Louis XVI était plongé dans une profonde méditation; M. de Malesherbes entra ; à l'approche de son défenseur, le roi se leva de sa chaise : « Monsieur de Malesherbes, lui dit-il, je suis occupé depuis deux heures à rechercher si pendant le cours de mon règne j'ai mérité de mes sujets le plus léger reproche, eh bien! je vous le jure dans toute la vérité de mon cœur, comme un homme qui va paraître devant Dieu, j'ai constamment voulu le bonheur du peuple, je n'ai jamais formé un vœu qui lui fût contraire. » Ainsi parla celui à qui la France devait la création des ports de Vendres et de Cherbourg, la restauration de sa marine ; l'Amérique du Nord, des secours généreux; celui qui avait réprimé l'ambition de Joseph II, dans ses entreprises contre la Bavière et la Hollande; celui qui, dans l'exercice du pouvoir absolu, n'avait eu à se reprocher ni un vice ni un acte sanguinaire; celui qui, la veille de sa condamnation, avait fait dire à des serviteurs prêts à se dévouer pour lui : « Je ne vous pardonnerais pas s'il y avait une seule goutte de sang versé pour moi. J'ai refusé d'en répandre quand peut-être il m'eût conservé le trône et la vie; je ne m'en repens pas! non, je ne m'en repens pas. »

Et puis M. de Malesherbes partit, le roi demanda à voir sa famille.

Quelle plume assez éloquente pourra retracer la scène
des adieux ? Ce n'est plus un roi : c'est un frère, c'est un
époux, c'est un père qui va mourir, et qui parle pour
la dernière fois à sa sœur, à sa femme, à ses enfants
chéris. Il y a de sublimes douleurs devant lesquelles il
faut se taire et pleurer ! Qu'on se figure donc seulement
Louis XVI entouré de sa famille, et sous les regards de
ses geôliers. Il a la reine à sa gauche, madame Élisabeth
est à sa droite, madame Royale s'est assise en face de
lui, et le jeune dauphin, qui ne sait rien encore de tout
ce qui doit se passer le lendemain, vient se placer debout entre les jambes de son père ; il n'ose lui demander que du regard d'où viennent tous les sanglots qu'il
entend, et pourquoi des larmes si abondantes brillent-
elles dans les yeux qui ont déjà tant pleuré.

Comme pour ajouter à ce tableau, déjà si déchirant,
les crieurs publics, rassemblés devant la tour du Temple,
publiant à pleine voix la sentence de mort et proclamant
l'heure du supplice : c'est alors que le jeune prince
connaît tout son malheur ; il pâlit, tout son corps
tremble, et entre ses dents qui s'entre-choquent on entend ces naïves paroles : « Oh ! non, ils ne feront pas de
mal à papa, car papa ne leur en a point fait. »

Tout à coup l'enfant s'élance hors de la chambre ; il
repousse les officiers municipaux qui gardent la porte ;
on l'arrête, on lui demande où il court.

« Je vais parler au peuple, dit-il avec énergie. — C'est
impossible, vous ne pouvez pas sortir. — Je vous en
supplie, reprend-il en joignant les mains, laissez-mo

m'aller mettre à genoux devant le peuple et le prier de
ne pas faire mourir papa. »

Un officier municipal le ramena dans la chambre, et
il ne fallut pas moins qu'une parole sévère du roi pour
contenir l'enfant en proie au plus violent désespoir.

TROISIÈME ÉPOQUE. — LE ROI.

La reine était veuve et ses enfants orphelins. Pendant
longtemps il ne fut pas possible de s'occuper d'autre
chose, dans la prison du Temple, que de donner des
regrets à celui qui n'était plus. Cependant il fallut bien
que la mère se chargeât de l'éducation de son fils et de
sa fille ; aidée, encouragée par madame Elisabeth, elle
se livra tout entière à ses devoirs de famille ; quand
l'heure de l'étude sérieuse était passée, on se délassait
du travail par un jeu que le roi avait inventé pour son
fils : c'était le loto géographique. On tirait d'un petit sac
des noms de ville que l'on marquait ensuite d'un jeton
sur la carte géographique ; la partie consistait à couvrir
les premiers cinq noms de ville, et le gagnant devait
dire de mémoire l'histoire des principaux événements
qui s'y étaient passés. Un soir, l'enfant amena le jeton
qui portait le nom de Péronne, il jeta un cri d'effroi :
« Oh ! maman, dit-il, que j'ai eu la main malheureuse !
C'est à Péronne que Charles III, pris par Herbert, comte
de Vermandois, mourut prisonnier en 929. C'est aussi
à Péronne que le roi Louis XI fut retenu par trahison

en 1468, et que Charles le Téméraire pensa le faire
assassiner. C'est encore à Péronne que fut signée la
ligue de 1576, cause de tant de guerres et des meurtres
de Henri III et de Henri IV. Mais dites-moi donc,
maman, ajouta-t-il à voix basse, ici ne sommes-nous
pas nous-mêmes à Péronne? » La reine, effrayée sur
son avenir et sur celui de ses enfants, ne put retenir
ses larmes. Ce soir-là la partie de loto ne fut pas con-
tinuée.

On avait donné au jeune prince un instituteur nommé
Paris; c'était un homme qui avait la parole rude, des
mouvements brusques, et qui affectait même une impo-
litesse plus que républicaine en parlant aux prisonniers
du Temple; voilà pourquoi la municipalité s'était empressée de lui confier la haute surveillance du fils de
Louis XVI. La reine trouva par hasard, et pendant que
cet homme était là, un papier caché dans le clavecin de
madame Royale ; Paris se détourna avec intention pour
lui laisser lire ce papier, elle le parcourut : c'était un
projet d'évasion pour elle et ses enfants ; le plan claire-
ment exposé lui parut merveilleusement conçu, elle
cacha vivement le papier ; mais Paris, en se rapprochant
de la reine, lui dit : « Consentez-vous, madame? nous
sommes prêts ! »

En effet, c'était cet homme, à l'abord repoussant, qui
avait imaginé ce projet de délivrance, et qui ne demandait pas mieux que d'exposer sa vie pour le mener à
bonne fin.

D'abord les captifs se laissèrent aller à toutes les illusions que l'espérance venait leur offrir ; pendant quelques jours leurs cœurs s'ouvrirent à la joie, ils eurent des nuits plus calmes, des moments de vrai bonheur ; mais ce temps dura peu : les gardes de la prison furent doublés, la surveillance plus rigoureuse : « Nous avons fait un bien beau rêve, et voilà tout, dit la reine. » On arracha son fils de ses bras, on isola même madame Royale de son jeune frère, et Marie-Antoinette fut envoyée à l'échafaud, où la sœur de Louis XVI la suivit quelques mois plus tard.

Quand on l'eut séparé de sa mère, il demanda aux municipaux qui l'entouraient quelle était la loi qui ordonnait qu'on l'empêchât de pleurer, dans une même prison, avec celle qui lui avait donné le jour. Un homme vint se placer devant lui, leva le bras comme pour frapper l'enfant, et lui dit : « Tais-toi, Capet, nous n'aimons pas les raisonneurs ! » Cet homme, c'était le cordonnier Simon, le nouveau geôlier du jeune roi ; car toute l'Europe l'avait salué du nom de Louis XVII, mais en France les tricoteuses et la populace ne l'appelaient que le Louveteau. Confié aux soins de cet homme, ou plutôt livré à ses mauvais traitements, il n'eut plus même l'étude pour consolation : Simon n'aimait pas les livres, il jeta, il déchira tous ceux de son prisonnier, et ne lui laissa pour toute récréation que la permission de parcourir une grande pancarte intitulée *les Droits de l'Homme*.

Simon n'aimait pas la promenade, il défendit au jeune roi de se promener à l'avenir dans le jardin de la prison ; Simon n'aimait pas les oiseaux, il fit retirer de la chambre de son prisonnier deux serins apprivoisés, que madame Élisabeth avait élevés pour son neveu. Mais Simon aimait à boire, aussi s'attablait-il souvent, et disait-il en tendant son verre : « Allons, viens ici, Capet, et verse-moi du vin. » L'enfant eut grand'peine à s'accoutumer à de semblables paroles; mais le moindre murmure était si sévèrement châtié, qu'il fut bien forcé de se résigner à ce rôle de valet que lui enseignait à force de mauvais traitements ce terrible ami de l'égalité.

Simon était parfois d'humeur joyeuse; alors il se mettait à chanter; mais il n'aimait pas à chanter seul et quoiqu'il ne sût que ces épouvantables refrains qu'on hurlait autour des guillotines, il fallait que le jeune roi se décidât à faire chorus avec lui s'il ne voulait pas être battu. Simon avait le sommeil fort tendre, le plus léger bruit l'éveillait dans la nuit; mais comme il ne trouvait pas amusant de veiller tout seul, il allait secouer brusquement le petit roi en lui disant : « Dors-tu, Capet? » et il obligeait l'enfant à lui répondre. Simon n'aimait pas qu'on eût des idées religieuses, il avait expressément défendu à son élève de jamais prier Dieu, sous peine de correction. Un soir il surprit l'enfant qui se tenait les mains jointes et à genoux devant son grabat : « Dis-moi ce que tu fais là, Capet, dis-le-moi, ou je te tue! » Le jeune roi avoua qu'il récitait une petite prière que sa maman lui avait apprise. Aussitôt Simon saisit l'enfant par le bras, et il le jeta dans un cabinet noir où, durant plusieurs jours, on ne lui donna que du pain et de l'eau.

Simon avait une femme qui se sentait quelquefois émue de pitié à l'aspect des souffrances de ce pauvre enfant : elle tâchait d'améliorer sa situation, et, en cachette de son mari, elle lui procurait quelques douceurs. Une fois elle osa faire entendre au terrible geôlier qu'il y avait de l'inhumanité à ne pas laisser un seul jouet au petit Capet : « Il en aura demain, répondit Simon, tu as raison, les enfants ont besoin de s'amuser. »

Le lendemain, Simon apporta au jeune roi une petite guillotine ; saisi d'horreur, l'enfant se cache les yeux dans ses mains, il s'écrie : « Je n'y toucherai pas, j'aime mieux mourir ! » Simon s'élance sur lui, un chenet à la main, et sans la présence de M. Naudin, chirurgien qui se trouvait là pour soigner la femme Simon, malade au lit, la victime aurait cessé d'avoir à souffrir des brutales colères de son bourreau.

Lorsque deux jours après le chirurgien revint pour visiter la malade, l'enfant courut à lui, et lui présentant une poire dont il s'était privé à son souper, il lui dit : « Je n'ai que ce fruit pour vous prouver ma reconnaissance, acceptez-le, je vous en prie, vous me ferez tant de plaisir ! »

Simon eut-il horreur de sa conduite envers une innocente créature? est-ce par remords qu'il demanda sa démission? pour l'honneur de l'humanité, il faut le croire ; toutefois est-il que la municipalité lui permit de cesser ses fonctions de gouverneur, car c'est le titre que se donnait le cordonnier auprès du jeune roi.

Louis XVII changea de prison, on diminua sa ration

d'air, sa fenêtre fut plus étroite, ses barreaux de fer
plus serrés, et on les masqua en dedans par des claies
d'osier. Les soins de propreté de ses vêtements et de sa
personne furent abandonnés à lui-même. On scella,
pour ainsi dire, la porte de son cachot, et c'est par un
étroit guichet qu'on lui passait la cruche d'eau trop
lourde pour ses faibles bras, et les sales aliments qui lui
étaient strictement mesurés pour la journée. Condamné
à une désespérante solitude, n'ayant pas la force de
remuer son lit et personne ne venant chercher ses draps
et ses couvertures qui tombaient en lambeaux, il arriva
ainsi peu à peu au dernier degré du malheur et de la
misère. Deux gardiens veillaient à sa porte et ne lui parlaient jamais ; seulement lorsque l'enfant, tout glacé et
couvert d'un vêtement qui ne tenait presque plus sur
son corps, se couchait tout habillé pour essayer de retrouver un peu de chaleur, l'un des gardiens, inquiet
de ne plus l'entendre remuer, lui criait : « Capet, où
es-tu donc? » le jeune roi s'éveillait en sursaut, il descendait du lit et venait répondre en tremblant : « Citoyen,
me voilà, que me voulez-vous? » Le geôlier, satisfait de
cette réponse, se retirait, et laissait le pauvre enfant
chercher de nouveau dans le sommeil l'oubli de sa misère. Enfin, sa raison s'altéra, son dos se courba comme
s'il eût été accablé du poids de la vie ; toutes ses facultés
morales l'abandonnèrent, un seul sentiment lui restait :
c'était la reconnaissance, non pas pour le bien qu'on lui
faisait, mais pour le mal qu'on ne lui faisait pas. Le
conventionnel Chabot avait dit en pleine séance : « C'est

à un apothicaire à délivrer la France du fils de Capet! »
On n'eut pas besoin d'ajouter le crime ou plutôt le bienfait de l'empoisonnement aux tortures qu'on lui avait
déjà fait subir; oui, nous le répétons, le bienfait, car
entre plusieurs bourreaux, le plus humain est celui qui
tue le plus vite.

Le 1er juin 1795, Louis XVII mourut comme il commençait sa onzième année. Avant de fermer pour toujours les yeux, il chercha sa mère, sa tante, et ne les
voyant pas là, il alla où il savait les retrouver : alors,
comme dit le poëte,

On entendit des voix qui disaient dans la nue :
Jeune ange, Dieu sourit à ta gloire ingénue;
Viens? rentre dans ses bras pour ne plus en sortir.
Et vous qui du Très-Haut racontez les louanges,
    Séraphins, prophètes, archanges,
Courbez-vous : c'est un roi; chantez : c'est un martyr.

NAPOLÉON II

————

Comme il le disait lui-même
dans les derniers jours de
sa dernière maladie, les
deux plus grands événements de sa
vie auront été sa naissance et sa
mort.

Son berceau et sa tombe, voilà les seuls monuments
qui resteront de lui dans la mémoire des hommes ; mais
devant ce berceau venaient se grouper les espérances
du plus grand empire du monde, et l'on peut dire
qu'une religion descendit avec lui dans le tombeau.

Napoléon II n'a pas régné sur nous ; il ne comptait
que trois ans quand il quitta la France ; il n'a rien fait
pour elle, rien que des vœux, sans doute ; nous n'avons
pu ni le connaître, ni l'apprécier, et cependant sa place
est si bien marquée dans la longue suite de nos rois,
que l'histoire l'y maintiendra comme s'il avait vraiment
porté la couronne.

D'autres livres vous apprendront, mes enfants, ce que c'était alors que la politique impériale, et pourquoi l'empereur Napoléon était si ambitieux d'avoir un fils qui fût l'égal, par sa naissance, des autres souverains de l'Europe.

Dans ce temps-là le peuple, attachant une croyance superstitieuse à la destinée de son empereur, s'imaginait qu'une étoile visible le guidait dans toutes ses grandes entreprises. Ce préjugé populaire était fondé sur cet invariable beau temps qui semblait obéir à la volonté du maître pour rendre ses fêtes plus brillantes ; on se disait alors : « Il veut une nouvelle victoire, il l'aura ; » on se dit de même : « Il veut un fils, » et en effet, le 20 mars 1811, une quatrième dynastie prit possession du vieux trône de Clovis.

Ceux qui ont vécu pendant cette glorieuse époque de l'empire pourraient seuls dire quelle fut l'agitation du peuple de Paris durant la nuit qui précéda la naissance du prince impérial. Les habitants du palais des Tuileries savent seuls aussi l'anxiété de l'empereur durant cette nuit sans sommeil, et comme ce père, qui tremblait de joie à la seule pensée de l'enfant qui allait naître, refoula toutes ses espérances dans son cœur pour s'écrier avec une noble fermeté : « Sauvez la mère ! » lorsqu'on vint lui dire qu'il fallait sacrifier ou la mère ou l'enfant.

Grâce à l'habileté du savant docteur Dubois, l'impératrice et son fils furent sauvés ; mais durant dix minutes on ne put dire si le nouveau-né était vivant ou mort ;

enfin il poussa un premier cri. Ce cri, mes enfants, il
fut traduit à la minute en cent et un coups de canon.
Aussitôt toutes les cloches des églises se répondirent,
dominées qu'elles étaient par le grondement du bourdon
de Notre-Dame; des milliers de courriers partirent à ce
signal sur toutes les routes, dans toutes les directions;
un ballon s'éleva du Champ-de-Mars, et l'intrépide aéro-
naute madame Blanchard, planant tour à tour sur les
villages environnant Paris, jetait par centaines et des
pièces d'argent et des bulletins, pour annoncer aux
populations la naissance du fils de l'empereur. Le soir
même, la France tout entière savait la grande nouvelle,
et la France tout entière illuminait ses fenêtres.

L'enfant à qui tant de grandes destinées étaient pro-
mises venait à bien de jour en jour pour la joie de son
père; l'empereur se plaisait à jouer avec son fils, et
oubliait dans ces passe-temps si doux tous les soucis de
la grandeur. A le voir se rouler avec lui sur le tapis, le
porter dans ses bras ou le bercer sur ses genoux, on
oubliait que c'était là un grand empereur, mais on voyait
bien que c'était un bon père. Nous avons peu de choses
à dire des trois premières années du jeune Napoléon:
il fut enfant comme tous les enfants de son âge, et nous
devons croire que l'étiquette et les soins respectueux
dont on entoure les petits princes sont bien peu de leur
goût, puisqu'un jour l'enfant, qui avait été bien sage
et à qui on avait promis une récompense pour sa doci-
lité, demanda pour toute faveur la permission d'aller
jouer dans la crotte avec des petits garçons qu'il

apercevait à travers les croisées de son palais de Saint-Cloud.

Les traits suivants suffiront pour faire connaître le caractère de cet enfant, qui devait être plus célèbre par son nom que par ses actions.

Généralement il était docile ; cependant il lui arrivait quelquefois d'entrer dans de violents accès de colère. Un jour qu'il se roulait à terre, madame de Montesquiou, sa gouvernante, ferma les fenêtres et les contrevents ; l'enfant oublie sa petite fureur et demande aussitôt à sa gouvernante pourquoi elle agit ainsi. « C'est de peur qu'on ne vous entende, lui répond-elle. — Ah ! il ne faut donc pas pleurer ? — Et encore moins crier ; croyez-vous que les Français voudraient d'un prince comme vous, s'ils savaient que vous vous mettez ainsi en colère ? — Crois-tu qu'on m'ait entendu ? — Certainement. — J'en suis bien fâché, pardonne-moi, maman Quiou (c'est ainsi qu'il appelait madame de Montesquiou), je ne le ferai plus. »

Un autre jour il s'amusait à voir passer le monde, il aperçut au bas de la fenêtre où il se tenait avec sa gouvernante, une femme en deuil qui portait un petit garçon de trois ou quatre ans, vêtu de noir aussi. L'enfant tenait à la main un papier qu'il montrait de loin au prince, comme s'il eût voulu le lui remettre.

« Pourquoi ce pauvre petit est-il habillé tout en noir ? demanda le roi de Rome. — Sans doute parce que son papa est mort, » lui répondit sa gouvernante. Aussitôt le jeune prince manifeste le désir de parler au petit solliciteur, et madame de Montesquiou donne l'ordre d'aller chercher la mère et l'enfant. On les introduisit tous deux auprès du fils de Napoléon, qui, ayant appris que la dame est veuve d'un officier tué dans la campagne précédente, se charge de la pétition en promettant de la remettre à l'empereur.

Le lendemain, à l'heure où le roi de Rome avait coutume de rendre ses devoirs à son père, il lui dit en l'embrassant et en lui donnant la supplique de son protégé : « Tiens, papa, voici la pétition d'un petit garçon tout en noir, et dont le papa est mort à cause de toi ; il demande une pension pour sa maman, car elle a bien du chagrin. — Diable ! dit l'empereur, tu donnes déjà des pensions, toi? tu commences de bonne heure. C'est très-bien. »

Le brevet de la pension fut expédié dans la journée, avec ordre au trésor de payer à la veuve une année d'arriéré.

Il y avait en ce temps-là une noble et bienfaisante femme qu'on appelait l'impératrice Joséphine : c'était la première épouse de Napoléon ; un modèle de résignation qui descendit du trône pour faire place à Marie-Louise quand l'empereur voulut avoir un fils de son propre sang. Joséphine voulut voir l'enfant de son mari : elle demanda cette entrevue à Napoléon, qui consentit à se rendre à sa prière, mais en secret, et pour que la mère n'en pût pas concevoir de jalousie.

L'entrevue eut lieu à Bagatelle ; l'empereur avait voulu accompagner son fils. A la vue de l'enfant, Joséphine éprouva une émotion profonde ; elle le prit sur ses genoux et le baisait avec une tendresse vraiment maternelle, tandis que le petit prince jouait avec un bijou que portait l'impératrice.

« Cela est beau, dit-il ; mais en le donnant à un pauvre, il serait riche, n'est-ce pas, madame ? — Sans doute, cher enfant. — Eh bien ! j'en ai vu un dans le bois : voulez-vous que je le fasse venir ? il a besoin d'un bel habit, et moi je n'ai pas d'argent. — L'empereur s'empresserait de vous satisfaire si Votre Altesse impériale lui demandait sa bourse. — C'est déjà fait, madame ; il me l'a donnée en sortant de Paris ; mais comme vous avez l'air d'être bien bonne, j'ai cru que vous feriez ce qui est si naturel. »

Joséphine promit d'avoir soin du pauvre, et puis elle recommanda à l'enfant de ne pas parler de cette entrevue, qui devait rester secrète. « Soyez tranquille, madame, je ne dirai rien, car je vous aime : mais est-ce que vous ne viendrez pas me voir aux Tuileries si je suis bien sage ? — Cela n'est pas possible, reprit Joséphine fondant en larmes. — Pourquoi, puisque papa et moi nous le voulons ? »

Non-seulement Joséphine ne pouvait pas revoir le jeune prince aux Tuileries, mais encore elle dut renoncer à se présenter à Bagatelle, car Marie-Louise apprit cette entrevue, et pria l'empereur de ne pas la renouveler.

Le règne de Napoléon touchait à son déclin. Après la désastreuse affaire de Leipsick, l'empereur revint à

Paris pour faire un nouvel appel au dévouement de la nation. Avant son dernier départ pour l'armée, il reçut aux Tuileries les officiers de la garde nationale parisienne ; là, ayant près de lui l'impératrice et tenant par la main le roi de Rome, alors âgé de trois ans, il dit aux officiers qui l'entouraient : « En quittant la capitale, je laisse avec confiance sous votre garde l'impératrice et le roi de Rome, ma femme et mon fils, sur lesquels sont placées toutes nos espérances : je vous laisse tout ce que j'ai de plus cher au monde après la France, et le remets avec confiance en vos mains. » A ces mots, mille bras se levèrent pour prêter le serment de défendre ce précieux dépôt.

L'empereur embrassa sa femme et son fils : ce baiser fut le dernier qu'ils reçurent de lui.

Le 29 mars 1814, l'armée des alliés étant aux portes de Paris, l'impératrice quitta la capitale à dix heures du matin pour se rendre à Blois, où devait s'établir le conseil de régence. On ne parla au petit prince que d'un simple voyage de plaisir, comme ceux qu'on lui faisait faire à Saint-Cloud ou à Fontainebleau ; mais comme si l'enfant avait pu comprendre que c'était une couronne qu'il abandonnait, il se roula par terre et se cramponna aux meubles en disant : « Je veux rester chez papa, je ne veux pas quitter mon château des Tuileries. »

Il fallut l'enlever de force pour le porter dans la voiture de l'impératrice.

En passant par Orléans, où la cour fugitive s'arrêta quelques instants, on admit auprès du roi de Rome quelques enfants des personnes notables de la ville ; le petit prince leur distribua quelques bonbons, puis il ajouta avec une triste gravité : « Je voudrais bien vous en donner davantage ; mais je n'en ai plus, ce vilain roi de Prusse m'a tout pris. »

Il fallut bientôt quitter Blois, puis la France ; en route, le roi de Rome, voyageant dans une voiture à part avec sa gouvernante, lui dit un jour : « Ah ! je vois bien que je ne suis plus le petit roi, car je n'ai plus de pages. »

Ainsi commença pour le prince impérial l'apprentissage du malheur. Six mois après, il fut soumis à une épreuve plus rude encore ; les Français qui avaient obtenu l'autorisation de suivre l'impératrice à Schœnbrunn, où elle avait été reléguée avec son fils, reçurent l'ordre de revenir en France ; madame de Montesquiou seule resta auprès de son auguste élève : c'est dans ce même château de Schœnbrunn, d'où Napoléon vainqueur avait daté ses décrets impériaux, que le fils et la femme de l'empereur vivaient prisonniers, gardés par des sentinelles autrichiennes. Cependant le grand-père du roi de Rome, François d'Autriche, et surtout le prince Charles, venaient souvent visiter la mère et l'enfant ; quelques officiers généraux étaient aussi admis auprès de l'impératrice et de son fils. On leur annonça un jour la visite du prince de Ligne : à ce nom, l'enfant qui savait bien la défection des alliés de son père, s'écria : « Ne le reçois pas, maman ; c'est un de ces vilains généraux qui ont trahi mon papa ! » Cette aversion du jeune prince contre un homme éminemment distingué par son esprit dut céder bientôt à l'irrésistible amabilité du prince de Ligne. Au bout d'une heure, l'enfant et le vieux feld-maréchal étaient les meilleurs amis du monde.

C'est au prince de Ligne que Napoléon II disait un jour, en voyant passer le convoi du général Belmott : « Voilà un bel enterrement ! — A ma mort vous verrez bien autre chose, lui répondit gaiement le prince de Ligne, car l'enterrement d'un feld-maréchal de l'empire est tout ce que l'on peut voir de plus beau en ce genre. — Alors, à la mienne, répliqua le jeune Napoléon, qu'est-ce que ce sera donc ? — Ma foi, on ne sait pas. — Vous avez raison, reprit l'enfant avec le plus triste sourire, il n'y aura peut-être personne ! »

Les lettres que l'empereur Napoléon envoyait à sa femme ne lui parvenaient que décachetées ; on en supprima quelques-unes, bientôt on les lui supprima toutes. Elle ignorait si son mari n'était pas dangereusement malade, elle pouvait même le croire mort ! Cependant l'empereur avait quitté l'île d'Elbe, il était à Paris, il avait conquis une seconde fois le trône ; mais il n'était plus en sa puissance de reconquérir sa femme et son fils.

Des bruits sourds circulaient bien dans les palais de Vienne et de Schœnbrunn sur le miraculeux retour de l'empereur dans sa capitale ; mais ces bruits n'arrivaient pas jusqu'à Marie-Louise. Pourtant, une nuit que l'enfant dormait, il fut réveillé par sa mère qui l'embrassait et le couvrait de larmes. Le jeune Napoléon ouvre les yeux et regarde avec effroi celle qu'il n'avait pas l'habitude

de voir la première à son réveil. « Qu'as-tu, maman? »
lui dit-il. Marie-Louise se pencha vers son fils et répondit presque à voix basse : « L'empereur est à Paris ! —
Mon papa est aux Tuileries? reprit l'enfant; alors nous
allons aller le rejoindre? — Oui, mais tais-toi ! »

Napoléon II se tut, car il l'avait promis à sa mère ; et
puis les jours se passèrent, le désastre de Waterloo arriva, et l'on apprit enfin à Schœnbrunn le départ de Napoléon pour Sainte-Hélène.

En prononçant la déchéance définitive de Napoléon Ier,
le corps législatif avait proclamé Napoléon II empereur
des Français. Les souverains de l'Europe, craignant
qu'on encourageât chez le jeune prince des espérances
qui ne devaient pas se réaliser, exigèrent de l'empereur
François d'Autriche que le fils fût séparé de sa mère et
qu'aucun Français ne restât attaché à sa personne.
Marie-Louise partit pour Parme avec le titre de grande-
duchesse, et madame de Montesquiou se vit obligée de
revenir en France. « Maman Quiou, lui dit Napoléon II
en l'embrassant au moment du départ, oh! que je voudrais aller avec toi! Mais bon papa dit que cela ne se
peut pas ; aussi, quand je serai grand, sois tranquille,
j'irai bien te voir en France, et j'irai tout seul ! »

Le jour qu'il devait quitter sa mère, il alla avec elle
au château impérial à Vienne; jusqu'alors on n'avait pas
cessé de lui donner les titres de *sire, votre majesté*,
aussi, lorsqu'on le conduisit chez son aïeul et qu'il entendit annoncer Son Altesse le duc de Reichstadt : « Quel
est ce nouveau duc? demanda-t-il. — Monseigneur,

c'est vous-même ; car c'est le titre que S. M. l'empereur
François vous a conféré. — Et pourquoi donc? Est-ce
que ce n'est pas plus beau d'être roi de Rome? J'aime
mieux qu'on m'appelle roi de Rome, comme autrefois.
— Mais, monseigneur, ça ne se peut plus. — Pourquoi?
Je veux savoir pourquoi? »

En ce moment l'empereur François vint au-devant de
son petit-fils, il le prit dans ses bras, le caressa et lui
promit de satisfaire sa curiosité, mais plus tard et s'il
était bien raisonnable.

Le nouveau duc s'accoutuma peu à peu à ce titre qui
lui causa d'abord tant de chagrin ; mais comme on avait
eu soin de l'entourer d'hommes aimables et distingués,
il cessa pour un moment de sentir son malheur.

C'est par erreur qu'on croit généralement que l'éducation de Napoléon II a été confiée à des instituteurs
dont la mission était de détruire les bons germes de son
âme ; au contraire, on cultiva avec soin son esprit, et
loin de gêner sa vocation toute militaire, on lui donna
un régiment à commander, et son grand-père le fit
conduire sur les champs de bataille d'Austerlitz et de
Wagram. Quand il eut douze ans, on lui dit toutes les
victoires de Napoléon ; on ne chercha point à obscurcir
la gloire du grand homme ; on lui rappela ce qu'il avait
été lui-même et ce qu'il aurait pu être si le sort des
armes n'avait pas cessé d'être fidèle à l'empereur ; mais
on lui fit entendre aussi que de sa résignation dépendait
le bonheur et la paix de l'Europe. Napoléon II se soumit, et le second empereur des Français ne fut plus,

4.

même à ses propres yeux, que le duc de Reichstadt.
Ce serait encore une erreur que de croire qu'on ait
cherché à étouffer en lui le respect et l'amour filial ; on
avait pris plaisir à orner sa chambre de tout ce qui pouvait lui rappeler l'illustre père qu'il ne devait plus revoir,
et, après la mort de Napoléon, tous les ans, le 5 mai, le
prince impérial allait avec son oncle, l'archiduc Charles,
dans une église de Vienne où l'on célébrait un service
commémoratif pour l'âme du grand homme. En 1826,
un jeune Français, M. Charles Boudeuil, ayant demandé
une audience au jeune Napoléon, essaya d'exciter son
ambition en lui montrant la France désolée et avide de
son retour ; il tira de son sein une cocarde tricolore et
l'offrit au prince comme un talisman qui devait lui rendre
facile le chemin du trône. A l'aspect des couleurs nationales, Napoléon II se sentit électrisé et s'écria avec enthousiasme : « Dites aux Français l'émotion que m'a
causée la vue de cette cocarde tricolore dont vous me
faites présent, et assurez-les du désir que j'ai de me
montrer digne d'être le fils de l'empereur Napoléon. »

Ce mouvement d'énergie ne dura qu'un instant, car
on entendit le jeune Napoléon se dire ensuite avec amer-
tume ? « Eh ! mon Dieu, que veulent-ils faire de moi:
pensent-ils donc que j'ai la tête de mon père ? »

C'est à la tentative de M. Charles Boudeuil que les
Français qui se trouvaient à Vienne ont dû de ne plus
pouvoir être admis auprès du duc de Reichstadt ; pourtant le maréchal Marmont, duc de Raguse, ayant sollicité
la faveur d'être présenté au jeune prince, bien que celui-

ci eût d'abord manifesté une visible répugnance à recevoir un officier général de l'empire sur qui planaient de
graves soupçons d'ingratitude envers son bienfaiteur, il
consentit cependant à voir le duc de Raguse : on ne sait
ce qui se passa durant cette audience, mais le jeune
Napoléon reconduisant le maréchal, comme il se trouvait en présence des officiers de sa maison, il leur dit :
« Messieurs, je vous présente M. le maréchal Marmont,
l'un des plus braves compagnons d'armes de mon père :
je le connais maintenant et je puis dire de lui, comme
du chevalier Bayard : Il est sans peur et sans reproche. »

Dès l'automne de 1851, la santé du jeune Napoléon
s'était considérablement affaiblie ; des espérances qu'il
avait été contraint d'étouffer après la révolution de 1850
furent la cause première du mal qui le minait sourde-
ment ; il sentait approcher sa fin, et disait : « Si jeune !
n'y a-t-il donc aucun remède? Ma naissance et ma
mort, voilà les seuls souvenirs que je laisserai après
moi. » Il voulut qu'on lui envoyât le berceau en vermeil
qui se trouvait à Parme, et que la ville de Paris avait
offert à l'impératrice le jour de la naissance du roi de
Rome. Quand ce berceau fut près de son lit de mort, il
l'admira avec un saint enthousiasme et dit à ceux qui
l'entouraient : « Voilà l'image des deux extrémités de
ma vie : il n'y a entre ce lit, qui sera bientôt ma tombe,
et ce beau berceau, que mes vingt-et-un ans, mon nom
et des douleurs. » Puis il pleura.

Enfin sa mère arriva à Schœnbrunn ; elle partagea
avec l'archiduchesse Sophie les soins que réclamait

l'état du jeune mourant. Un mois après l'arrivée de sa mère, Napoléon II mourut après une longue agonie : quelques paroles tombèrent de ses lèvres au moment où la vie l'abandonna : « Oui... sans gloire... pour la France... ah! mon père! »

Le régiment de Gustave Wasa, dont Napoléon II avait été colonel, porte encore, par ordre de l'empereur François, le nom du jeune prince sur ses drapeaux. Une longue épitaphe gravée sur sa tombe contient les titres impériaux de son père et les siens ; mais le duc de Reichstadt en composa une plus simple quelques instants avant que de mourir ; la voici :

> Ci-gît le fils du grand Napoléon:
> Il naquit roi de Rome,
> Et mourut colonel autrichien !!!

LE DERNIER TUDOR

L était fils de Henri VIII et de Jeanne Seymour ; la volonté de son père l'appela au trône de préférence à ses sœurs Marie et Élisabeth. Il n'avait que sept ans lorsque Henri VIII alla rendre compte à Dieu des crimes nombreux de son règne sanguinaire. L'enfant qui régna après ce méchant homme, sous le nom d'Édouard VI, était d'une complexion délicate. Plus d'une fois, dans son extrême jeunesse, sa vie avait été menacée par des maladies continuelles ; mais, en compensation de la faiblesse de son corps, il avait reçu du ciel une force d'intelligence vraiment extraordinaire. L'un des savants les plus illustres de son temps, Jérôme Cardan, en parle comme d'un prodige : l'histoire, les langues française, italienne et latine, la géographie, les mathématiques, lui

étaient familières ; à l'âge de quatorze ans il correspon-
dait en grec avec sa jeune cousine, l'infortunée Jeanne
Grey, et il composait pour elle des vers italiens, qui
réunissaient à la délicatesse de la pensée le mérite de
l'exécution. C'était, dit un de ses biographes, un enfant doux, affable, appliqué et laborieux ; mais, ce qui
valait mieux que tout cela, c'était aussi un excellent
cœur. Quand il n'était encore que prince royal, c'est-à-
dire âgé de six ans, il aimait à se promener dans Londres, accompagné des gens de sa suite. Partout où il
rencontrait des enfants du peuple pauvrement vêtus, il
les interrogeait. « Que fait ton papa? disait-il ; s'il est
trop pauvre pour te donner de bons habits, le mien est
assez riche pour habiller tous les pauvres de l'Angleterre. Veux-tu me conduire chez toi ? je verrai si ton
papa a besoin d'argent, et comme on m'en donne beaucoup, je ne m'appauvrirai pas en lui en donnant un peu. »

C'était quelquefois chez un pauvre ouvrier que son
guide le conduisait ; quelquefois aussi il allait chez un
officier ruiné par les malheurs du temps ; toujours la
présence du prince royal dans une maison était le pré-
sage d'une bonne fortune. Édouard ne rentrait jamais
au palais sans avoir trouvé à bien placer l'argent qu'il
portait dans son aumônière. Naturellement libéral, le
prince royal mettait tant de bonne grâce dans sa manière
de donner, qu'il semblait être l'obligé de ceux qui rece-
vaient ses bienfaits. Si, par hasard, il voyait un petit
enfant triste et inoccupé, il lui disait : « Tu n'as donc
pas de joujoux? » Quand l'enfant lui répondait que ses

parents étaient trop pauvres pour lui en acheter : « Eh bien! reprenait Édouard, je t'en donnerai, moi ; à la cour c'est à qui me fera les plus jolis cadeaux ; je ne puis pas jouer avec tous les joujoux qu'on me donne ; mais j'ai le droit d'en faire ce que je veux ; viens me trouver demain, tu diras ton nom à mes officiers, ils te laisseront passer, et, quand nous aurons bien joué ensemble, tu emporteras tout ce que tu voudras. »

Plus d'un enfant emporta mieux qu'un jouet de sa visite chez le prince royal : souvent c'était le fils d'un condamné pour dettes ou pour une faute contre la discipline militaire, qui était admis aux jeux du prince; la famille du condamné profitait de cette circonstance pour faire présenter une pétition à Henri VIII par son fils. Édouard se chargeait volontiers de la demande en grâce, et le monarque anglais si connu par son inclémence s'humanisait à la prière de cet admirable enfant, qui avait conquis par son esprit et par sa gentillesse un véritable empire sur le cœur du roi.

C'est vers sa septième année qu'il monta sur le trône d'Angleterre. Édouard eut pour le diriger seize ministres ou plutôt seize régents qui gouvernaient l'État en son nom. Dès que son règne eut commencé, la prudence exigea la plus grande surveillance pour préserver le jeune monarque des tentatives criminelles de ses ennemis; alors plus de ces heureuses promenades, car on craignait que les partisans de ses sœurs Marie et Élisabeth n'attentassent aux jours du jeune roi; alors plus de bonnes parties de jeu avec les enfants du peu-

ple; mais Édouard VI, qui ne les oubliait pas, chargeait
ses officiers et ses pages de porter ses bienfaits là où il
ne pouvait plus aller lui-même. Ainsi se popularisait
son nom, ainsi se répandait, dans les classes pauvres,
sa réputation de prince généreux; mais tandis que ses
vertus précoces lui faisaient des amis et que son prodigieux savoir augmentait le nombre de ses admirateurs, Édouard VI était contraint par ses ambitieux ministres de signer tous les jours un nouvel arrêt de mort.
Son jeune cœur saignait; il se trouvait moins le maître
du royaume que lorsqu'il n'avait qu'à intercéder auprès de son père pour obtenir la grâce d'un condamné.
Un jour il voulut user de son autorité en refusant de
ratifier une condamnation : le lendemain il mourut em-
poisonné.

Cette mort arriva le 6 juillet 1553. Quand Édouard VI
expira, il n'avait pas encore seize ans.

LES
ENFANTS MARTYRS

NICOLAS FERRY
NICOLETTE DE FOIX
GASPARD HAUSER
LES MACCHABÉES
MAC GRATH
MARCIALI, LE MASQUE DE FER
HENRI ET FRANÇOIS DE NEMOURS
LES FILS D'UGOLIN

NICOLAS FERRY

'est du fameux Bébé, le nain du roi de Pologne, que nous voulons parler ici.

Bien qu'il ait été le favori d'un roi, nous n'hésitons pas à le placer parmi les êtres condamnés à une destinée malheureuse; car n'est-ce point un malheur que de se savoir homme et ne pas compter parmi les hommes? n'est-ce pas un malheur aussi que de voir les autres créatures humaines s'élever par le travail, se distinguer par des services rendus à la société, quand soi-même on ne peut ni travailler ni rendre aucun service; quand il faut rester le jouet des autres et être à jamais un objet de pitié? Celui dont nous voulons parler eut des envieux, peut-être, attendu que la faveur d'un souverain excite toujours l'envie; il eut des admirateurs,

sans doute, mais l'admiration qu'il fit naître n'avait rien
d'honorable pour l'homme moral; elle se rapportait tout
entière à la physionomie singulière de l'individu : c'é-
taient et l'exiguïté de son corps, et la délicatesse de ses
membres, et la faiblesse de sa voix, qui excitaient la
surprise; on s'étonnait de voir une si frêle créature vivre,
comme on est étonné quand on voit un ouvrage d'une
délicatesse extrême sortir, sans être brisé, des mains
de l'ouvrier qui l'a formé.

Notre bon et ingénieux Charles Perrault, cet ami de
tous les enfants de son siècle et des enfants de tous les
siècles à venir, semble avoir pressenti l'existence de
Nicolas Ferry quand il écrivit l'histoire du petit Poucet;
bien entendu qu'il ne s'agit là que de la taille de notre
héros.

C'est à Plaines, le 13 novembre 1741, que naquit le
favori du roi Stanislas. On dit, mais nous ne l'affirmons
pas, que la bonne villageoise qui le mit au monde avait
eu sans cesse devant les yeux une figure de cire, haute
d'un demi-pied environ, qui représentait l'enfant Jésus
dans sa crèche. L'historien à qui nous empruntons ce
fait ajoute que le petit Nicolas était en tout point sem-
blable à cette image de Notre-Seigneur. La maman avait
préparé pour son nouveau-né une belle layette, avec
des brassières et des bonnets de taille ordinaire; mais
rien de tout cela ne put servir pour habiller le nouveau-
né, et sans une petite fille qui consentit à prêter les habits de sa poupée, on n'aurait rien trouvé d'assez petit
pour aller à la taille de cet enfant. Quand il fut ques-

tion de présenter Nicolas Ferry au baptême, on se trouva
fort embarrassé : c'était une si petite créature qu'on
n'osait pas même le porter sur les bras. Une mère est
toujours ingénieuse lorsqu'il s'agit de la conservation
et du bien-être de son enfant : la villageoise ne trouva
rien de mieux à imaginer que de faire au chétif marmot
un petit lit de filasse dans un sabot, et c'est ainsi qu'il
fut porté à l'église. Le sabot rembourré devint le berceau de Nicolas Ferry, et à l'âge de six mois ce lit était
encore assez grand pour lui. Il avait une bouche si petite, oh! mais si petite, qu'on fut plusieurs jours avant
de savoir quel moyen on emploierait pour le nourrir; à
défaut de sa mère, une chèvre fut la nourrice de l'enfant, et nous devons dire que l'excellent animal se prit
d'une affection toute maternelle pour son nourrisson.
Nicolas, ou plutôt Bébé, car c'est sous ce nom qu'il est
généralement connu, se développait lentement; c'est à
deux ans seulement qu'il commença à marcher. Alors
on lui fit faire des souliers qui n'avaient, dit-on, que
dix-huit lignes de longueur, encore ses pieds jouaient-
ils dedans; mais le cordonnier du village, habitué à con-
fectionner les chaussures des rouliers, prétendit qu'il
ne pouvait en faire de plus petits, et, faute de mieux, il
fallut se contenter de ces grands souliers-là. Quand Bébé
eut atteint l'âge de six ans, la renommée porta son nom
jusqu'à la capitale du duché de Lorraine. Le roi de
Pologne, Stanislas, qui habitait alors Lunéville, manifesta le désir de voir cet enfant extraordinaire. Le père
Ferry arriva à la cour, portant au bras un tout petit pa-

nier. Stanislas, surpris de voir que le villageois était
seul, lui demanda pourquoi il n'amenait pas son fils avec
lui; pour toute réponse, le père Ferry tira de son panier un petit bonhomme haut de vingt-deux pouces, et
qui pesait environ huit livres. La mignonne créature
avait un joli visage, et ses membres étaient parfaitement proportionnés à sa petite taille; le timbre de sa
voix ne sonnait pas plus haut que celui d'un enfant de
quelques semaines; il parlait avec peine, et la syllabe
qu'il accentuait le plus souvent était bé... bé... bé... De
là lui vint son nom de Bébé. Le roi décida sans peine le
père Ferry à laisser le jeune nain à Lunéville. Le paysan
retourna dans son village, emportant une bonne récompense et s'estimant trop heureux d'avoir pu placer
si avantageusement cet enfant, qui ne pouvait être qu'un
embarras de plus dans une aussi pauvre famille que la
sienne. Sa femme, qui avait un vrai cœur de mère, ne
se montra pas si empressée que le père Ferry à rendre
grâce à Dieu des bonnes dispositions du roi pour le petit
Bébé : à toute force elle voulut revoir son fils, et, quoique son mari ne cessât de lui répéter à chaque instant
qu'il n'était ni beau ni poli d'aller déranger le roi tous
les jours pour un enfant dont Sa Majesté avait promis
d'avoir soin, la bonne femme fit la sourde oreille; elle
mit ses habits des dimanches, et s'en alla à Lunéville.
Quoique un historien de Bébé ait prétendu que l'enfant
prit si fort à cœur sa séparation d'avec ses parents qu'il
en tomba malade, nous dirons avec un autre historien
plus sérieux et plus exact, le savant docteur Baude, que

cette fragile créature était presque entièrement privée de la faculté de la mémoire : aussi lorsque Bébé revit sa mère à Lunéville, bien qu'il se fût passé fort peu de temps entre le voyage de la bonne femme et le séjour de Bébé auprès du roi, le pauvre nain ne la reconnut pas.

La version qui nous peint cet enfant doué du vif sentiment de l'amour filial est sans doute plus consolante que l'opinion contraire ; mais un mensonge, même fait dans l'intérêt de la morale, est toujours un mensonge, et la première condition que nous nous soyons imposée en écrivant ces histoires, c'est de ne pas nous écarter de la vérité, ou du moins de nous rapprocher d'elle autant que nous le pourrons.

Le froid accueil que Bébé fit à sa mère ne venait pas de son ingratitude envers celle-ci, mais bien de la faiblesse de son intelligence : ses souvenirs n'allaient pas si loin que quinze jours dans le passé; c'était à peine s'il se rappelait les événements de la veille. L'être fragile dont nous racontons l'histoire ne vivait que pour le moment présent; mais alors toute la bonté de son cœur se manifestait par les plus tendres caresses envers les personnes qui prenaient soin de lui. Bébé avait vu revenir sa mère sans éprouver aucun mouvement de joie; mais quand il fut question du départ de la bonne villageoise, il en eut si grand chagrin que c'est alors vraiment qu'on trembla pour sa vie.

Tous les moyens qu'on employa pour lui donner un peu d'instruction n'eurent aucun résultat satisfaisant;

malgré sa bonne volonté, il ne parvint pas même à
savoir entièrement l'alphabet : il ne put retenir que les
voyelles ; quant aux autres lettres, elles étaient toutes
pour lui un B. Le roi Stanislas, qui l'aimait beaucoup,
voyant qu'on ne pouvait lui apprendre ni à lire, ni à
compter, voulut profiter de son goût pour la musique,
et il lui donna un maître de chant et de danse. Bébé
avait la voix juste et battait la mesure avec précision ; on
en fit donc un danseur ; mais tel était son peu de mémoire, que ce n'était qu'en suivant les signes de son
maître qu'il parvenait à exécuter le pas qu'on lui faisait
répéter tous les jours. L'enfant ne concevait que ce qui
frappait ses sens, c'est-à-dire que son intelligence n'é-
tait apte à comprendre que ce qu'il pouvait toucher
avec la main, voir avec les yeux ; si bien qu'il fut toujours
impossible de lui donner la plus légère notion de religion et de morale.

Le pauvre nain, inutile sur la terre, n'était bon qu'à
servir de jouet à son bienfaiteur ; aussi le roi le faisait-il
servir à une foule de surprises qui devaient divertir la
cour. Un jour, dans un grand dîner d'apparat, on servit
un énorme pâté sur la table de Stanislas ; les convives
regardaient cette magnifique pièce avec surprise et
admiration ; ils attendaient, non sans impatience, qu'on
mît le couteau dans le succulent pâté ; tout à coup la
calotte qui le recouvrait est repoussée avec force, et
des flancs de ce superbe ouvrage de pâtisserie s'élance
un guerrier armé de pied en cap. Ce guerrier, c'était le
nain Bébé. Après avoir fait militairement le tour de la

table en menaçant tous les convives de la pointe de son
sabre, il retourna se mettre en sentinelle auprès de son
pâté jusqu'au moment du dessert. Alors, sur un signal
donné par Stanislas, on assiégea le guerrier en miniature
d'une si prodigieuse grêle de macarons et de dragées,
que le nain disparut entièrement sous un monceau de
bonbons.

Quelques souverains de l'Europe envièrent à Stanislas
le bonheur qu'il avait de posséder un tel favori; on tenta
même de le lui dérober. Un émissaire de l'impératrice
de Russie fut découvert au moment où il glissait Bébé
dans une poche de son manteau; Stanislas, craignant
qu'une pareille tentative d'enlèvement ne se renouvelât,
donna des pages à Bébé et il l'obligea à rester prisonnier dans le palais. Le nain s'y ennuya tant, qu'il fut
atteint d'une secrète mélancolie, ce qui obligea son
maître à lui fournir des moyens de distraction. On lui fit
faire une maison roulante, dont les chambres et les
meubles étaient proportionnés à sa taille ; on y plaça les
animaux les plus petits qu'on put se procurer : il y avait
une levrette moins grosse qu'un écureuil, deux tourte-
relles blanches comme la neige et qui étaient grosses
comme un moineau franc. Stanislas, ayant à faire un
voyage à Versailles, emmena Bébé avec lui. Toutes les
dames de la cour de Louis XV se disputaient le plaisir
de le tenir sur leurs genoux ; quelques-unes même
cherchèrent à se l'approprier, et plusieurs fois on l'entendait dire à Stanislas : « Bon ami, voilà une dame qui
voulait me mettre dans sa poche pour m'emporter. »

5.

A son retour à Lunéville, le roi de Pologne eut la singulière fantaisie de marier Bébé; on lui amena une
paysanne des Vosges, nommée Thérèse Souvray, qui
avait environ trente-trois pouces de haut : les fiançailles
eurent lieu; mais c'est la dernière fête à laquelle Bébé
put prendre part. Il avait alors vingt et un ans, et déjà
on voyait en lui tous les signes de la décrépitude. On le
portait dans la partie du parc la mieux réchauffée par
les rayons du soleil, car c'est là seulement qu'il se
ranimait un peu. Tout son corps était courbé, sa voix
était tout à fait éteinte; enfin sa raison, déjà bien faible,
l'abandonna tout à fait. Il végéta ainsi pendant deux
ans, et puis son dernier jour arriva. Par un effort extraordinaire de la nature, à ses derniers instants, le
nain Bébé vit son intelligence se développer et se ma-
nifester par des raisonnements d'un ordre supérieur.

Sa mère, qu'on avait fait venir à la cour, le tenait sur
ses genoux quand il mourut. Bébé, après une longue
et douloureuse agonie, retrouva assez de force dans la
voix pour dire en expirant : « Je ne pourrai donc pas
baiser encore une fois la main de mon bon ami! »

Thérèse Souvray, sa fiancée, parut à Paris en 1819
sur le théâtre de M. Comte : elle avait alors soixante-
treize ans.

Chromolithographie sur acier par Baudran.   Imp. Ch. Chardon ainé Paris

Pourquoi me battre aujourd'hui, puisque je serai morte demain?

NICOLETTE DE FOIX

ans l'une des tours du manoir seigneurial de Chateaubriant, en Bretagne, il y avait une malheureuse femme, âgée de vingt ans environ, qui vivait reléguée dans une chambre tendue de noir, et dont les fenêtres étaient murées; cette femme c'était la comtesse de Chateaubriant! Mariée à quatorze ans à un homme jaloux et cruel, son époux la retenait ainsi prisonnière. Pour la punir de ce qu'elle avait été pendant quelques mois le plus bel ornement de la cour de François Ier, le comte de Chateaubriant l'avait condamnée à une captivité perpétuelle.

« Au moins, disait-elle à son bourreau, lorsque celui-ci venait par hasard visiter sa victime, au moins, monseigneur, rendez-moi ma fille! »

Le comte était sourd à ses prières, et il ne répondait pas plus à sa femme qu'il ne répondit à son enfant, quand la petite Nicolette de Foix, prisonnière aussi, mais dans une autre chambre du château, lui disait : « Au moins, mon papa, rendez-moi ma mère! »

Madame de Chateaubriant n'avait pour tout vêtement qu'une robe de deuil, et pour toute nourriture que de l'eau et du pain; c'était de l'eau et du pain aussi que le méchant homme faisait donner à la petite Nicolette, sans qu'elle eût jamais justifié, soit par sa désobéissance, soit par son mauvais caractère, cette inconcevable rigueur paternelle.

Bien que sa nourriture lui parût amère, madame de Chateaubriant se résignait à son mauvais sort, car elle espérait que sa fille lui serait rendue un jour; mais l'enfant, qui ne conservait plus l'espoir de se voir réunie à sa tendre mère, prit le chagrin si fort à cœur, qu'elle résolut de se laisser mourir de faim.

Celui qui servait de geôlier à la mère et à l'enfant, s'étant une fois aperçu que Nicolette n'avait pas entamé son pain depuis deux jours, alla trouver le comte de Chateaubriant, et lui fit part du funeste projet que le désespoir avait inspiré à sa fille. Le comte se rendit auprès d'elle et la menaça ; elle ne répondit que ces mots :

« Pourquoi me battre aujourd'hui, puisque je serai morte demain? »

Ces tristes paroles désarmèrent le cruel; il ne donna pas la liberté à sa fille, mais, ce qui valait mieux pour elle, il lui permit de vivre enfermée avec sa mère.

Quelle dut être la joie de la pauvre femme, condamnée à souffrir seule, quand la porte de sa prison s'ouvrit et que la débile et innocente enfant à qui la comtesse de Chateaubriant avait donné le jour vint demander à ses baisers une seconde existence!

Le comte ne songea pas à adoucir le sort de ses deux victimes : les vêtements que Nicolette de Foix avait déchirés dans ses moments de désespoir étaient en lambeaux, il ne lui en fit pas donner de moins mauvais; seulement la ration journalière de la comtesse fut augmentée, mais non pas améliorée. Au bout de quelque temps, la santé revint à Nicolette, et même il lui passait des éclairs de joie qui ranimaient l'âme flétrie de sa mère. D'ordinaire ce sont les parents qui consolent et qui donnent du courage à leurs enfants chagrins; là c'était l'enfant qui essayait d'encourager celle que la douleur épuisait tous les jours.

Cependant la comtesse se créa une occupation bien douce, elle prit soin de l'éducation de sa fille. Comme la petite Nicolette n'avait que le travail pour toute distraction, et que d'ailleurs madame de Chateaubriant était plus gaie, et semblait vraiment heureuse quand sa fille avait fait un progrès nouveau, l'enfant s'appliqua si bien à l'étude, qu'en peu de temps elle sut lire et écrire. Le premier usage qu'elle fit de son talent, ce fut en faveur de la délivrance de sa mère. Elle écrivit au comte de Chateaubriant :

« Mon papa, vous le voyez, me voilà savante; c'est à

ma bonne mère que je dois de pouvoir vous écrire. Si vous saviez comme je vous bénirai le jour où vous per-mettrez à maman de sortir de cette vilaine chambre toute noire! je suis bien sûre qu'elle n'y resterait pas longtemps. Je veux croire qu'elle vous a offensé, puis-que vous êtes si sévère pour elle, mais je crois aussi que vous offensez le bon Dieu, qui pardonne à tous ceux qui ont péché. Or pardonnez à maman, car elle a bien assez pleuré.

« De notre chambre j'entends les enfants qui jouent dans le bois; il y a bien longtemps que je n'ai ni joué ni couru. Si vous ne voulez pas nous laisser tout à fait li-bres, permettez-nous au moins de faire un tour de pro-menade tous les jours; mais envoyez-moi d'abord des chaussures, car je marche pieds nus. Au revoir, cher papa; je compte vous embrasser bientôt; mais pour cela il faut que vous soyez bon avec nous, sans quoi je finirai par croire que je ne dois pas vous aimer du tout. »

La lettre de Nicolette fut arrosée des larmes de la comtesse; elle la baisa avec transport, car c'était tout son espoir de salut. On l'envoya au comte de Chateau-briant, et, pendant tout le reste du jour, Nicolette se tint auprès de la porte, écoutant le bruit des pas, et espérant toujours que la réponse désirée allait arriver. Le jour se passa, la nuit vint, la lampe s'éteignit, la mère et la fille se couchèrent en se disant : « Ce sera pour demain ! »

C'est en vain qu'elles espérèrent; car bien des lende-mains s'étaient passés et la réponse n'arrivait pas. L'enfant écrivit une seconde lettre, une troisième, puis une dernière dans laquelle elle ne mit que ces quatre mots:

« Papa, vous nous tuez ! »

Ce n'était pas Nicolette qui se sentait mourir : les efforts qu'elle faisait sur elle-même depuis vingt-deux mois pour distraire madame de Chateaubriant de son chagrin l'empêchaient de sentir les ravages que la privation d'air faisait éprouver à son corps si frêle. Quant à la comtesse, comme elle ne pouvait plus supporter l'idée de condamner cette enfant aux horreurs du tombeau où son impitoyable époux l'avait ensevelie vivante, elle avait fini par s'abandonner à la plus noire mélancolie. Nicolette vit bien que, malgré tous ses efforts pour consoler sa mère, elle ne pourrait pas lutter contre un chagrin si puissant; elle cessa de feindre une gaieté qui ne pouvait plus rien sur l'esprit de la prisonnière, et tous les jours le mal de l'enfant empira. Plus d'une fois la comtesse, bien faible elle-même, tenant sur ses genoux sa fille épuisée, crut avoir reçu son dernier soupir; mais Nicolette recouvrait une lueur d'existence; elle ouvrait les yeux, elle essayait de sourire et disait à la pauvre femme :

« Ne pleure donc pas ainsi : je ne m'en irai qu'avec toi. J'ai trop bien prié Dieu pour qu'il ne nous fasse pas la grâce de mourir ensemble. »

Il y avait trois jours et trois nuits que madame de Chateaubriant n'avait pris de repos, tant l'état de sa fille exigeait de soins continuels; accablée de fatigues, la bonne mère s'était abandonnée au sommeil; mais bientôt elle fut réveillée par Nicolette, dont les mains déjà glacées cherchaient les mains de la comtesse.

« Maman ! maman, lui dit l'enfant d'une voix affai-blie, est-ce que tu ne vas pas mourir, toi ? — Pourquoi me demandes-tu cela, mon enfant ? — C'est que je me meurs, moi, je ne peux plus t'attendre, et nous aurions été si heureuses de ne pas nous quitter ni dans ce monde ni dans l'autre ! Embrasse-moi encore, ce sera la dernière fois ; moi... je voudrais t'embrasser... je n'en ai pas la force ! »

La comtesse se jeta sur le corps de son enfant pour le ranimer. Nicolette de Foix ne souffrait plus.

Ce modèle des jeunes enfants périt ainsi, à l'âge de sept ans et demi. La seule consolation que madame de Châteaubriant pût espérer, après cette perte cruelle, c'était une mort prompte : elle la demanda comme un bienfait à son mari, il ne la fit pas attendre. Trois jours après, Françoise de Foix et Nicolette étaient dans le même tombeau.

GASPARD HAUSER

i le malheur donne des droits
à la célébrité, personne plus
que Gaspard Hauser n'a mérité de vivre dans la mémoire des
hommes. L'histoire que nous rappor-
tons ici est celle d'un infortuné qui
mourut à vingt-deux ans, et qui cependant n'en vécut,
pour ainsi dire, que quatre. Du jour de sa naissance jusqu'à l'accomplissement de sa dix-huitième année, sa
destinée fut telle qu'il ignora ce que les enfants, même
dans le plus bas âge, apprennent sans y penser; c'est-à-
dire qu'il y a des fleurs dans les champs, qu'il y a des oiseaux qui volent et qui gazouillent; qu'il y a des hommes,
et que ces hommes parlent, marchent, rient ou pleurent
selon qu'ils sont gais ou tristes : il ignora aussi que le
mouvement existe, et que là-haut, au ciel, il y a pendant

le jour un immense flambeau nommé le soleil, qui éclaire ce mouvement-là, et que ce flambeau qui réjouit la vue réchauffe aussi le corps.

Ainsi, jusqu'à l'âge de dix-huit ans, Gaspard Hauser ne sut rien ni de la société des hommes, ni de leurs joies et de leurs peines, ni de la lumière du soleil. Un jour, c'était le 26 mai 1828, Gaspard arriva, d'abord on ne sut comment, jusqu'aux portes de la ville de Nuremberg en Bavière. Quand il fut seul, abandonné à l'entrée de cette grande ville, il essaya machinalement d'y entrer, appuyé sur un bâton. Il avançait avec hésitation un pied devant l'autre, et, chancelant à chaque pas, ce jeune homme de dix-huit ans, qui marchait pour la première fois, sentit bientôt fléchir ses jambes, car elles n'avaient pas l'habitude de supporter le poids de son corps; il tomba au milieu de la rue en balbutiant quelques mots inintelligibles; s'il avait pu parler, voilà ce que Gaspard Hauser aurait dit aux curieux qui s'empressaient autour de lui :

« Je sors aujourd'hui pour la première fois de l'obscur cachot où j'ai été détenu depuis ma naissance; je ne suis pas né aveugle, et cependant c'est la première fois que l'éclat du soleil frappe ma vue; je n'ai pas été atteint de surdité, et cependant, tout à l'heure encore, j'ignorais l'existence du bruit; ainsi je ne sais ni marcher, ni voir, ni entendre; je suis presque un homme, et je suis moins qu'un enfant. »

Comme il ne pouvait rien dire, et que d'ailleurs les lois de police contre le vagabondage sont sévères à Nurem-

berg, on essaya de le mettre debout et de le faire marcher jusqu'au prochain corps de garde : il fallut l'y
porter. Ce fut en vain que le chef de poste et que les
magistrats essayèrent de l'interroger, on n'obtint de lui
aucune réponse. Alors quelqu'un qui se trouvait là
ayant donné le conseil de placer devant cet être singulier une plume, de l'encre et du papier, à la vue de
ces objets, les yeux de Gaspard Hauser parurent s'ani-
mer; il prit la plume et traça lisiblement son nom. Cette
particularité fit soupçonner une imposture dans sa conduite, et, en attendant l'explication du mystère, on l'envoya à la prison de la tour, que les tribunaux de la ville
peuplent ordinairement de vagabonds et de mendiants.
Gaspard Hauser, qui n'avait pas paru sensible aux bons
soins que, d'abord, on lui avait prodigués, ne le fut pas
davantage aux rigueurs du magistrat qui le condamnait
ainsi faute de pouvoir l'entendre.

Parmi ceux qui l'avaient suivi du corps de garde à la
tour, se trouvait un digne homme, le docteur Daumer;
il pria le geôlier de donner quelques aliments à son
nouveau prisonnier; le gardien apporta un plat de viande
et une cruche de bière. Gaspard Hauser, qui s'était
assis par terre dans un coin de la chambre, voyant ce
qu'on mettait devant lui, éprouva une si violente con-
vulsion qu'il renversa la cruche de bière et le plat de
viande en poussant un cri d'horreur. Quand il revint à
lui, il trouva à la place de ces objets qui avaient dé-
terminé son évanouissement, un morceau de pain et un
verre d'eau. Le malheureux jeune homme se jeta sur

le pain et sur l'eau avec les plus vives démonstrations de joie, et il but et il mangea avec avidité; puis il s'endormit profondément.

Pendant les quelques jours qu'il resta enfermé dans la prison de la tour, l'inconnu fut visité par une foule de curieux; ceux-ci lui apportaient des gâteaux, des friandises, ceux-là des jouets; car il était impossible de le traiter autrement qu'un enfant. Il ne fut touché ni des friandises ni des jouets; mais un de ces visiteurs lui ayant apporté un cheval de bois, Gaspard lui tendit les mains avec des gestes de désir et d'impatience, et, quand on lui eut donné le cheval, il le serra entre ses bras, et le caressa comme s'il venait de retrouver un ami qu'il n'espérait plus revoir. On soupçonna alors qu'il avait dû posséder autrefois un jouet de cette espèce, mais voilà tout ce qu'on put savoir de son passé.

Peu à peu ses yeux s'accoutumèrent à la lumière et ses oreilles au bruit. Celui d'une cloche voisine, dont le son d'abord n'avait pas été distinct pour lui, finit par lui causer une émotion qui allait jusqu'aux larmes; puis on le fit approcher de la fenêtre un jour qu'une noce passait, ayant en tête les violons du pays; le bruit des instruments sembla l'émouvoir plus encore. Enfin, ayant assisté au défilé d'un régiment, dont les musiciens exécutaient une marche militaire, Gaspard Hauser s'évanouit.

Ne pouvant plus douter de sa sensibilité, le docteur Daumer, qui suivait pas à pas la marche de ses sensations nouvelles, comprit qu'il n'était pas impossible de rendre à la société un être qui, sans doute, avait été condamné d'abord à ne jamais compter parmi les hommes.

Le bon docteur obtint l'autorisation d'adopter Gaspard Hauser. Il commença l'éducation de ce grand enfant. Les progrès de l'élève étaient lents; mais chaque jour cependant il y avait progrès, si bien que l'année suivante il fut en état de coordonner tous ses souvenirs du passé et de raconter son histoire. Or voici ce qu'il raconta :

« Je ne sais pas depuis combien de temps j'existe; ignorant ce que c'est que le jour et la nuit, il me fut impossible de calculer les années, mais il y avait long-temps, bien longtemps que je me sentais vivre dans une chambre où tout était fermé et où personne ne venait me visiter, quand je m'aperçus un jour que je n'étais pas seul au monde. Je dis un jour, une nuit peut-être.

« Un être, un homme, mais alors je ne savais pas ce que c'est qu'un homme; celui dont je veux parler enfin, entra dans mon cachot par une ouverture que je n'avais pas encore remarquée. J'entendis un bruit qui venait de cet homme; il avait parlé, mais j'ignorais aussi ce que c'est que le son d'une voix. Cet homme m'apportait ma nourriture accoutumée : du pain et de l'eau. Il mit à côté de moi un objet dont je ne me rendais pas compte, mais qui me plut par sa forme : c'était un cheval de bois. L'homme s'en alla, je vis l'ouverture

se refermer, et je voulus marcher comme je l'avais vu
marcher lui-même. Mais, après quelques pas, je sentis
un coup violent qui me frappait à la tête; c'était moi qui
venais de me heurter contre la muraille, car, ne sachant
pas encore ce que c'est qu'une porte ouverte ou fermée,
je crus que je pourrais facilement passer là où l'homme
avait passé lui-même. Pour la première fois je sus qu'il
existait des souffrances, attendu que j'ai longtemps
souffert de ce coup à la tête, mais toutefois sans pouvoir me rendre raison du mal que j'éprouvais. Je com-
prends maintenant comment, de temps en temps, je me
retrouvais dans mon cachot avec des habits plus propres, avec les cheveux mieux en ordre et les mains plus
blanches; l'homme devait, à ce que je soupçonne, mêler à
mes aliments une substance capable de me plonger dans
un sommeil profond, et c'est durant ce sommeil qu'il
me changeait de linge et d'habits.

« Il y a bien longtemps aussi que, pour la première
fois, il m'apporta du papier, une plume, de l'encre. Il
traça devant moi des caractères, et puis, après des essais qui ont peut-être duré plus d'une année, je parvins
seul à imiter les caractères que j'avais sans cesse devant les yeux et qui figuraient mon nom. Ce nom sans
doute n'est pas véritablement le mien; il est un autre
nom que mon père a porté et que je ne connaîtrai jamais
peut-être. Mais enfin je dois remercier celui qui m'a fait
l'aumône du nom que j'ai gardé jusqu'à présent, car
c'est grâce à la prévoyance de cet homme qu'on ne
mettra pas sur mon tombeau : L'INCONNU.

« Sans doute je devins à charge à celui qui me gardait ; car une fois, à l'heure où il me donnait habituellement ma nourriture, il vint, mais sans m'apporter l'eau et le pain que j'attendais impatiemment. Il me mit un bandeau sur les yeux, il me chargea sur ses épaules, et je me sentis emmené sans me demander même ce que l'on voulait faire de moi.

« Ma mémoire ne me fournit plus rien ; il faut croire que l'impression de l'air me fut si douloureuse que je perdis connaissance presque en sortant de la maison. L'homme était-il sorti de Nuremberg ? venait-il de plus loin ? je n'en sais rien ; ce que je puis dire, c'est qu'il me déposa aux portes de la ville après m'avoir ôté mon bandeau. Quand je fus seul, j'essayai de supporter la lumière du jour et de me tenir debout en m'aidant d'un bâton ; il faut que les forces m'aient manqué, puisqu'on me ramassa bientôt après dans la rue. »

Quand Gaspard Hauser eut appris à la famille de son protecteur ce qu'il se rappelait de sa vie passée, son histoire, passant de bouche en bouche, fit grand bruit dans le monde. Les étrangers vinrent en foule visiter le protégé du docteur Daumer ; parmi ceux-ci un homme se glissa furtivement dans la maison, et s'étant trouvé seul à seul, un moment, avec Gaspard Hauser, il le frappa d'un coup de poignard assez mal dirigé pour atteindre seulement la victime au front. Aux cris de Gaspard, les gens de la maison accoururent, mais l'homme avait disparu, et jamais on ne put retrouver ses traces.

Cette tentative de meurtre prouvait assez que l'objet

de tant de persécutions n'était pas en sûreté à Nuremberg; lord Stanhope, homme généreux, riche et puissant seigneur anglais, qui s'intéressait au sort de Gaspard Hauser, résolut de l'emmener avec lui à Anspach
pour qu'il pût y achever ses études; puis ce nouveau
protecteur devait le conduire en Angleterre. Gaspard
Hauser passa quatre ans chez le célèbre docteur Fuhrmann; celui-ci fit de notre héros un jeune homme aussi
instruit qu'aimable.

L'époque du départ de Gaspard Hauser pour l'Angleterre approchait; un jour qu'il faisait sa promenade accoutumée dans le jardin du palais, près du monument
d'Uzen, il fut accosté par un promeneur qui le pria de
lire un papier. Gaspard prit l'écrit, et comme il le parcourait, il se sentit atteint de deux coups de poignard
dans la région du cœur. L'assassin prit la fuite; cependant Gaspard, bien que mortellement blessé, eut encore
la force de se traîner jusque chez le docteur Fuhrmann.
L'infortuné ne prononça que ces mots :

« Palais!... Uzen... monument!... bourse ! »

Les hommes de la police furent envoyés près du monument d'Uzen; ils y trouvèrent en effet une bourse de
soie violette qui renfermait un papier sur lequel était
écrit :

« Gaspard Hauser, qui est né le 30 avril 1812, meurt
le 14 décembre 1833. Vous saurez que je viens de
la frontière de Bavière sur la rivière de... Voici les
initiales de mon nom : M. L. O. »

Lord Stanhope promit cinq mille florins à qui décou-
vrirait l'assassin de son protégé. Toutes les recherches
furent inutiles, et Gaspard Hauser, qui ne sera jamais
vengé par la justice des hommes, mourut dans la nuit
du 17 décembre 1853.

LES MACCHABÉES

ers l'an du monde 3840, il est dit dans les saintes Écritures qu'Antiochus, roi de Syrie, prit Jérusalem, profana le temple de Dieu, et qu'il voulut contraindre les Juifs à sacrifier aux idoles. Parmi ceux qui souffrirent le martyre plutôt que de renier la loi du Seigneur, il y eut un vénérable vieillard, nommé Éléazar; celui-ci dit ces belles paroles, en même temps qu'on tourmentait à coups de fouet et de tenailles son corps âgé de quatre-vingt-dix ans :

« Seigneur, vous connaissez qu'ayant pu me délivrer de la mort en renonçant à votre loi, je souffre dans mon corps de très-sensibles douleurs pour avoir été fidèle à votre sainte parole ; mais dans l'âme je me sens de la joie de souffrir pour vous et par votre crainte. »

Quand Éléazar fut mort, le roi Antiochus, dont la colère n'était pas satisfaite, ordonna de nouveau au peuple
de Dieu de sacrifier aux idoles; c'est alors qu'il fit venir
devant lui les sept frères Macchabées et leur mère, pour
leur demander compte de leur désobéissance. La famille des Macchabées était grande et respectée parmi les
familles les plus grandes et les plus respectées de Jérusalem; le peuple avait pour elle une si haute confiance
et tant de vénération, que si les Macchabées eussent voulu
consentir à renier la loi de Moïse, leur exemple aurait
été suivi par le plus grand nombre.

La mère des Macchabées et ses sept enfants, qui
étaient encore dans la fleur de l'âge, furent donc amenés devant Antiochus. D'abord celui-ci, qui savait leur
pouvoir sur l'esprit du peuple, les combla de caresses,
et chercha à les éblouir par les promesses les plus
brillantes pour les amener à manger les viandes défen-
dues par la loi. Chacun des sept frères resta sourd et
inébranlable. Antiochus appela alors ses bourreaux, il
leur remit ceux qu'il appelait des sujets indociles, et
voulut qu'on les tourmentât dans leur chair, afin de se
venger de ce qu'il ne pouvait rien sur leur âme.

Ici commence cette longue série de supplices que
les sept enfants devaient subir avec tant de courage
sous les regards de leur mère. L'aîné fut livré le premier aux exécuteurs de la parole du tyran; les fouets
qui sifflaient dans l'air, tombant incessamment sur son
corps mis à nu, ne le firent pas broncher dans sa pieuse
résolution de mourir, et comme son corps s'en allait en

lambeaux sous les coups de lanière, il prit la parole et dit au tyran :

« Voici ma réponse pour moi et pour mes frères, qui ne me désavoueront pas : apprends que nous savons tous mourir, mais qu'aucun de nous ne sait ce que c'est que de trahir la foi de ses pères et de violer la loi de son Dieu. »

Le peuple cria grâce pour l'enfant intrépide; mais Antiochus, irrité de cette constance à souffrir, fit taire la voix du peuple, et donna l'ordre de faire rougir les poèles et les chaudières d'airain.

Tandis que les serviteurs des bourreaux obéissaient, et que le peuple, réduit au silence par la peur, pleurait tout bas sur les victimes d'Antiochus, celui-ci fit continuer le supplice de celui qui avait parlé le premier : on lui arracha la peau de la tête, on lui coupa les extrémités des mains et des pieds; puis, ainsi mutilé, on l'approcha du feu; mais, le pauvre supplicié ne pouvant pas mourir encore, Antiochus le fit jeter tout vivant dans la poèle ardente, où il le regarda impitoyablement brûler.

La mère et ses autres fils regardaient aussi, et ils s'encourageaient des yeux et de la voix pour souffrir à leur tour, comme l'aîné des Macchabées venait de souffrir.

Le premier étant mort, Antiochus s'adressa au second frère; celui-ci resta ferme dans sa foi malgré les promesses et malgré les menaces. Alors les bourreaux se saisirent de lui, et ils lui arrachèrent la peau de la tête avec les cheveux.

« Je brave vos tourments pour mon Dieu, leur dit-il;
vous nous faites perdre la vie présente; mais le roi du
ciel, que nous servons fidèlement, nous ressuscitera un
jour pour la vie éternelle, puisque nous savons mourir
pour la défense de ses lois. » Il dit, et il expira.

Le troisième frère vint de lui-même s'offrir au sup_
plice; il plaça ses mains sur le billot en disant avec
confiance : « Dieu m'a donné ces membres, je les offre
maintenant avec joie pour la défense de sa parole, parce
que je sais qu'il me les rendra un jour. » Et puis celui-là encore mourut comme ses deux frères étaient
morts. La mère des Macchabées, dont le cœur n'avait pas
encore failli, et qui offrait ses douleurs en sacrifice à
Dieu, ne put retenir ses larmes quand elle vit son quatrième fils se préparer à recevoir le martyre.

C'était un faible et débile enfant, qui devait expirer à
la première atteinte du fer ou du feu; et cependant,
comme les bourreaux s'acharnaient sur lui avec plus de
fureur encore que sur les autres, son visage semblait
rayonner de joie, et, en souriant à ceux qui le tour-
mentaient, il leur dit :

« Il nous est avantageux d'être tués par les hommes
pour mériter de ressusciter en Dieu. » En achevant de
parler il rendit le dernier soupir. La délicatesse des
trois jeunes victimes qu'il lui restait à sacrifier parut
un moment exciter la pitié d'Antiochus; car il ne comprenait pas d'où venait la force de ces enfants, ni surtout
celle de cette mère qui pouvait voir, sans murmurer,
ceux qu'elle avait mis au jour souffrir la mort avec tant

de constance. On appela le cinquième frère Macchabée.

« Va, lui dit sa mère, ce n'est pas moi qui vous ai donné l'âme, l'esprit et la vie, ni qui ai joint vos membres pour en composer votre corps; c'est le Créateur du monde qui vous a formés, et il vous rendra l'esprit et la vie en récompense de ce que vous méprisez vous-mêmes. » Dès qu'elle eut parlé, le jeune martyr courut au-devant des bourreaux, et regardant le roi, il lui dit : « Tu vois que je suis digne de mon Dieu et de mes frères! Tu fais ce que tu veux parce que tu commandes aux hommes, quoique tu ne sois qu'un homme mortel; mais ne te flatte pas que Dieu veuille abandonner entièrement notre nation; dans peu, toi et ta race vous connaîtrez sa grandeur et sa puissance, car il vous punira tous! » Après ce discours il se jeta au milieu des flammes.

Le sixième frère s'avança avec joie, il se livra entre les mains des bourreaux; on commença à le déchirer, à le brûler, et lui, voyant que les forces allaient manquer à Antiochus, il lui cria :

« Prends courage, impitoyable roi; il ne reste plus après moi qu'un enfant et une femme! »

Le dernier, c'était un tendre enfant; la douceur était peinte sur son visage, et, si cruel que fût Antiochus, il ne lui était pas possible de résister au charme irrésistible de cette jeune victime qui venait s'offrir à Dieu. Il le fit approcher :

« Mon enfant, lui dit-il, obéissez à ma loi, et votre obéissance sera récompensée au delà de tout ce que

vous pouvez attendre de ma bonté. J'ai pitié de vous,
je ne veux pas vous faire mourir; au contraire, j'éclai-
rerai votre âme en la dégageant des ténèbres de sa
croyance, et vous serez riche, et vous serez heureux
près de moi. » L'enfant leva les yeux au ciel et ne répondit point. Antiochus appela la mère : « Vous n'avez
plus qu'un fils, lui dit-il; je suis touché de sa jeunesse
et de votre douleur; disposez-le à m'obéir, car son salut
dépend de sa soumission. » La mère, ayant pris son fils
à part, lui dit : « Ayez pitié de moi, cher enfant; de moi
qui vous ai porté neuf mois dans mon sein; de moi qui
vous ai nourri de mon lait pendant trois ans. Je vous
conjure, au nom de vos frères, de courir à la mort avec
la même constance; je vous conjure encore de mépriser
ces bourreaux et de regarder le ciel, afin que vous me
soyez rendu avec vos frères dans cette vie bienheureuse
que nous attendons de la miséricorde de Dieu. »

L'enfant n'eut pas plutôt entendu ces paroles, qu'il
s'écria avec un saint enthousiasme qu'il n'obéirait point
au roi, mais à la sainte loi du Dieu de Moïse : alors Antiochus, irrité de voir qu'une si faible créature osât
lutter contre sa puissance, prononça l'arrêt de l'enfant,
en ordonnant aux bourreaux de le faire souffrir plus
cruellement encore que ses autres victimes.

La mère demeura donc seule au milieu des restes de
ses enfants, et alors son cœur maternel se fondit en
larmes, car ses forces étaient épuisées. Elle appelait le
martyre à grands cris; la seule crainte de cette femme
courageuse était de survivre aux fils qu'elle aimait. Ses

vœux furent bientôt exaucés. Antiochus ayant dit :
« Achevons d'exterminer cette insolente famille ! » la
mère des Macchabées alla rejoindre ses enfants.

A quelque temps de là, Judas Macchabée, fils de Matathias, qui était de la race d'Aaron, défit les troupes
d'Antiochus, et renversa l'idole que le roi de Syrie avait
fait élever sur l'autel du temple de Jérusalem. Comme
l'impitoyable persécuteur des Macchabées retournait
dans ses États, il apprit la révolte du fils de Matathias. A
cette nouvelle, il s'empressa de revenir sur ses pas pour
détruire le temple et punir le rebelle; mais son chariot
roulait avec tant d'impétuosité, qu'Antiochus fit une
chute violente qui lui coûta la vie.

Ainsi ce prince cruel et blasphémateur termina une
existence criminelle par une misérable mort.

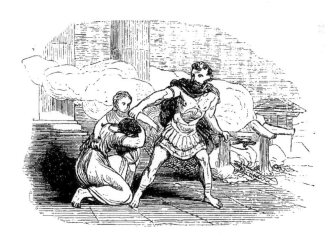

MAC GRATH

élas! oui, la science peut être impie! aussi ces sublimes connaissances, données à l'homme pour le bonheur de l'humanité, sont plus coupables que la plus coupable ignorance, quand elles peuvent inspirer à celui qui les possède la pensée de faire le malheur d'un seul individu, fût-ce même pour le bien de tous les autres. Mais ce qu'on ne saurait trop flétrir surtout, c'est la science qui n'a d'autre but que de satisfaire une vaine curiosité ou de flatter un criminel orgueil. Le fait que nous allons rapporter pèsera à jamais de tout le poids d'une mauvaise action sur la conscience d'un illustre et savant docteur de l'Église anglicane.

Georges Berkeley passe à bon droit pour l'un des plus grands métaphysiciens du dix-huitième siècle. L'Irlande

s'honore de l'avoir vu naître; il a laissé de beaux et im-
mortels ouvrages; les sciences lui doivent des découvertes
utiles. Ces laborieux travaux suffiraient pour lui assurer
une incontestable célébrité; mais, aveuglé par un fol
amour de la gloire, Berkeley ne se contenta pas de l'estime de ses contemporains; il voulut attacher à son nom
l'admiration de la postérité; et pour l'obtenir il conçut
l'extravagant projet de former un géant. Ayant lu dans
l'Écriture sainte que le fils d'Énoc, Og, roi de Bassan,
avait plus de quinze pieds de haut, il s'imagina qu'au
moyen d'un régime alimentaire convenable, il parvien-
drait à faire croître artificiellement un individu, au
point que celui-ci pourrait le disputer en hauteur de
taille avec le géant de la Bible. Pour arriver à ce but,
il fallait que le docteur irlandais eût en sa possession
une créature humaine dont il ne dût plus rendre compte
que devant Dieu, et le point embarrassant était de savoir où rencontrer le *sujet* nécessaire à son audacieuse
expérience. Berkeley se met donc en campagne pour le
trouver, et plus d'une fois, au moment où il croyait le
tenir, son espoir fut trompé, si bien qu'il se vit forcé
d'aller chercher plus loin la victime qu'il voulait offrir
en sacrifice à la science. Un jour comme il traversait
une rue de Dublin, toujours préoccupé de ce grand
dessein, qui ne laissait pas un moment de relâche à sa
pensée, Berkeley fut attiré par les cris d'un enfant que
sa mère châtiait presque avec barbarie : « Monstre!
disait cette femme, qui donc me débarrassera de toi? »
Le savant docteur s'approcha vivement de la mère et

lui dit : « Je me charge de vous en débarrasser, si vous
le voulez, moi! » Cette mère jeta d'abord sur lui et à la
dérobée un regard d'intelligence, car elle s'imaginait
qu'il ne voulait que faire peur à l'enfant, sans doute
afin que celui-ci fût plus docile à l'avenir; mais Georges
Berkeley, plus que jamais dominé par le projet qu'il
avait conçu, ayant réitéré sa question, cette fois la mère
le regarda avec une expression de surprise mêlée d'indignation.

C'est donc sérieusement que vous me le demandez?
lui dit-elle. — Oui, et si vous ne voulez pas me le donner, eh bien! puisque cet enfant vous embarrasse, je
vous propose de me le vendre! » En parlant ainsi, Berkeley lançait sur l'enfant un regard de convoitise qui
effraya sa mère. Dans cette frêle créature, le docteur
croyait voir déjà toute sa gloire à venir, et ses yeux
étincelaient comme étincelle l'œil sanglant du vautour
quand il se précipite sur sa proie. « Vous le vendre!
s'écria cette femme, en prenant son enfant dans ses
bras; et qu'en voulez-vous faire? — C'est mon secret,
dit Berkeley. — Oh! que non que je ne vous le vendrai
pas! continua la mère avec véhémence et en serrant
avec tendresse contre son sein l'enfant que, tout à
l'heure, elle accablait de coups. Voyez donc, continua-
t-elle plus haut, comme pour ameuter la populace, voyez
donc cet homme qui propose à une mère de lui acheter
son enfant! Je veux battre le mien quand il m'a déso-
béi; mais je ne veux pas le vendre, entendez-vous!
toute pauvre que je suis, j'aimerais mieux mourir de

faim avec lui, que de le livrer à un homme qui achète des enfants sans vouloir dire ce qu'il en prétend faire. »

Ainsi la colère de cette femme s'était tournée contre le docteur, et c'est en vain que celui-ci essayait de la calmer; elle attirait par ses clameurs tous les gens du voisinage. Berkeley, se voyant entouré par la foule, cher- cha une issue, et ne parvint pas sans peine à se dérober par la fuite à l'indignation que cette mère furieuse avait soulevée contre lui.

Une autre fois, Berkeley, passant devant l'atelier d'un serrurier, vit le maître qui poussait rudement hors de sa boutique un tout jeune apprenti qui pleurait à chaudes larmes. « Va-t'en! lui disait son maître, va-t'en! je te chasse, je ne veux plus te nourrir à rien faire; tu n'es bon qu'à aller mourir de faim dans un coin! » L'enfant demandait grâce, le maître se montra inflexible, il le repoussa même avec tant de brutalité, que si Berkeley n'eût pas été là pour le retenir dans ses bras, l'apprenti serait tombé au milieu de la rue. Cette fois encore le docteur put croire que la Providence elle-même l'avait conduit là pour placer enfin sous sa main le *sujet* qu'il cherchait vainement tous les jours.

« Ne pleure plus, mon petit ami, dit-il à l'apprenti que le hasard avait poussé dans ses bras, non, tu ne seras pas abandonné ; non, tu ne mourras pas de faim; car je te prends sous ma protection et je t'emmène avec moi. »

L'enfant leva vers son protecteur un regard plein de reconnaissance, et déjà Berkeley se préparait à repren-

dre le chemin de sa maison, quand le maître serrurier
vint à lui. « Où allez-vous? et pourquoi emmenez-vous
cet enfant? dit-il au docteur. — Que vous importe,
puisque vous l'avez chassé? il faut bien qu'il soit recueilli par quelqu'un; vous n'en voulez plus, je le
prends; vous lui reprochez le pain qu'il mange, moi, je
me charge de le nourrir, de l'élever, d'être son protecteur et son appui. — Un moment! un moment! reprit
le maître; et puis, se tournant vers l'apprenti, il lui dit :
— Tu vas commencer par me faire le plaisir de retourner
à la forge pour voir si j'y suis, pendant que je m'expli-
querai avec ton protecteur. »

L'enfant obéit; il quitta la main de Berkeley, et se
glissa d'un air craintif dans la boutique du serrurier.
Quand le savant et le maître de l'apprenti furent seuls,
ce dernier reprit la parole : « Ah çà ! dit-il, est-ce que,
de bonne foi, vous croyez qu'on renvoie sérieusement
tous les apprentis qu'on chasse? D'ailleurs qu'est-ce
que vous feriez de cet enfant-là? un valet peut-être ! —
Mieux que cela! répondit Berkeley; laissez-le-moi, et
j'en ferai l'objet de la curiosité universelle; son nom
sera répété dans toutes les gazettes; de tous les points
de l'Europe on viendra à Dublin pour le voir. Je suis le
docteur Berkeley, évêque de Cloyne, je suis membre de
la Société royale des sciences de Londres; l'étude m'a
révélé le moyen de former un géant; je cherche un enfant pour arriver à ce but qui doit me rendre à jamais
célèbre; j'ai assez de fortune pour récompenser noble-
ment ceux qui m'auront aidé dans cette glorieuse entre-

7

prise; cédez-moi votre apprenti puisqu'il ne vous est
bon à rien, et vous serez largement indemnisé de ce
qu'il vous a coûté jusqu'à ce jour. » Le maître serrurier
laissa parler le docteur jusqu'au bout, et sans l'interrompre; mais quand celui-ci eut fini de lui exposer le
véritable motif de l'intérêt qu'il prenait à l'enfant, l'ouvrier répondit :

« On m'a confié ce petit bonhomme pour être un serrurier, et non pas pour que j'en laisse faire un de ces
phénomènes qu'on montre pour de l'argent; j'ai promis
de lui apprendre à gagner laborieusement sa vie, et
non pas à faire parler de lui dans les gazettes. D'ailleurs,
ajouta-t-il en baissant la voix, entre nous je peux vous
le dire, l'enfant a du bon ; si je le rudoie un peu, c'est
que dans l'état que j'exerce on n'a pas l'habitude de s'y
prendre doucement pour enseigner aux apprentis comment on travaille le fer. Ainsi, je vous le conseille,
cherchez ailleurs l'enfant qui vous est si nécessaire pour
faire vos expériences; quant à celui-là, loin de vous le
donner, je vous le rachèterais plutôt, si je le savais entre
vos mains, car il est déjà bon ouvrier, et comme, sans
être un savant de votre force, j'ai aussi mon genre de vanité, je ne renoncerai pas en votre faveur à un apprenti
intelligent, et qui ne peut pas manquer d'être un jour
mon meilleur élève. »

Berkeley ne se découragea pas; il s'adressa ainsi, et
toujours sans être plus heureux, à toutes les mères pauvres, à tous les pères qui, disait-on, n'aimaient pas leurs
enfants; il s'adressa aux établissements de charité, qui

ne devaient pas demander mieux que de se débarrasser
de leurs pensionnaires; il chercha dans les greniers,
dans les ateliers, dans les hospices; mais nulle part il
ne put trouver quelqu'un qui voulût bien ou lui donner
ou lui vendre l'enfant dont il avait besoin pour créer
son géant. Le savant docteur commençait sans doute à
désespérer de sa gloire à venir, peut-être même renon-
çait-il enfin à son audacieux projet, lorsqu'il rencontra,
en traversant le beau pont de Carlisle, un petit mendiant qui se mourait de froid sous la mauvaise couverture de laine qui ne l'enveloppait qu'à demi. Berkeley,
attiré par les gémissements du petit pauvre, se pencha
vers lui, et lui demanda s'il n'avait pas d'autre asile
que la place publique. « Non, dit l'enfant, je suis orphelin. Une bonne femme qui avait bien voulu m'adopter
est morte il y a trois jours,. on m'a renvoyé en ne me
laissant que cette couverture pour tout vêtement. Je me
suis caché depuis ce temps-là, de peur que les *aldermen*
ne me prennent et me conduisent à l'hospice des orphelins, où l'on dit que les enfants sont battus; mais
aujourd'hui j'ai tant souffert du froid et de la faim que
je me suis décidé à venir sur le pont pour être pris par
les hommes de la police, car il vaut encore mieux recevoir des coups que de manquer de pain. » Berkeley détacha son manteau, en couvrit l'enfant; il lui dit d'essayer de se tenir debout et de marcher. Le petit pauvre
se leva tout grelotant, et le docteur l'emmena chez lui.

Enfin il avait donc en sa puissance cette créature
abandonnée des hommes, sur laquelle il croyait pou-

voir sans crime fonder son impérissable célébrité!
Maître absolu de cet enfant qui se nommait Mac Grath,
l'évêque irlandais commença la série d'expériences qui
devait faire revivre dans l'Europe moderne ces grandes
races d'hommes de l'antiquité biblique. Berkeley avait
observé que les plantes les plus élevées sont celles qui
croissent là où il y a le plus de chaleur humide; que
les arbrisseaux deviennent arbres quand ils accomplis-
sent à l'ombre et dans des terrains chauds et maréca-
geux les phénomènes de la végétation; il savait que la
croissance est plus développée chez les habitants des
pays boisés que parmi les hommes qui vivent dans les
contrées exposées au vent et au soleil. Fort de ces observations, Berkeley relégua son élève dans un lieu où
il eut soin d'entretenir une température humide et
chaude, et où les rayons de l'astre du jour ne venaient
frapper qu'obliquement; il le soumit à l'usage abondant
de la bière, du lait et de l'hydromel; il lui prodigua des
aliments chauds et délayants; il l'obligea de se nourrir
de tout ce qui pouvait engraisser, distendre, ramollir
les mailles de ses tissus organiques; il le sevra de toute
société, et il éloigna tout ce qui pouvait éveiller l'imagination de Mac Grath ou donner quelque activité à son
esprit; enfin il le condamna à la vie animale, car, dans
sa futile et coupable vanité, Berkeley ne demandait à la
science que le pouvoir d'en former un animal prodigieux.

L'orgueil du grand docteur dut être satisfait : à l'âge
de seize ans Mac Grath avait déjà sept pieds de haut ! Ce

fait extraordinaire fut consigné dans toutes les gazettes
de l'Europe; les poëtes du temps firent des vers à la
louange de Berkeley; de toutes parts il reçut le nom
d'immortel; on osa même dire qu'il était le régénéra-
teur de l'espèce humaine, tandis qu'il n'était que le
bourreau d'un enfant!

En instruisant son élève, en cherchant à former son
cœur et son esprit, le docteur eût doté la société d'un
homme de plus; mais il ne songeait qu'à forcer le corps
de Mac Grath à grandir outre mesure, sans soupçonner,
l'impitoyable savant, qu'il allait donner au monde le
spectacle de l'infirmité humaine la plus hideuse : l'idio-
tisme.

A mesure que Mac Grath continuait à grandir, ses
facultés morales l'abandonnaient de plus en plus; il
avait entièrement perdu la mémoire. A force de se tenir
la tête courbée, il avait, pour ainsi dire, oublié que
l'homme est né pour regarder le ciel. Ses membres
étaient si débiles, si disproportionnés, qu'il ne pouvait
plus se tenir debout ; ses yeux étaient sans mouvement
et ne voyaient plus; sa voix grondait dans sa poitrine,
mais ses lèvres n'articulaient plus aucun son : on lui
parlait et il n'entendait pas; on lui soulevait le bras, il
le laissait machinalement retomber ; ses doigts, singulièrement allongés, ne se ployaient plus, ses larges
mains ne savaient plus se tendre pour prendre ce qu'on
lui présentait. Insensible à la joie comme à la souffrance, il ne sentait ni le bien ni le mal qu'on pouvait
lui faire. Ni les caresses ni la douleur ne le réveillaient

plus de son stupide engourdissement ; mais il grandissait toujours !

Berkeley, que l'intérêt de la science, ou, pour parler plus vrai, que celui de sa vanité avait rendu tout à fait inhumain, ne tenait aucun compte de l'affaiblissement de sa victime ; toujours dominé par la même pensée, il ne songeait qu'au jour désiré où, dans l'Europe entière, retentirait ce cri : « Oh! le roi de Basan est retrouvé; le géant de Berkeley a quinze pieds ! »

Pour l'honneur de l'humanité, Dieu ne permit pas que l'orgueil du savant sortît victorieux de cette lutte insensée : l'heure de la délivrance sonna pour Mac Grath ; l'heure du remords sonna pour l'évêque de Cloyne. Sa victime mourut d'épuisement, comme on peut mourir après une agonie de plus de quinze ans.

Espérons, pour le repos de l'âme de Berkeley, qu'indigné contre lui-même, il eut horreur du crime où la science, détournée de son véritable but, avait pu le conduire, et qu'en déplorant le sort du malheureux Mac Grath, ce n'est pas le sujet d'étude que la mort lui enlevait trop tôt qu'il regrettait en lui, mais bien la créature de Dieu, dont il avait creusé la tombe à force d'avoir voulu faire violence à la nature.

Ainsi, nous le répétons, la science peut être impie !

MARCIALI

DIT L'HOMME AU MASQUE DE FER

———

DIEU seul connaît le secret de sa naissance; mais voilà ce que le monde raconte :

La reine Anne d'Autriche, femme de Louis XIII, ayant mis au monde le Dauphin, qui devait être un jour notre Louis XIV, éprouva bientôt après, et de nouveau, les douleurs de l'enfantement ; mais déjà la naissance du Dauphin était proclamée, déjà la cour et Paris savaient que Louis XIII avait un successeur ; ainsi l'enfant nouveau-né avait conquis son droit d'aînesse. Cependant celui qui allait naître pouvait lui disputer ce droit ; car les lois voulaient que le dernier venu de deux jumeaux fût reconnu pour le chef de la famille. Louis XIII et ses conseillers ne purent penser sans effroi aux troubles que cette double naissance pourrait exciter un jour dans le royaume : on décida que Louis XIV régnerait, et son frère jumeau fut sacrifié.

Voilà ce que disent quelques chroniqueurs ; voilà ce que les historiens n'ont point osé démentir, Est-ce bien là l'origine de l'homme au masque de fer ? nous ne le savons pas, on ne le saura jamais ; mais qu'importe si la tradition populaire est fausse ou vraie, qu'importe s'il fut ou non victime d'un intérêt politique, il est un fait que personne ne **p**ourra révoquer en doute ; c'est l'existence de ce malheureux prisonnier condamné à ne jamais montrer ni son sourire ni ses larmes.

Quoiqu'il ait vécu environ soixante ans, nous le plaçons au nombre des enfants martyrs, attendu que toute sa vie ne fut qu'une longue enfance. Qu'est-ce, en effet, qu'être homme ? c'est agir, c'est combattre, c'est triompher ou tomber dans une lutte ; c'est user de sa raison ou de sa force ; c'est pouvoir marcher le front haut à la face du soleil ; c'est fournir bien ou mal sa carrière ; c'est remplir des devoirs de famille ; c'est exercer des droits de citoyen ; c'est pouvoir demander des secours à la société ; c'est avoir le bonheur de lui rendre des services ; c'est enfin ne mourir qu'après avoir vécu, mais était-ce donc vivre que de traîner de prison en prison une existence sans but, dont la plus douce espérance était le tombeau !

Quand celui qu'on appela Marciali, car il fallut bien

lui donner un nom, quand ce malheureux, dis-je, fut incarcéré mystérieusement dans le château de Pignerol, aucun personnage un peu considérable ne disparut de la scène du monde. Cependant des précautions extraordinaires furent prises pour que personne ne pût pénétrer le secret de son emprisonnement. Il fallait que le captif fût d'illustre race, car, malgré sa fierté habituelle, le gouverneur de Pignerol, M. de Saint-Mars, ne parlait à son prisonnier que la tête découverte et debout. Quant aux autres serviteurs du château, ils avaient ordre de n'approcher de lui qu'avec des marques du respect le plus profond ; enfin lorsque Louvois, le superbe et orgueilleux ministre de Louis XIV, vint de la part de son auguste maître visiter le prisonnier, il se tint respectueusement devant lui comme s'il avait été en présence du grand roi, et même il ne voulut jamais se mettre à table avec Marciali, bien que celui-ci l'en priât. On prétend en outre que le ministre ne crut pas s'abaisser en servant à table l'illustre inconnu.

« L'Homme au Masque de fer, dit Voltaire dans le *Siècle de Louis XIV*, était d'une taille au-dessus de la moyenne, et parfaitement prise ; sa peau était brune, mais douce ; il aimait le linge fin, les dentelles, les bijoux et la toilette ; son éducation semblait avoir été cultivée ; la lecture et la musique étaient ses seules distractions. »

Voltaire dit aussi que sa figure était belle et douce. Comment et où l'avait-il vue ? Voilà ce qu'il n'explique pas : mais ce qu'il y a de certain, c'est que le secret de

7.

l'Homme au Masque de fer lui fut révélé et qu'il ne voulut pas le dire.

C'est quelque temps après la mort du fameux car-
dinal-ministre, nommé Mazarin, qu'on envoya dans le
plus grand secret au château de l'île Sainte-Marguerite,
en Provence, ce prisonnier inconnu. Il portait dans la
route un masque dont la mentonnière avait des ressorts
d'acier qui lui laissaient la facilité de manger, tout en
conservant le masque sur son visage. On avait ordre de
le tuer s'il se découvrait le visage.

Marciali était depuis longtemps dans sa prison, dont
la fenêtre grillée donnait sur la mer, lorsqu'un jour, las
sans doute d'une captivité qu'il savait devoir être sans
terme, le prisonnier écrivit quelques lignes avec la
pointe de son couteau sur une assiette d'argent qu'il
jeta par la fenêtre; l'assiette tomba dans un bateau qui
se trouvait presque au bas de la tour. On surveillait
avec tant de soin tout ce qui se passait de ce côté du
château, que le gouverneur fut bientôt instruit de l'action du prisonnier; il envoya chercher le batelier, et
lui offrit une récompense en le priant de lire ce qu'il y
avait sur l'assiette. « Je ne sais pas lire, » dit le patron
de la barque. Le gouverneur le retint au château jusqu'à ce qu'il eût pris les informations les plus rigou-
reuses, et quand il fut bien certain que le batelier lui
avait dit la vérité, et que l'assiette n'avait été vue par
aucun autre que par lui : « Allez, lui dit de Saint-Mars
en le renvoyant, vous êtes bien heureux de ne pas savoir lire! »

Mais, du fond de sa prison, l'Homme au Masque de fer ne se décourageait pas ; il lança une autre fois par la fenêtre une chemise sur laquelle il avait écrit sans doute avec du sang son véritable nom et sa déplorable histoire. Deux jours après le gouverneur lui rapporta cette chemise en lui disant : « L'ignorance a sauvé le batelier ; celui à qui vous avez adressé cette chemise savait lire, il est mort ! C'est à vous maintenant de voir si vous voulez avoir à vous reprocher d'autres meurtres que celui-là. »

Et après lui avoir parlé ainsi, M. de Saint-Mars brûla la chemise devant Marciali ; il ne sortit de la chambre de l'infortuné que lorsque les cendres furent éteintes. Le prisonnier cessa d'essayer de nouveau à communiquer avec le dehors, et il attendit la fin de sa captivité, c'est-à-dire celle de sa vie.

On a bâti à propos de l'Homme au Masque de fer bien des fables, bien des drames, bien des romans, l'histoire seule est muette devant cette vie toujours murée, comme devant ce visage qui ne devait être démasqué que dans le cercueil. Le 19 novembre 1703, quelques années après que le prisonnier eût été conduit, toujours sous la garde du même geôlier, de Pignerol à la Bastille, il y eut à la chute du jour un convoi pour ainsi dire clandestin, qui se dirigea de la prison d'État au cimetière de l'église Saint-Paul. On creusa une fosse, un cercueil y fut descendu, la terre le recouvrit bientôt; nul signe de deuil, pas même une simple croix de bois, ne marqua la place où l'infortuné avait trouvé sa dernière sépulture ; seulement, sur le registre de l'église, on inscrivit le nom de Marciali et la date de sa mort. Les quelques personnes qui avaient assisté à ce service funèbre se séparèrent en disant : « C'est fini! » comme si la société eût été quitte envers cet infortuné parce qu'elle lui avait donné du pain dans une prison durant sa vie et un trou dans la terre après sa mort.

Tandis que l'on procédait aux tristes funérailles de l'Homme au Masque de fer, le gouverneur de la Bastille faisait soigneusement brûler sous ses yeux tout ce qui avait appartenu à Marciali. On reblanchit les murailles de sa prison; les carreaux de verre de sa fenêtre furent brisés; le ministre Louvois vint scrupuleusement visiter la chambre restaurée du prisonnier, et quand il se fut bien assuré qu'il ne restait aucune trace de sa longue captivité, lui aussi il dit :

« C'est fini! »

Et il alla rendre compte à Louis XIV de ce qu'il avait vu.

Enfants, qui, par un beau jour de soleil, jouez librement à ciel ouvert, et qui respirez à pleins poumons l'air embaumé des champs, pensez un peu à cet autre enfant qu'on appelle l'Homme au Masque de fer, à ce malheureux qui sentit ses rides se creuser et qui ne vit ses cheveux blanchir qu'à travers cette figure d'airain qui recouvrait son visage.

Et le souvenir que je vous demande pour celui-là, songez bien que l'Apôtre l'exige de vous pour tous les autres prisonniers ; car voici ses saintes paroles :

« Souvenez-vous de ceux qui sont dans les chaînes comme si vous y étiez vous-mêmes avec eux; et de ceux qui souffrent comme étant vous-mêmes dans un corps mortel. »

HENRI ET FRANÇOIS DE NEMOURS

ORSQU'EN 1789 le peuple, vainqueur de la Bastille, s'élança pour tout détruire dans cette vieille prison d'État où tant de crimes politiques furent commis, où tant de vengeances étaient mystérieusement consommées, on trouva une grande cage de fer que l'on reconnut pour être celle où le cardinal de la Balue, ministre du roi Louis XI, expia pendant onze années le malheureux honneur d'avoir inventé lui-même, mais pour d'autres victimes, l'instrument qui devait servir un jour à son propre supplice. Dans un autre cachot, on découvrit une cage de fer plus petite, évasée, large en haut, se terminant en pointe par le bas, si bien que celui qui y avait été renfermé n'avait dû pouvoir se tenir ni debout, ni assis, ni couché. Cette dernière cage était la seule qui restât de deux cages semblables; elles avaient servi, trois siècles auparavant, de prison à deux pauvres jeunes princes, Henri et François de Nemours, fils de Jacques d'Armagnac, connétable de France, sous le règne de Louis XI. On sait que d'Armagnac, ligué avec les ducs de Bretagne et de Bourgogne, avait résolu de livrer la France aux Anglais. Le complot allait éclater, réussir peut-être, et le sceptre devait être arraché des mains du monarque français, quand Louis XI, instruit par ses espions du danger de la patrie et de celui qui menaçait sa couronne, fit arrêter Jacques d'Armagnac, et le condamna à avoir la tête tranchée.

Jusque là c'était justice : dans ce temps de rébellion, les crimes contre les rois étaient aussi des crimes contre les peuples, car on ne pouvait toucher à une couronne sans que la nation tout entière ne fût mise en péril. Mais Jacques d'Armagnac avait deux fils si jeunes, à l'époque de sa trahison et de son supplice, que lorsqu'on demanda à ces pauvres enfants s'ils n'étaient pas complices de leur père, ils auraient pu répondre comme l'agneau de la fable :

> Comment l'aurai-je fait si je n'étais pas né?
> Je tette encor ma mère!

Cependant, par un raffinement de cruauté que la barbarie de ce temps-là ne justifie même pas, Louis XI fit revêtir d'une robe blanche les deux fils de Jacques d'Armagnac. Ainsi vêtus, on les plaça sous l'échafaud où le connétable était monté; et quand il reçut le coup mortel, le bourreau arrosa leurs têtes innocentes et leurs robes blanches du sang de ce grand coupable. Quand le crime du connétable fut puni, comme la vengeance de Louis XI n'était pas encore assouvie, on prit les deux orphelins teints du sang paternel, et on les conduisit à la Bastille. Ils furent descendus dans les cachots souterrains; arrivés là on les plaça dans ces deux cages de fer, où l'on ne pouvait ni se coucher ni s'asseoir. Henri de Nemours avait alors huit ans et son frère François allait bientôt atteindre sa septième année.

Les malheureux enfants, condamnés à une torture perpétuelle, n'avaient d'autre consolation que de passer leurs bras à travers les barreaux des cages pour se tenir tout le jour et toute la nuit par la main. François, le plus jeune des deux, était aussi le plus découragé. « Je suis bien mal ici, disait-il, on ne doit pas y vivre longtemps. » Et il pleurait. « Allons donc, lui répondait Henri, c'est beau de pleurer à ton âge! tu sais bien d'ailleurs que papa n'aimait pas cela. Tu vois qu'on nous traite comme des hommes dont on a peur : ainsi nous ne devons pas agir comme des enfants, et au lieu de pleurer, parlons plutôt de notre mère! »

Alors les victimes de la cruelle politique de Louis XI revenaient, dans leurs entretiens, à ce beau château de Lectoure où leur première enfance s'était écoulée. Ils se voyaient encore gravissant leurs coteaux de l'Armagnac;

ils s'égaraient de nouveau dans leurs bois touffus, ils suivaient en courant les grandes allées du parc seigneurial. Mais ce n'était, hélas! qu'en imagination. Ainsi par cette heureuse féerie de la mémoire qui fait que le présent n'est plus, parce que le souvenir nous ramène dans le passé, les jeunes prisonniers oubliaient pour un moment leurs souffrances.

Quelque chose vint encore adoucir la situation douloureuse de ces enfants martyrs. Une toute petite souris, qui s'était fourvoyée hors de son trou, mais à qui les jeunes ducs de Nemours firent d'abord grand'peur, se hâta de rentrer dans sa cachette jusqu'au lendemain. Les enfants avaient beau l'appeler et faire la petite voix pour l'attirer, la souris ne se montrait plus; ils eurent alors l'idée de semer à travers leur cage quelques miettes du pain de la prison. La souris, pressée par la faim, se décida à se remontrer. Peu à peu même elle s'accoutuma à la voix des deux frères; elle vint enfin manger auprès d'eux, et quelques jours après sa première apparition, elle s'était si bien familiarisée avec ses protecteurs qu'elle grimpait jusque dans leurs cages. Alors elle allait de l'un à l'autre, et elle mangeait indifféremment dans la main de celui-ci ou de celui-là.

Mais c'était peu pour le vindicatif Louis XI que le sang de d'Armagnac eût souillé les blonds cheveux et la robe blanche des enfants du connétable : il savait que les deux petits prisonniers de la Bastille, prenant leur torture en patience, avaient fini par s'accoutumer à veiller et à dormir dans leur cage de fer, il imagina

pour eux un horrible supplice. Le bourreau fut chargé
de venir, une fois tous les huit jours, arracher une
dent à chacun des deux frères. Quand l'exécuteur des
cruelles volontés du roi, quand cet homme, qui était
cependant accoutumé à voir souffrir, car il ne reculait
devant aucune exécution, fut introduit dans le cachot,
il ne put réprimer un mouvement d'humanité à la vue
de ces deux patientes et malheureuses créatures. Il
fallut bien pourtant leur annoncer le motif de sa visite.
Lorsqu'on leur eut fait connaître l'arrêt que le roi avait
porté contre eux, le petit François poussa d'horribles
cris, Henri essaya de fléchir le bourreau : « Maman,
lui dit-il, mourra de chagrin quand elle saura qu'on a
fait tant de mal à mon petit frère; je vous en prie, épar-
gnez-le; vous voyez comme il est déjà faible et malade. »
Le bourreau ne retenait plus ses larmes, il semblait souffrir plus que les enfants eux-mêmes du mal qu'il allait
leur faire; mais il devait obéir : il y allait pour lui de la
vie !

« Il faut absolument, disait-il avec des sanglots, que
j'aille montrer les deux dents au gouverneur de la Bastille, pour qu'il les mette ensuite sous les yeux du roi.
— En ce cas, dit vivement Henri de Nemours, ôtez-
m'en deux à moi; car je suis fort, car je puis supporter
le mal, tandis que la moindre souffrance pourrait tuer
mon frère. » Il y eut entre ces deux jeunes enfants une
longue et sublime lutte, c'était à qui souffrirait pour
l'autre. Le bourreau, attendri et étonné, ne savait plus
s'il devait accomplir l'acte révoltant de son fatal minis-

tère, peut-être même allait-il finir par céder à la pitié,
quand on vint lui demander, au nom du gouverneur,
pour quelle raison il différait tant l'exécution des volontés du roi. Un nouveau retard eût été considéré comme
un crime : le bourreau eut peur; il s'approcha de Henri
de Nemours et lui arracha une dent; l'enfant retint son
cri de douleur, et comme il voyait l'homme se diriger
vers la cage de son frère, il lui dit : « Et l'autre! vous
savez bien que je paye pour deux. »

Ce trait de fermeté ramena le bourreau vers Henri;
celui-ci s'arma d'un nouveau courage, et le gouverneur
de la Bastille put montrer au roi les deux dents des enfants de Jacques d'Armagnac.

Louis XI fit exécuter rigoureusement sa rigoureuse
sentence ; tous les huit jours le bourreau descendait
dans le cachot des jeunes ducs de Nemours, et tous les
huit jours Henri payait son tribut et celui de son frère.
Mais tant de courage et de dévouement finit par épuiser
les forces de cet enfant sublime; une fièvre violente des-
sécha son sang, il s'affaiblit peu à peu; comme ses jambes ne pouvaient plus le porter, il se tenait presque à
genoux dans sa cage de fer; voyant un jour qu'il n'avait
plus que quelques instants à vivre, Henri de Nemours
essaya encore une fois de tendre une main à son frère.
« C'est fini, lui dit-il, je ne reverrai plus maman; mais
toi, tu sortiras peut-être d'ici. Dis-lui bien à cette tendre
mère que j'ai souvent parlé d'elle et que je ne l'ai jamais tant aimée que dans ce moment où je vais mourir.
Adieu, François, ajouta-t-il, mais d'une voix plus faible,

donne tous les jours du pain à notre petite souris blanche; je compte sur toi, tu en auras bien soin, n'est-ce
pas? »

Le martyr n'attendit pas la réponse de son frère, la
mort saisit sa proie, et la jeune âme s'en alla où s'en
vont les bienheureux quand les anges les rappellent. Il
faut croire qu'alors Louis XI s'humanisa en faveur du
dernier des Nemours; car, après la mort de Henri,
François fut retiré de sa cage de fer, et il n'eut plus
pour demeure qu'un cachot ordinaire ainsi que tous les
autres prisonniers de la Bastille.

Enfin le roi cruel rendit l'âme à son tour, enfin le
règne de Charles VIII commença; les rigueurs cessèrent, on pensa à rendre à la liberté ceux qui avaient été
victimes de la politique soupçonneuse de Louis XI.
François de Nemours sortit de la Bastille; il revit le
ciel, il put embrasser sa mère; mais la torture qu'on
lui avait fait subir dans cette horrible cage le laissa
pour toute sa vie boiteux et contrefait.

LES FILS D'UGOLIN

E n'est pas le père qu'il faut plaindre; car si sa destinée fut cruelle, si on le condamna à un horrible supplice, il faut avouer que son cœur ne devait pas être exempt de remords, puisque ses mains n'étaient pas pures de sang versé.

Le comte Ugolin Gherardesca, avant d'être précipité dans cette prison qu'on appela depuis la *Tour de la Faim*, avait aussi commis des crimes. Nommé protecteur du peuple, il en avait été le tyran; et puis, voyant que ses projets ambitieux pour arriver à la puissance souveraine se trouvaient tous renversés par des adversaires aussi criminels que lui, il avait trahi la république de Pise et livré aux ennemis la ville qu'il devait

défendre. Lorsqu'un neveu de l'archevêque Ubaldini
vint pour lui reprocher sa trahison, Ugolin, qui n'avait
pas un mot à dire pour sa défense, ajouta un crime
nouveau à ceux qu'il avait déjà commis, et répondit
à son accusateur par un coup de poignard.

Cela se passait en Italie, et dans un temps où l'Italie,
livrée à l'ambition de tous les factieux, perdait dans des
révoltes sans cesse renaissantes les plus braves de sa
jeunesse guerrière et le plus pur de son sang. L'incen-
die dévorait les villes, l'herbe croissait dans les rues
privées de population, et les campagnes étaient désolées par la famine. La république de Pise avait peut-être
plus que tous les autres États eu à souffrir des malheurs
de la guerre civile. Le comte Ugolin, voyant le peuple
fatigué et épuisé, crut que le meurtre du neveu de l'archevêque resterait sans vengeance et que, malgré ses
trahisons passées, on serait trop heureux de l'accepter
pour souverain, à cause du nom illustre qu'il portait
et des immenses richesses que possédait sa famille.
Tandis qu'Ugolin cherchait à se faire de nouveaux partisans, l'archevêque Roger Ubaldini, qui ne pouvait
oublier l'assassinat de son neveu, préparait en secret
une terrible révolte contre le puissant Gherardesca. Le
1er juillet 1288, l'archevêque de Pise fait sonner le
tocsin de la cathédrale, on crie aux armes, et la foule se
précipite vers le palais du peuple, habité par Ugolin et
sa famille. Le comte et ses enfants, surpris par la révolte, ne se laissèrent point intimider par le nombre;
ils se défendirent jusqu'au soir contre les furieux qui

assiégeaient leur demeure. Gaddo, le plus jeune des
fils d'Ugolin, fit des prodiges de valeur ; deux fois il sauva
la vie à son père en recevant une blessure qui était destinée au comte ; mais les assiégeants mirent le feu au palais, et la famille vaincue fut livrée à la discrétion de l'archevêque. Alors celui-ci, n'écoutant que sa vengeance,
voulut dans un seul supplice exterminer la race entière
des Gherardesca ; il fut sans miséricorde aussi bien pour
les enfants que pour le père ; l'âge et l'innocence de
Gaddo et de ses trois frères ne trouvèrent pas grâce
devant lui ; il fit traîner ses cinq victimes dans une
tour située sur les bords de l'Arno, lui-même ferma
soigneusement la porte du cachot qui renfermait Ugolin et ses enfants ; puis, en présence du peuple, il jeta
les clefs de la prison dans le fleuve, en fulminant la
terrible excommunication contre quiconque oserait
tenter de délivrer les prisonniers, et même contre
celui qui essayerait de leur faire passer quelque subsistance à travers les grilles de leur cachot ; car, suivant
l'horrible sentence prononcée par l'archevêque de
Pise, Ugolin et ses quatre fils devaient mourir dans les
tortures de la faim.

Laissons maintenant parler le Dante, qui, dans son
poëme immortel de l'Enfer, a placé le récit du supplice d'Ugolin dans la bouche même de celui-ci.

« Je dormis et j'eus un songe affreux qui déchira
pour moi le voile de l'avenir : l'archevêque de Pise, qui
me paraissait être mon seigneur et maître, s'était mis à
la poursuite d'un loup et de ses louveteaux du côté de la

montagne qui sépare Pise de Lucques. Peu de temps
après, le loup et ses petits, fatigués de leur course,
tombèrent d'épuisement, et je vis une troupe de chiens
affamés qui déchiraient leurs flancs.

« Alors je m'éveillai, mes fils qu'on avait emprison-
nés avec moi, pleuraient en dormant, et ils disaient :
« J'ai faim ! » Ils se levèrent, c'était l'heure où nous at-
tendions notre nourriture. De noirs pressentiments tour-
mentaient nos cœurs, il me sembla qu'on fermait à
clef les portes de l'horrible tour pour ne plus les rouvrir. Je regardai mes enfants sans parler, un frisson me
saisit, et je n'eus pas la force de pleurer. Mes enfants
pleuraient ! Anselme, mon jeune Anselme me dit :
« Qu'as-tu donc, mon père, et pourquoi nous regar-
« des-tu ainsi ? » Je ne répondis point, je restai immobile, et cet état d'insensibilité dura jusqu'à ce que le
soleil vînt de nouveau le lendemain éclairer encore le
monde. Un rayon bien faible se glissa dans notre cachot ; je vis ma propre souffrance écrite sur le visage
de mes quatre malheureux fils ; de rage et de désespoir
je me mordis les mains. Mes pauvres enfants pensaient
que la faim me tourmentait, ils s'approchèrent en me
disant : « Oh ! tendre père, nous souffrons bien nous-
« mêmes ; mais notre douleur sera moins affreuse si tu
« nous fais servir à ta nourriture. Tu nous as donné des
« chairs périssables, elles sont à toi, tu peux les re-
« prendre. »

« Je m'efforçai de paraître calme pour ne pas augmenter leur douleur ; deux jours encore nous restâmes

tous sans nous dire un seul mot; mais comme nous
commencions la quatrième journée, Gaddo se leva,
vint tomber à mes pieds, et il mourut en s'écriant :
« Père, père, pourquoi ne viens-tu pas à mon se-
« cours? » Les trois autres s'éteignirent un à un, je les
vis tous expirer entre le cinquième et le sixième jour;
enfin, moi aussi, j'arrivai à l'épuisement complet de
mes forces; tombé sur leurs cadavres, je les appelai
pendant deux jours, ensuite la faim eut plus de pouvoir que la douleur. »

Ugolin ne renouvela pas cet horrible festin. Lorsque
l'archevêque Ubaldini fit ouvrir la prison de ses victimes, Ugolin était mort avec ses enfants, et il restait
encore assez du cadavre de Gaddo pour qu'on pût voir
sur son corps ses deux blessures reçues en défendant
son père.

LES
ENFANTS PIEUX

APPIUS
ÉLISABETH CAZOTTE
FI-KEN
SAINTE GENEVIÈVE
HAL-MEHI
JASSIMA, XIMO ET JOSU
PRASCOVIE

APPIUS

'ÉTAIT dans ce temps où la répu-
blique romaine marchait vers sa
ruine, où l'empire allait naître.
Antoine, Octave et Lépide gouvernaient l'État et le désolaient
par des proscriptions et des supplices. La sédition, sans cesse re-
levée, était sans cesse abattue, et tous les jours de
nouveaux arrêts de mort ou d'exil venaient frapper
les plus puissantes familles patriciennes et les derniers
de la classe des plébéiens. Les triumvirs, qui comman-
daient alors dans Rome, faisaient passer le niveau en-
sanglanté de leur tyrannie sur toutes les têtes, si bien
que même les plus illustres n'échappaient point à cette
justice politique qui, quelque juste qu'elle soit, a toujours l'air d'une vengeance.

Parmi ceux qui venaient d'être compris dans une

dernière liste de proscrits se trouvait un vieillard qui
deux fois avait été nommé consul : il avait blanchi et
s'était courbé sous le poids des affaires publiques; aussi
le peuple avait pour lui une si grande vénération qu'on
se disputait l'honneur de lui servir d'appui quand il
allait de sa maison au sénat; car c'est à peine si le consul Appius pouvait marcher tant il était vieux et in-
firme. Lorsqu'il apprit l'arrêt des triumvirs qui le bannissait de Rome à perpétuité, arrêt contre lequel personne
n'aurait osé protester, car la puissance des proscrip-
teurs était grande, Appius s'indigna de l'ingratitude des
hommes; et comme il était sans secours, sans fortune;
comme, accablé par les fatigues, il ne se sentait plus
assez de force pour obéir à l'édit dont il était victime,
et encore moins pour entreprendre un long voyage, il
prit la résolution de demeurer chez lui, espérant bien
que les triumvirs ne tarderaient pas à le faire mettre à
mort pour le punir de sa désobéissance. Le vieux consul ne s'était pas trompé, les ordres les plus sévères
avaient été donnés pour rechercher et punir de mort
ceux qui ne se soumettraient pas à l'arrêt de proscription. Déjà plusieurs des malheureux bannis qui s'étaient
refusés à quitter Rome avaient dû payer de leur vie cet
imprudent amour du sol natal; déjà on s'étonnait que
le célèbre vieillard n'eût pas subi le sort de ses frères
en proscription, lorsque le jeune Appius, son fils, qui
depuis quelque temps était en voyage, eut avis du danger qui menaçait son vénérable père; aussitôt le pieux
enfant retourne sur ses pas, et revient à Rome en toute

hâte pour disputer aux bourreaux la tête de l'illustre Romain.

Bien décidé à mourir, le consul Appius résista longtemps aux instances du jeune homme qui le suppliait à genoux et les larmes aux yeux d'obéir à l'ordre suprême qui le bannissait. « Pourquoi, disait la victime résignée, ferais-je tant de chemin? A quoi bon aller chercher la mort si loin, quand je puis l'attendre ici? D'ailleurs, à mon âge et avec mes infirmités, je ne pourrais pas même aller jusqu'au delà des portes de Rome; on me tuerait dans la rue, j'aime mieux mourir dans mon lit. »

Ainsi parlait le vieillard alors que son fils s'efforçait par les plus tendres paroles, par les plus vives sollicitations de le faire renoncer à son funeste dessein. Pourtant le soir allait venir, et c'était ce soir même qu'expirait le délai accordé au consul Appius pour sortir de Rome. L'illustre banni était sans peur, sans regret pour lui-même; mais il ne pouvait voir sans attendrissement le violent désespoir du jeune Appius. « Vous ne pouvez pas marcher, lui dit son fils, eh bien, fiez-vous à mon courage. Puisqu'il faut que vous soyez sorti de Rome avant le coucher du soleil, soyez certain que la nuit ne vous trouvera pas dans Rome; si vos pieds ne peuvent vous porter, je vous porterai, moi, et, croyez-le bien, je ne succomberai pas en chemin, car les dieux me donneront des forces. »

Vaincu enfin par les prières de son fils, le vieil Appius consentit à tout ce qu'il voulut.

Ce fut un grand et sublime spectacle que celui-là : un tout jeune homme, dont les bras paraissaient faibles, mais dont le cœur était fort, portait à travers les rues un vénérable vieillard qui pesait sur lui de tout le poids de son âge, et cependant le jeune homme marchait librement, tête levée et le visage joyeux. Chargé de ce précieux fardeau, que l'amour filial lui rendait léger, il suivit les voies populeuses, les grandes places de Rome, et partout où il passait, le peuple lui faisait place avec respect; les plus courageux même osaient crier : « Vivent les deux Appius! » car on avait reconnu le vieux consul et son fils.

Les satellites du pouvoir, émus eux-mêmes de cet admirable dévouement d'un fils, hésitèrent à imposer silence aux *vivat* de la multitude; d'ailleurs ils ne pouvaient s'opposer au départ d'Appius, car l'heure qui lui avait été fixée pour franchir les portes de la ville n'était point encore expirée, et ils n'avaient ordre de tuer le consul qu'après le moment marqué pour l'exécution de l'arrêt de bannissement. Mais cette heure approchait, et le peuple voyait en tremblant qu'il restait encore au jeune Appius beaucoup de chemin à faire pour sauver le consul du péril qui le menaçait : « Courage! » lui criaient les hommes en battant des mains. « Courage! » disaient les femmes avec des larmes dans la voix. Tous, jusqu'aux petits enfants, lui répétaient : « Courage! » et le jeune Appius marchait toujours, et la sueur lui coulait du front, et il sentait avec terreur que ses genoux fléchissaient sous lui, et que la force

allait lui manquer. « Y suis-je bientôt? » demandait-il
haletant, tant sa pensée était troublée, tant ses yeux
mouillés de pleurs l'empêchaient de se rendre compte
de la route qu'il avait déjà parcourue. « Encore cent
pas! » lui répondit-on. Il voulut s'arrêter pour reprendre haleine; mais il ne lui restait plus que quelques secondes pour arriver au terme fatal! « Marchez!
marchez! » lui cria le peuple. Il fit un dernier effort!
dépassa la porte de Rome, et après avoir déposé son
père sur le bord du chemin, il tomba évanoui.

Mais le consul n'était point encore sauvé, il ne lui
suffisait pas d'être sorti de Rome, il fallait encore, pour
obéir à la loi, qu'il s'éloignât du territoire de la république. A la faveur de la nuit, Appius parvint à conduire
le proscrit jusqu'au bord de la mer : là ils trouvèrent un
vaisseau qui les emmena tous deux en Sicile.

Pour que le souvenir de cette action vertueuse ne fût
pas perdu pour la postérité, on l'inscrivit dans les fastes
de la république. Appius, rappelé à Rome quand la
proscription triumvirale eut cessé, y obtint les honneurs du triomphe. Le suffrage populaire le créa édile,
et longtemps la république s'honora de le compter au
nombre de ses magistrats.

ÉLISABETH CAZOTTE

—

ux âmes courageuses et pieusement sublimes, qui ne demandent qu'à rester ignorées, heureuses qu'elles sont d'accomplir leur sainte mission de fille, de sœur, d'épouse ou de mère dans le sanctuaire de la famille Dieu accorde des jours d'épreuves afin de rehausser l'éclat de leurs vertus, pour attirer les regards sur ceux qu'il veut donner en exemple au monde; souvent il les couronne d'épines, souvent il leur met le sceptre de roseau à la main, il les revêt enfin de la majesté du martyre; et l'admiration qu'excitent à tout jamais ces saintes victimes fait oublier jusqu'à l'horreur qu'inspirent leurs bourreaux; on ne songe plus qu'à porter envie à la royauté du malheur.

C'est pour l'humanité une consolante pensée que celle-ci : c'est toujours dans les temps fertiles en grands scélérats que les vertus modestes se sont produites au plus grand jour ; l'échafaud dressé par le crime fut toujours un piédestal pour la vertu, et plus les juges iniques descendent bas dans l'infamie, plus les innocents qu'ils frappent montent haut dans ces régions supérieures où Dieu appelle à lui ceux qui ont souffert et pleuré.

S'il est des jours dont on ne peut parler sans horreur, il est des noms qu'on ne peut prononcer qu'avec respect ; s'il est des souvenirs de sang qui feraient douter que l'homme est l'ouvrage d'un Dieu, il est aussi d'admirables exemples de dévouement qui prouvent sa céleste origine. Or, parmi ces dévouements dont je veux parler, qui pourrait oublier la courageuse résistance d'Élisabeth Cazotte pour disputer son père aux bourreaux. C'était une toute jeune fille de seize ans, gaie, spirituelle, partageant les travaux littéraires de l'ingénieux écrivain qui lui donna le jour. L'heure des proscriptions avait sonné, la royauté était abolie, la religion avait subi le sort de la royauté ; on battait la générale dans les rues de Paris, le tocsin bondissait, les cris de mort se faisaient entendre, et au-dessus de tous ces bruits dominait la voix formidable du canon ; enfin la capitale de la république française était en proie au mouvement séditieux de la fièvre révolutionnaire, tandis que dans leur modeste demeure de Pierry, village près d'Épernay, Jacques Cazotte et Élisabeth sa

fille passaient leurs jours dans l'étude et se croyaient
oubliés du monde qu'eux-mêmes ils s'efforçaient d'oublier. Leur vie était si simple, ils mettaient tant de
soins à cacher même leurs bienfaits, qu'ils devaient
espérer que la tourmente politique passerait à côté
d'eux sans les atteindre. En effet, qu'avait-on à demander à un vieillard de soixante-douze ans, qui ne s'occupait que de l'éducation de son enfant? que pouvait-on
reprocher à une jeune fille de seize ans, étrangère aux
intérêts qui se débattaient alors entre la vieille monarchie presque expirante et la jeune république qui
venait de s'élancer tout armée de son berceau? La sécurité de ces deux êtres, qui vivaient absolument l'un
pour l'autre, était bien naturelle, pourtant l'événement
leur prouva que dans une époque de crise populaire
nul n'a le droit de rester ignoré, et que l'isolement dans
lequel on veut vivre est au moins une imprudence,
lorsque de tous côtés les hommes s'assemblent pour se
compter, amis et ennemis, et se trouver prêts à combattre au premier signal du danger. Suivant la doctrine
des masses, quand les partis marchent l'un contre
l'autre à la face du ciel et à visage découvert, le citoyen
qui reste chez lui est ou un lâche ou un conspirateur;
et, en ce temps-là, c'était conspirer contre le peuple
que de ne pas marcher avec lui.

La maison habitée par Jacques Cazotte fut un jour
envahie par les délégués de la Convention nationale;
on se saisit du vieillard ; mais ni les menaces brutales
des gendarmes, ni les exhortations du prisonnier ne

purent décider Élisabeth à se séparer de son père : on les emmena tous deux à la prison de l'Abbaye, et, tous deux aussi, on les enferma dans la même cellule. Ils restèrent là huit jours. Élisabeth servit son père comme elle le servait autrefois ; elle le sauva du désespoir en ramenant sa pensée vers leurs travaux littéraires, interrompus par cette arrestation. La jeune fille se montra aussi gaie, aussi heureuse, aussi calme que lorsqu'elle habitait sa jolie maison du village de Pierry, et à force de soins ingénieux, elle parvint, pour ainsi dire, à faire oublier au vieillard le malheur dont il venait d'être frappé.

Le neuvième jour de leur emprisonnement, vers deux heures de l'après-midi, d'épouvantables clameurs vinrent glacer d'effroi les captifs de l'Abbaye ; une populace ivre de vin, altérée de sang, brisa les portes de la prison ; alors, prenant possession de la place, elle se forma en tribunal révolutionnaire, et fit comparaître devant elle les détenus, qui commençaient à pressentir que leur dernière heure allait sonner. Par un singulier raffinement de cruauté, Maillard, celui qui présidait ce tribunal improvisé, ne prononçait aucun arrêt de mort ; il écoutait la défense de l'accusé, et quand celui-ci avait fini de parler, Maillard disait avec un sourire : « Que l'on conduise le citoyen à la Force ; je vois bien qu'il n'a été amené ici que par erreur. » Le malheureux, chez qui l'espérance venait de renaître, sortait de la salle qui servait de chambre de justice; on le conduisait jusque sous le dernier guichet de la

9

prison; mais à peine avait-il mis le pied dans la cour
qu'il tombait sous les coups des assommeurs, postés là
par ce même Maillard pour exterminer tous ceux qui
dépassaient le seuil du guichet. L'horrible boucherie
était en pleine activité ; on ne comptait plus les victimes que par monceaux de cadavres; car depuis trois
heures le sang ruisselait dans cette cour, lorsque Cazotte comparut devant le tribunal. Maillard l'écouta
silencieusement, comme il avait écouté tous les autres
accusés. Élisabeth, qui se trouvait auprès de son père,
prit la parole à son tour pour raconter leur existence
si simple et si véritablement étrangère à toute intrigue
comme à tout intérêt politique. Le président la laissa
parler; ensuite il dit au vieillard : « C'est bien, citoyen,
votre justification est entendue, on y fera droit; mais on
va préalablement vous conduire à la Force. » Élisabeth
poussa un cri de joie et se tourna vers Maillard comme
pour le remercier ; mais pendant ce temps on avait en-
traîné Jacques Cazotte, et déjà il était arrivé sous le
fatal guichet. La jeune fille, voyant que son père n'était
plus là, s'élance pour le suivre ; on veut lui barrer le
chemin; mais, quelque obstacle qu'on lui oppose, elle
les renverse tous. Libre enfin, elle franchit les marches
de l'escalier, elle arrive au guichet, se précipite dans la
cour, et parvient à se frayer un passage au milieu des
assassins qui déjà menaçaient son père. Arrivée jusqu'à
lui, Élisabeth enlace le vieillard de ses bras, elle le
couvre de son corps, et dit aux assommeurs : « S'il faut
qu'il périsse, eh bien, vous me tuerez la première ! »

A l'aspect de cette jeune fille si belle, si courageuse, qui vient ainsi se livrer à la mort, les bourreaux s'arrêtent; ils hésitent, ils se consultent du regard, et la populace émue crie : « Grâce pour le père! grâce pour la fille! » Tel fut, en ce jour de meurtre, l'ascendant du courage filial, que les plus endurcis au crime cédèrent à l'émotion générale, et que, saisis d'un saint respect, ils livrèrent passage à Jacques Cazotte et à l'intrépide Élisabeth. Le vieillard, s'appuyant au bras de son enfant, fut reconduit par la foule et comme en triomphe jusqu'à la maison d'un de ses amis. Il était heureux, ce bon père, non pas d'avoir échappé au massacre, mais de devoir la vie au dévouement d'Élisabeth. Hélas! elle n'eut pas longtemps à se féliciter de son pieux courage; quelques jours après, Jacques Cazotte fut arrêté de nouveau, et cette fois on ne permit pas à sa fille de le suivre. Elle fut placée dans une autre prison, où, durant toute une année, elle n'eut d'autre consolation que celle d'écrire à son père; encore ne recevait-elle jamais un mot de lui. Le geôlier qui se chargeait des lettres d'Élisabeth disait à la pauvre désolée que le citoyen Cazotte pouvait bien recevoir des lettres, mais qu'il lui était défendu d'y répondre. Lorsqu'on la rendit à la liberté, Élisabeth alla dans la maison de l'ami qui les avait déjà reçus l'an passé. Pendant quelques jours elle attendit avec résignation le retour de son père. Enfin, voyant qu'il ne venait pas, elle conçut le dessein d'aller demander une permission pour le voir à la Force, où, lui disait-on, il était encore dé-

tenu. Comme Élisabeth se préparait à partir pour sa
visite de prison, la famille qui l'avait recueillie jugea
qu'il était indispensable de lui révéler toute la vérité.
C'est alors qu'on lui apprit que depuis un an elle était
orpheline, car il y avait un an que Jacques Cazotte était
monté sur l'échafaud révolutionnaire. A cette nouvelle,
Élisabeth tomba dans un état de langueur qui la conduisit, six mois après, au tombeau.

FI-KEN

L y avait en Chine, dans la province
de Kiang, un officier de justice qui
s'armait de l'autorité dont il était
revêtu pour commettre impunément une foule de mauvaises ac-
tions ; il inspirait une telle terreur que les plus courageux n'osaient pas même élever la voix contre lui, et
que chacun remettait à Dieu le soin de le punir de
ses crimes. Tous les jours c'était un orphelin qu'il faisait en ordonnant la mort d'un innocent dont les biens
excitaient son envie. Tantôt il dépouillait une veuve de
son patrimoine ; tantôt, et pour le seul plaisir de faire
le mal, il condamnait à la torture de pauvres gens qui
n'avaient rien à se reprocher. Un marchand, qui se sentait fort de l'estime de ses concitoyens, indigné de la
conduite de l'officier de justice, alla au palais du gou-

verneur pour porter plainte contre le coupable déposi-
taire du pouvoir; on ne voulut pas l'entendre, on le
renvoya même avec menace de le jeter dans une prison
et de le ruiner, lui et sa famille, s'il essayait une seconde fois de prendre la parole pour accuser le tyran
du peuple. Hoang, c'était le nom du marchand, reprit
le chemin de sa maison avec une juste colère dans le
cœur contre ceux qui refusaient de prêter leur appui
aux innocents et de les délivrer d'un si grand coupable.
Au détour d'une rue, Hoang eut le malheur de rencontrer le méchant officier de justice, qui faisait ce jour-là
traîner une pauvre vieille femme, dont les cris de désespoir auraient amolli les cœurs les plus durs. Le vertueux citoyen se trouvait devant l'étal d'un boucher au
moment où le scélérat passait avec sa victime; alors,
n'écoutant que son indignation, le marchand saisit le
couteau qui était sur l'étal, il en frappa l'officier, et se
livra ensuite à la justice. En vain ses amis cherchèrent
à le justifier. Hoang fut condamné au supplice des meur-
triers. Il était père d'une nombreuse famille, et parmi
ses enfants il y en avait un, nommé Fi-Ken, qui était
âgé d'environ quatorze ans; celui-ci n'eut pas plutôt
appris la condamnation de son père, qu'il alla droit au
palais de l'empereur, afin de solliciter la faveur d'une
audience; le monarque chinois voulut bien la lui accorder. Fi-Ken, s'étant prosterné devant le trône impérial, dit qu'il venait demander une grâce : « Laquelle? demanda l'empereur. — Celle de mourir à la
place de mon père; car notre famille a besoin d'un

soutien, et, au lieu d'être un appui pour ma mère, je
ne serai qu'un embarras de plus. Nous sommes six enfants, et je suis l'aîné ; vous voyez donc bien qu'aucun
de nous n'a ni l'âge ni la force nécessaire pour travailler et nourrir ses frères et sa petite sœur. Il suffit, pour
que la justice soit satisfaite, que notre sang paye le sang
de celui qui est mort ; j'offre le mien, et vous ne pouvez pas le refuser. » L'empereur, surpris de ce dévouement extraordinaire, renvoya l'enfant devant son ministre de la justice, afin que celui-ci l'interrogeât, car
on soupçonnait qu'il avait été excité par les amis du
condamné à parler ainsi, afin de surprendre, par un
faux semblant d'amour filial, la sensibilité du monarque.
Lorsque Fi-Ken fut devant le ministre, celui-ci dit :
« Qui vous a suggéré la pensée d'offrir votre vie en
échange de celle d'un coupable ? — Personne, excepté
celui de qui viennent toutes les bonnes pensées, répondit l'enfant. — Vous n'êtes qu'un imprudent et un fou;
si vous vous exposez à la mort innocent et jeune comme
vous l'êtes, c'est assurément parce que vous ne connaissez pas encore le prix de la vie. — Pardonnez-moi, répliqua Fi-Ken, je sais ce qu'elle vaut ; mais cette existence dont je jouis, c'est de mon père que je l'ai reçue,
et, puisqu'il n'y a que ce moyen de conserver la sienne,
je fais mon devoir en lui sacrifiant les jours que je tiens
de lui. — Mais vous n'avez pas pensé, objecta le ministre, que votre mère étant veuve, elle pourrait trouver
un autre époux.—Oui, mais en trouverait-elle un pareil
à celui qu'elle va perdre ? et comment mes jeunes frères

et ma petite sœur, qui n'a pas encore trois ans, trouve-ront-ils un père capable de nous aimer autant que ce-lui-là nous aime ? »

L'enfant ayant ainsi parlé, le ministre sortit pour lui cacher son émotion. Il lui avait dit en partant : « Res-tez ici, et à mon retour vous recevrez ce que vous êtes venu demander. » Fi-Ken crut qu'enfin on allait accep-ter l'échange de victime qu'il avait proposé à l'empe-reur pour satisfaire la justice. Quand le ministre rentra, l'enfant se jeta à ses pieds en le remerciant de la grâce qu'il lui faisait. « Non, dit le ministre, ce n'est pas votre condamnation que je vous apporte, c'est la grâce de votre père. Celui qui sait élever des enfants si géné-reux ne peut pas être coupable. »

L'empereur voulait qu'un monument éternisât le sou-venir de ce bel exemple de dévouement filial. Fi-Ken s'y refusa : « Parce que, dit-il, ce monument rappellerait aussi la condamnation de mon père. »

La Vierge de Nanterre guide les Parisiens.

SAINTE GENEVIÈVE

—

OMME les yeux se reposent bien sur la sainte image de la vierge de Nanterre ! comme le cœur se plaît à contempler ce pieux modèle de toutes les vertus modestes ! comme l'esprit aime à se retracer les événements de la vie si pure et si bien remplie de celle qui sauva deux fois Paris de l'invasion des barbares et des horreurs de la faim ! Qui pourrait, sans éprouver une émotion profonde, attacher ses regards sur la céleste enfant qui vainquit par sa parole la formidable armée d'Attila, et qui fit descendre dans l'âme de Clovis, ce fier Sicambre, le premier rayon de la foi ?

9.

Dans sa naïve admiration pour la divine protection qu'il implorait dans ses prières, le bon peuple du vieux Paris a bien mêlé quelques fables grossières à la simple et touchante histoire de sa patronne; mais, si la sévère critique et la froide raison ont fait plus tard justice des traditions populaires, du moins la mémoire de sainte Geneviève n'a rien perdu en passant par le creuset de la philosophie ; car, dégagée de l'alliage de l'erreur, elle en est sortie plus pure, plus glorieuse et plus digne encore de nos respects.

Enfants de tous les pays, de toutes les croyances, vous aurez bien mérité de l'amour de vos parents si vous vous la proposez pour modèle ; jeunes filles chrétiennes, que son image soit toujours devant vos yeux ; que sa vie soit sans cesse présente à votre pensée, et vous arriverez sans peine à la vertu.

Lorsqu'en 430, saint Germain d'Auxerre et saint Loup de Troyes voyageaient ensemble pour aller combattre l'hérésie qui menaçait de s'emparer de tous les esprits de la Grande-Bretagne, ils arrivèrent un soir au bourg de Nanterre. Tout aussitôt, les habitants, instruits de leur présence dans le pays, allèrent en foule leur demander le pain de la bénédiction. Parmi ce grand concours de peuple se trouvait une petite fille âgée d'environ sept ans, de son état gardeuse de moutons, et dont le costume était celui des plus pauvres gens de la campagne : elle portait la saie de lin attachée avec une épine. Cette enfant se nommait Geneviève; elle était fille d'un berger nommé Sévère et de sa femme Gérence. Déjà

remarquable par sa piété, Geneviève s'approcha si hum-
blement pour recevoir la bénédiction de saint Germain
d'Auxerre, que celui-ci la distingua entre tous les autres
enfants du peuple, et qu'il la retint près de lui, tenant
une main étendue sur sa tête, comme si le saint père de
l'Église eût appris par une révélation soudaine que la
petite bergère qui était venue à lui avait été élue par
Dieu pour servir d'exemple sur la terre et pour être
glorifiée au ciel.

Et puis, quand il eut achevé la pieuse cérémonie,
saint Germain, accompagné de la foule, emmena l'enfant à l'église pour la consacrer au Seigneur. Il ne faisait en cela qu'accomplir le vœu le plus cher de Geneviève ; car déjà au fond de ce jeune cœur l'amour divin
brûlait ainsi que brûle, d'un éclat toujours pur, la
lampe sans fin qui éclaire le tombeau du Christ.

Mais au moment où elle allait s'engager avec Dieu
devant l'autel, Geneviève se retourna vers ses parents,
et elle leur demanda s'ils voulaient bien lui permettre
de vouer toute sa vie aux exercices de piété dont sa
consécration allait lui faire un devoir. Elle attendit avec
anxiété la réponse de son père ; quant à sa mère Gérence, celle-ci, émue jusqu'aux larmes, ne pouvait
qu'embrasser Geneviève, car elle n'avait pas la force
de lui répondre. Sévère fronça le sourcil; le peuple
attendait en silence, et l'évêque d'Auxerre priait tout
haut pour que la soumission de l'enfant envers la volonté de ceux qui lui avaient donné le jour ne privât pas
l'Église de celle qui devait être une de ses plus glo-

rieuses conquêtes. Enfin Sévère dit à sa fille : « Avant
de m'appartenir, c'est à Dieu que tu appartiens : obéis
à sa voix, puisque sa voix t'appelle. » Geneviève baissa
modestement les yeux, et vint se prosterner aux pieds de
saint Germain. Celui-ci lui donna une médaille de cuivre
où la figure de la croix était gravée, et les assistants
entonnèrent le chant sacré.

Devenue, malgré son extrême jeunesse, un objet de
vénération pour le peuple, Geneviève retourna à son
troupeau, et continua pendant quelques années encore
à vivre de cette vie modeste, simple et retirée, qu'elle
sanctifiait par le travail et par la prière. Sa soumission
envers ses parents ne se démentait pas un seul moment;
à quelque épreuve qu'on voulût mettre sa patience, on
la trouvait toujours prête à obéir aux ordres qu'on lui
donnait, et résignée d'avance aux privations qu'on lui
imposait. Un jour, dit la légende, Gérence, la mère de
Geneviève, soit par caprice, soit pour éprouver la piété
de l'enfant, ne voulut pas consentir à l'emmener avec
elle à l'église; Geneviève eut beau la supplier à mains
jointes, à deux genoux en terre, Gérence resta inflexible,
et comme la jeune fille redoublait d'instances auprès de
sa mère, cette femme, emportée par un mouvement de
colère, lui donna un violent soufflet. Au même instant,
la colère divine se manifesta et punit la mère injuste :
Gérence se trouva subitement privée de la vue; elle con-
nut par ce miracle qu'elle venait d'offenser Dieu lui-même
en frappant avec brutalité la sainte fille dont le seul tort
était d'avoir voulu remplir ses devoirs religieux. Gene-

viève s'aperçut aussitôt de l'infirmité qui venait d'atteindre sa mère, et, par une inspiration venue du ciel, elle s'empressa d'aller puiser de l'eau au puits public qui attenait à leur maison. Avant que de faire glisser le seau jusqu'au fond de ce puits, elle se mit en prières et fit le signe de la croix sur l'eau. Le Seigneur, qui voulait que la vertu de cette enfant pût éclater à tous les yeux, donna à l'eau puisée par Geneviève la vertu de rendre à la lumière du jour ceux qui avaient perdu la vue; c'est de là qu'est venue jusqu'à nous la célèbre tradition du puits miraculeux de Nanterre.

Sévère et Gérence moururent; la pieuse orpheline accompagna la dépouille mortelle de ses parents au cimetière du village; tous les habitants de Nanterre la suivaient avec respect; ensuite Geneviève prit congé de ses voisins et de ses amis, et elle alla chercher asile à Paris, chez une sainte femme qu'elle avait pour marraine.

Or, dans ce temps-là, les Parisiens, pour la plupart, vivaient dans les ténèbres du paganisme; ceux-là à même qui commençaient à s'éclairer des lumières de la foi n'avaient pas encore une robuste croyance : aussi la piété de Geneviève et son humilité profonde étaient pour les uns et pour les autres des sujets de raillerie continuelle : il y en eut qui la traitèrent de folle et de visionnaire et qui ameutèrent le peuple contre elle.

Tandis que de toutes parts on l'accablait de sarcasmes et qu'on l'insultait dans les rues, une épouvantable nou-

velle se répandit : Attila, roi des Huns, ayant franchi le
Rhin, saccagé Metz, détruit toutes les villes qui se trouvaient sur son passage, disant qu'il voulait que jamais
moisson ne repoussât dans les lieux où son cheval aurait passé ; Attila, à la tête de ses trois cent mille barbares, s'avançait vers Paris, et se promettait de si bien
raser la ville qu'il ne devait plus rester d'elle que son
nom.

Nous l'avons dit, la vierge de Nanterre était alors
l'objet des insultes du peuple ; cependant arriva la nouvelle de l'invasion prochaine d'Attila. Geneviève, que
d'habitude la foule menaçait, ne craignit pas de rassembler la foule ; elle parla du danger de la patrie, de
la honte qu'il y aurait à livrer sans défense cette ville
que ses habitants voulaient abandonner ; elle exalta la
puissance du Dieu qu'elle adorait ; elle promit des miracles pour prix du jeûne et de la prière, et annonça, au
nom du Seigneur, que le roi des Huns et ses nombreuses
légions n'oseraient pas se présenter devant Paris, si
le peuple consentait à puiser dans sa soumission au
christianisme la force nécessaire pour triompher de la
peur.

D'abord on injuria celle qui parlait ainsi, et la population tout entière persista dans la résolution qu'elle venait de prendre de chercher un refuge dans les campagnes ; mais Geneviève, que soutenait une puissance
supérieure, éleva plus haut la voix ; ses paroles furent
comme de douces chaînes qui retinrent les fuyards ; on
écouta avec admiration : l'inspiration divine qui écla-

tait dans les yeux de l'héroïque bergère pénétra toutes
les âmes ; la pieuse sécurité qu'elle éprouvait gagna
peu à peu tous les esprits; peu à peu aussi la foi s'in-
sinua dans tous les cœurs ; les plus endurcis s'attendri-
rent, les plus timides reprirent courage, l'élan fut donné,
et Geneviève, conduite en triomphe dans la ville, bénit
les armes de ceux qui se décidaient enfin à prier et à
combattre. La nouvelle de cette levée de boucliers toute
patriotique parvient au camp d'Attila ; pour la première
fois, il doute de la victoire; il craint de se mesurer avec
un peuple si invariablement résolu à mourir plutôt que
de se soumettre à l'esclavage dont on le menace ; l'armée des barbares change l'ordre de sa marche, et va
investir Orléans. Ainsi Paris fut sauvé, grâce à la sainte
confiance qu'avait une jeune fille de quinze ans dans la
miséricorde de Dieu.

Laissons maintenant s'écouler les années ; nous sommes arrivés à une déplorable époque de famine. Voyez-
vous cette longue suite de voyageurs pâles, maigres,
couverts de haillons, qui ne suivent que les chemins
écartés des routes ordinaires, qui ne marchent que la
nuit, et qui s'enfoncent dans les bois dès qu'ils se croient
aperçus par les nombreuses compagnies d'hommes
d'armes dont les grandes routes sont couvertes. Ces
pauvres voyageurs, ce sont les députés de Paris; ils vont
chercher des vivres à Arcis-sur-Aube pour approvision-
ner la ville que le roi Childéric tient assiégée, et qu'il
veut réduire par la faim, puisqu'il n'a pu s'en emparer
par la force des armes.

Pour entreprendre ce périlleux voyage, les Parisiens
ont besoin d'avoir une grande confiance dans le guide
qui les mène ainsi à travers les chemins; ce guide
c'est encore la vierge de Nanterre! Elle a protégé leur
départ, elle protégera leur retour; son courage fait
leur force, sa prudence leur sécurité; ils sont partis le
cœur plein d'espérance, ils reviendront chargés des secours qu'elle leur a promis. La légende dit qu'au retour de ce voyage Geneviève portait des roses dans son
tablier, et que ces roses se changeaient en pains dès
qu'elle eut franchi les remparts de la ville. Ne nous y
trompons point, ces roses étaient le parfum de ses paroles, qui donnaient force et courage à ceux qui allaient
si loin et qui bravaient tant de périls pour secourir les
Parisiens affamés.

Childéric ayant de nouveau attaqué Paris s'en rendit vainqueur; mais, quoique païen, il rendit hommage
à la vertu de Geneviève; et, à la prière de celle-ci, malgré ce terrible droit de guerre qui ne voulait point
qu'on fît miséricorde, il accorda le pardon aux vaincus.
Clovis lui-même s'inclina devant Geneviève en présence
des chefs de l'armée et lui promit d'embrasser la foi
chrétienne, dont elle était un des plus purs apôtres.

Et puis Geneviève mourut; et puis on lui éleva des
temples; et puis des rois vinrent s'agenouiller devant
l'image de la vierge de Nanterre; et puis, durant plusieurs siècles, le peuple invoqua son nom à chacune de
nos calamités publiques; et puis, enfin, arriva la Révolution française, et, dans l'ivresse sacrilége de la vic-

toire, la populace brûla sur la place de Grève les reliques de la bonne sainte Geneviève, qui depuis plus de
douze cents ans étaient l'arche sainte des pauvres ma-
lades et l'espérance des affligés.

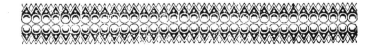

HAL-MEHI

MENDEHLI, dans le Kurdistan, province de l'empire persan, vivaient, sous le règne de Mirza-Abbas, une pauvre vieille femme et sa jeune nièce nommée Hal-Mehi. Cette dernière, bien qu'elle fût encore dans l'âge de l'insouciance, nourrissait au fond de son cœur une profonde mélancolie ; sa bonne tante avait beau faire tous les jours de nouveaux efforts pour combattre le chagrin qui minait la jeune fille, Hàl-Mehi se montrait reconnaissante des bienfaits de l'excellente femme, mais elle n'en conservait pas moins cette noire tristesse qui, plus d'une fois déjà, avait menacé de la conduire au tombeau. En vain sa tante l'interrogeait pour connaître le motif de sa mélancolie, Hal-Mehi gardait un obstiné silence, ou ne

répondait que pour prier le bonne femme de ne pas la
presser de questions. Elle se refusait à toutes les distractions qu'on essayait de lui donner, elle fuyait la
société des compagnes de son âge, et semblait ne trouver de plaisir que dans l'isolement; durant la nuit sa
tante était souvent réveillée par les sanglots qu'Hal-
Mehi n'avait pu retenir. Un voyageur, qui venait de
Bassora, s'étant arrêté dans la cabane habitée par Hal-
Mehi et sa tante, leur apprit la mort d'un vieil ami de la
famille qui était venu autrefois à Mendehli, et qui avait
parlé en secret à la jeune fille. Or c'était depuis cet entretien mystérieux qu'Hal-Mehi avait été dominée par la
sombre mélancolie qui faisait souvent craindre pour ses
jours. Lorsque, après le départ du voyageur qui leur annonça la mort de cet ami, les deux femmes se trouvèrent seules, Hal-Mehi tomba aux genoux de sa tante,
joignit les mains et lui dit : « Pardonnez-moi si j'ai pu
garder si longtemps le silence sur un secret qui oppresse
mon cœur; mais j'avais promis de me taire tant que mon
ami vivrait, car la moindre indiscrétion pouvait lui être
fatale. Sa mort me relève de mon serment, je puis me
confier à vous ; vous allez connaître le sujet du chagrin
qui me tue, et alors vous comprendrez combien il m'a
fallu de courage pour garder le silence, surtout avec
vous. »

La vieille femme tout émue releva sa nièce, elle la fit
asseoir sur ses genoux, elle la baisa au front, elle es-
suya les larmes de l'enfant, et elle lui dit avec un sentiment de curiosité bien naturel, mais impossible à dé-

crire : « Parle, chère petite, car depuis que je te vois
souffrir ainsi, je souffre tant moi-même que j'ai besoin
d'avoir toute ta confiance pour oublier le chagrin que
ton silence m'a causé. » Hal-Mehi se recueillit et reprit
la parole : « Vous m'aviez dit, ma bonne tante, que j'é-
tais la fille d'un pauvre tisserand, et que mes parents
étaient morts frappés par la foudre du ciel... — Eh bien ,
mon enfant, tout cela est vrai. — Oui et non, ma tante,
car Meli-Abeth, mon père, fut bien d'abord un tisserand,
mais je sais que, forcé de partir pour aller combattre
les ennemis de la Perse, il s'éleva par son courage au
grade de général dans l'armée de Mirza-Abbas; ensuite
il devint le favori de notre souverain; il eut une grande
fortune, des palais magnifiques, et c'est dans un de ces
palais que je suis née : voilà ce que mon ami m'a conté
il y a deux ans; tout cela n'est-il pas vrai, ma tante? »

La bonne femme baissa les yeux, soupira et répondit : « C'est vrai ! » Hal-Mehi continua : « Le rang élevé
où mon père était parvenu lui fit des jaloux, la faveur
dont il jouissait auprès de Mirza-Abbas excita l'envie ;
ses ennemis s'entendirent pour le perdre, on l'accusa
de crimes qu'il n'avait pas commis ; ses calomniateurs
achetèrent de faux témoins qui déposèrent contre lui,
on le priva de son rang, on confisqua ses biens : ce
n'est pas la foudre du ciel qui le frappa, mais la colère
du prince. En vain mon vertueux père voulut se justifier, Mirza-Abbas refusa de l'entendre; ma mère mourut de chagrin... — Et mon frère Meli-Abeth, continua
la vieille femme, car la pauvre enfant ne pouvait plus

parler tant ses sanglots l'étouffaient, mon frère fut exécuté par l'ordre du maître qu'il avait servi avec tant de
fidélité ; on ordonna ensuite de ne jamais prononcer le
nom du général Meli-Abeth, et voilà pourquoi, mon enfant, j'ai dû, pour obéir à la loi, me garder de te révéler
sa grandeur et sa chute. — Mais, reprit Hal-Mehi, après
qu'elle eut essuyé ses larmes, ce que vous ne pouviez
pas me dire et ce que je sais, moi, c'est que Meli-Abeth,
mon père, n'est pas mort de la main du bourreau; c'est
que Mirza-Abbas a reculé devant l'idée d'envoyer au
supplice un guerrier qui l'avait si bien servi ; c'est que
je ne suis pas orpheline, enfin ! — Que dis-tu, mon enfant? s'écria la bonne tante. — Ce que j'ai appris par cet
ami qui vient de mourir. Non, répéta Hal-Mehi, je ne
suis pas orpheline, mon père existe ! Depuis seize ans il
gémit dans une prison, et voilà pourquoi je souffre,
voilà pourquoi je pleure; car je me sens assez de courage pour le délivrer, et je n'en ai ni la force ni les
moyens. »

Encore une fois sa voix s'éteignit dans un sanglot; la
tante mêla ses larmes aux larmes de sa nièce, mais elle
remercia le ciel, qui lui conservait un frère que depuis
seize ans elle croyait avoir perdu.

Durant quelques mois Hal-Mehi, en s'entretenant avec
sa tante de l'illustre général persan à qui elle devait le
jour, espérait qu'à la fin la bonne femme approuverait
le projet qu'elle avait conçu de délivrer son père, et
que l'expérience de la vénérable femme lui inspirerait
le moyen d'atteindre le but où tendaient ses pieux efforts;

mais la vieille, tout en admirant le courage de l'enfant, ne pouvait s'empêcher de lui représenter ce qu'il y avait d'impossible dans l'exécution de son projet, et elle essayait de l'en détourner, mais ne pouvait y parvenir; car il était écrit au ciel, sans doute, que par son dévouement et sa piété filiale Hal-Mehi prendait rang parmi les enfants sublimes dont la mémoire est impérissable.

Voyant bien qu'elle ne pouvait devoir qu'à elle seule le bonheur de délivrer enfin ce père qu'elle avait à peine connu, Hal-Mehi parut un jour devant sa tante en costume de voyage, et vint résolûment lui faire ses adieux. « Où vas-tu, pauvre enfant? lui dit la vieille. — Où Dieu m'envoie, répondit Hal-Mehi. — Mais il y a si loin d'ici à la prison de ton père! — Le courage rapproche les distances; on ne sent pas sa fatigue quand c'est le cœur qui dirige nos pas. — Ainsi, tu vas me quitter, ingrate! — L'ingratitude consiste dans le mépris des bonnes leçons qu'on a reçues, et je prouve le respect que j'ai pour les vôtres en vouant ma faible existence à l'amour filial, qui est, vous me l'avez dit vous-même, le plus saint des amours. » Hal-Mehi s'inclina devant sa tante; celle-ci lui donna sa bénédiction et son baiser d'adieu, et l'enfant partit pour aller rejoindre son père.

Il n'y avait pas moins de trente-deux jours de marche du bourg de Mendehli, où elle demeurait, à la prison où gémissait son père. C'était dans une tour élevée sur un rocher battu de tous côtés par les flots du Tigre que

Mirza-Abbas avait relégué le vieux général persan. Hal-
Mehi marcha donc pendant trente-deux jours; puis elle
s'arrêta dans la ville la plus prochaine de la prison de
Meli-Abeth. Les faibles ressources de la jeune fille étaient
épuisées, et son projet avait besoin d'être encore longtemps médité avant qu'elle fût en état de le mettre à
exécution. La jeune fille, qui ne pouvait plus vivre sans
travailler, alla offrir ses services dans la maison d'un
fabricant de toiles peintes, où on la reçut en qualité de
servante. Elle travailla durant quatre mois chez le fabricant; puis, ayant été à même de connaître la bonté
du cœur de son maître, elle se décida à lui révéler son
nom et à lui faire part du périlleux dessein qu'elle avait
conçu. « Mais, mon enfant, lui dit le marchand, vous
ne savez donc pas qu'on ne peut approcher de la tour
qu'en bateau, et qu'il est ordonné aux bateliers, sous
peine de la vie, de s'en tenir à la distance de deux cents
brassées au moins? Ainsi vous ne trouverez personne
pour vous porter jusque-là. — Eh bien! dit Hal-Mehi,
j'irai seule quand je saurai nager, car il faut que je voie
mon père. »

Pendant plusieurs mois la courageuse fille s'exerça
dans l'art de lutter contre le courant du fleuve, et,
d'efforts en efforts, elle parvint à savoir nager. Quand
elle se sentit en état de résister à la violence des flots,
elle essaya, de jour en jour, de faire un plus long trajet
sur le fleuve : d'abord elle ne s'éloigna pas trop de la
rive, le lendemain elle alla un peu plus loin, le surlen-
demain plus loin encore, et, toujours ainsi, jusqu'à une

distance assez rapprochée de la prison, dont elle ne
perdait pas de vue les fenêtres grillées. Enfin elle eut la
joie d'apercevoir, à travers les barreaux de fer, le prisonnier qui contemplait le ciel. Hal-Mehi chercha par
des signaux à attirer l'attention de son père; ʼmais celui-ci ne l'aperçut pas. Les forces allaient manquer à la
pieuse fille, elle regagna le bord en se disant : « Il me
remarquera peut-être demain. » Elle fit ainsi bien des
voyages inutiles, car souvent le prisonnier ne paraissait
pas à sa fenêtre, ou bien, quand le bonheur voulait qu'il
y fût, comme depuis seize ans il avait cessé de compter
sur sa délivrance, il ne faisait aucune attention à celle
qui venait à lui au péril de sa vie. Hal-Mehi revint une
dernière fois chez son maître, ayant perdu tout espoir
de se faire comprendre du prisonnier; elle passa une
nuit cruelle sans sommeil et dans les larmes, ne sachant
si elle devait se hasarder encore à traverser le fleuve, ni
s'il ne valait pas mieux abandonner son vertueux projet
que d'exposer inutilement ses jours. Elle était dans ce
pénible état d'indécision, lorsque Dieu, la prenant en
pitié, lui envoya une heureuse inspiration. Aussitôt le
courage lui revint, elle prit un grand morceau de toile
blanche, et à l'aide d'un pinceau trempé dans la couleur, elle traça son nom sur la toile. Le soir même, vers
l'heure où le soleil se couche, Hal-Mehi traversa encore
une fois le fleuve. Quand elle fut à la distance d'un jet
de pierre de la demeure du prisonnier, elle déploya son
morceau de toile et poussa un cri pour être enfin remarquée par Meli-Abeth. A ce cri d'amour filial un cri

d'ivresse paternelle répondit : le prisonnier avait lu le nom de sa fille, leurs cœurs s'étaient entendus; c'en était assez pour ce jour-là, Hal-Mehi retourna encore chez son maître.

Nous laissons à penser quelle fut la joie de ce père, quel fut le bonheur de sa fille, lorsque, de l'un et de l'autre côté, ils purent se dire : « Je ne suis pas seul sur la terre, il y a dans ce monde quelqu'un avec qui je puis communiquer. » La seule consolation d'un prisonnier, c'est de songer à ceux qui songent à lui. Aussi, quand nous passons devant une prison, n'oublions jamais de faire l'aumône d'une pensée aux malheureux qui gémissent sous les verrous. Hal-Mehi fit un nouveau voyage; cette fois son père l'attendait. Du plus loin qu'il put l'apercevoir, il passa ses bras entre les barreaux de fer de sa fenêtre, et étendit les mains comme pour bénir son enfant; la jeune fille arriva jusqu'au pied de la tour. Meli-Abeth avait passé la nuit à défaire fil à fil une pièce de toile dont il était parvenu à composer une espèce de corde. Il la fit descendre le long du mur de la tour, Hal-Mehi y attacha une lettre dans laquelle étaient deux limes plates pour que le prisonnier pût scier ses barreaux de fer. Cette lettre ne contenait que quelques mots : « Essayez de descendre, je resterai blottie entre les pierres du rocher pendant toute la nuit, je vous attends. » De la place où elle s'était réfugiée, Hal-Mehi eut le bonheur de voir son père travailler sans relâche à sa délivrance ; la pauvre enfant ne pouvait l'aider que de ses prières, mais, au moins, elle pria

10

avec la plus sainte ferveur. Quand la nuit sombre fut
venue, ella alla à plusieurs reprises poser son oreille
contre le mur de la tour pour s'assurer que son père
travaillait encore. Longtemps elle l'entendit continuer
ce pénible ouvrage; le bruit cessa : un sourd craque-
ment lui apprit que les barreaux avaient cédé; elle se
précipita à genoux, la face contre terre, pour remercier
Dieu. Elle resta longtemps dans cette attitude, prêtant
l'oreille au moindre bruit avec une inquiétude mêlée
d'espoir; d'abord elle n'entendit rien que les battements de son propre cœur; ensuite elle surprit un
léger frôlement comme celui que pouvaient produire
les vêtements du prisonnier glissant contre le mur extérieur de la tour; c'était Meli-Abeth, en effet, qui,
s'accrochant aux angles des pierres, descendait péniblement auprès de celle qui l'attendait avec tant
d'anxiété. Hal-Mehi, se relevant alors, tendit ses bras
pour recevoir son père, et celui-ci tomba épuisé auprès
d'elle. Le premier soin de la jeune fille fut de sécher le
front du vieillard, que la sueur inondait, après elle alla
tremper son mouchoir dans l'eau du fleuve, et revint
laver les déchirures que le prisonnier avait dû se faire
aux mains en se retenant aux pierres du mur de la
tour. Ce pieux devoir accompli, elle se jeta dans les
bras de son père, et par les plus tendres caresses elle
lui fit oublier seize ans de souffrances. Le bon maître
d'Hal-Mehi attendait de l'autre côté du fleuve le retour
du père et de la fille, car il avait promis à celle-ci de
donner un asile chez lui à l'illustre général dont il

déplorait le malheur. La jeune personne avait hâte de savoir son père à l'abri de tout danger; aussi le pressa-t-elle de la suivre à l'autre bord. Meli-Abeth se précipita dans le Tigre, et, nageant à côté de sa fille pendant quelques secondes, il parvint à s'éloigner de sa prison; mais au bout de ce temps, il cessa de pouvoir se soutenir sur l'eau : il y avait si longtemps que tout exercice lui était interdit, qu'il ne pouvait supporter une longue fatigue.

« Adieu, lui dit-il d'une voix affaiblie, je n'irai pas plus loin. — Mon père! mon père ! » s'écria-t-elle en le soutenant par ses vêtements, comme pour le disputer au courant qui l'entraînait. Elle rassembla toutes ses forces et gagna le large ; mais ses cris avaient été entendus, et les bateliers de la prison, accompagnés de soldats, s'étaient mis à la poursuite des fugitifs ; la lune, qui jusqu'alors avait été cachée par les nuages, éclaira le fleuve, et montra la route que suivait Hal-Mehi en redoublant d'efforts pour soutenir le vieillard. Une nuée de flèches furent dirigées contre elle ; son sang teignit les eaux du Tigre ; criblée de blessures, elle s'abandonna à la mort, et glissa de la surface au fond, en tenant embrassé celui qu'elle avait voulu sauver. Cependant leur dernière heure n'était pas venue; on parvint à les retirer de l'eau, et le père et la fille furent conduits devant le gouverneur de Bassora. Le cruel, n'écoutant que son devoir rigoureux, les condamna l'un et l'autre à être étranglés, et comme ces sortes de jugements sont sans appel, on les exécuta à l'instant même.

Lorsque Mirza-Abbas apprit le double supplice **de**
Meli-Abeth et de sa fille, il blâma l'action du gouverneur de Bassora, et dit : « En faveur d'Hal-Mehi, j'aurais pardonné à son père. » On érigea par ordre du
prince un monument à l'intéressante héroïne. Ce monument existe encore à Bassora, et tous les ans les
dames et les jeunes filles de la ville et des environs
vont en pèlerinage baiser la pierre de son tombeau et la
couvrir de fleurs,

JASSIMA, XIMO ET JOSU

 ouché de la noblesse et de l'élévation des sentiments du peuple japonais, encore si peu connu, saint François Xavier n'en parlait qu'avec admiration ; il avait vu le respect et l'amour que les enfants du Japon ont pour leurs parents, et il les appelait les délices de son cœur. Tous les missionnaires qui ont pu parcourir ce beau pays en ont toujours rapporté une ample moisson de traits de dévouement sublimes inspirés par l'amour filial. Nous nous bornerons à citer un exemple qui mérite de passer à la dernière postérité.

En 1601, sous le règne de Fide-Jory, des veuves en grand nombre se trouvèrent réduites à une affreuse misère par suite des guerres continuelles qui avaient dé-

10.

solé les règnes précédents. Parmi ces veuves, il en était
une qui avait trois fils, l'un se nommait Jassima, l'autre
Ximo et le troisième Josu. Les trois fils de la veuve tra-
vaillaient du matin au soir pour subvenir aux besoins
de leur mère, mais, en dépit de leurs courageux efforts,
c'était à peine s'ils trouvaient dans leur travail des ressources suffisantes pour pourvoir aux premières néces-
sités de la vie. Ainsi, à leurs fatigues de la journée
succédaient des larmes durant toute la nuit; car ces
généreux enfants se reprochaient comme un crime d'a-
voir si peu de forces quand la famille avait tant de besoins. Jassima, l'aîné, disait à ses deux frères : « Pourquoi y en a-t-il tant d'autres qui n'ont qu'à tendre la
main pour recevoir de l'or, lorsque nous, qui nous
courbons vers la terre, et qui durant tout le jour l'ar-
rosons de notre sueur, c'est à peine si nous ramassons
quelques miettes de pain pour nourrir celle qui autrefois nous nourrissait de son lait? » Ximo, le second
des fils de la veuve, répliquait : « Les dieux ne sont pas
justes; mais il y a une belle perle au fond du Daïbods,
la grande idole de la Perse; je me glisserai dans son
temple ; je lui ravirai ce qui fait l'ornement de sa couronne ; je vendrai la perle aux marchands européens ;
l'existence de notre mère sera assurée; et quant à moi,
je m'ouvrirai le ventre avec un poignard pour me punir
du sacrilége que j'aurai commis. » A cela Josu, le plus
jeune des trois frères, répondit : « Patience, patience !
les dieux ne peuvent pas vouloir que des enfants qui ai-
ment tant leur mère travaillent en vain pour elle, et ne

trouvent pas le moyen de la délivrer du besoin sans commettre un sacrilége : un jour arrivera, mes frères, où nous n'aurons qu'à tendre la main pour qu'on nous donne aussi de l'or. »

Cependant ce temps-là n'arrivait pas. Ximo et Josu continuaient à travailler sans retirer grand fruit de leur labeur; la veuve souffrait moins de sa propre misère que de voir ses enfants si courageux au travail et si mal récompensés de leurs peines. Vers cette époque, Fide-Jory fit publier un édit qui promettait une récompense à tout sujet de l'empire qui livrerait un voleur à la justice ; car la misère publique était si grande, qu'une innombrable quantité de brigands désolait les provinces du Japon. Quand les officiers de justice qui proclamaient l'édit impérial passèrent devant la maison de la veuve et de ses trois fils, ces derniers s'entre-regardèrent, comme si une même pensée leur était venue en même temps dans l'esprit. Lorsque le soir arriva, quand leur mère eut été prendre du repos, les frères se réunirent dans un coin de leur jardin, et ils se parlèrent ainsi à voix basse : « Partons, dit Jassima. A une journée d'ici, je sais où trouver un hardi voleur; nous l'attaquerons, nous le prendrons, et nous le livrerons à la justice. — Mieux que cela, reprit Ximo : j'irai, comme j'en avais le projet, au temple de Daïbods, je lui volerai sa perle, je la vendrai, et quand nous en aurons reçu le prix, vous me dénoncerez et vous apporterez votre récompense à ma mère. — Oh! non, poursuivit Josu, n'appelons pas la colère des dieux sur notre tête quand nous pouvons

mériter d'être bénis par eux; laissons au Daïbods sa
perle sacrée, car il suffit de la récompense promise par
la justice pour assurer un heureux avenir à notre mère.
Ne soyons voleurs ni l'un ni l'autre ; mais dénonçons
comme voleur celui qui de nous trois est le moins utile
à la famille; on le condamnera, on le fera mourir ; mais
la mort lui sera douce, puisqu'il la recevra pour celle
qui lui a donné le jour. Je suis le plus faible de nous
trois, donc je suis le moins utile : dénoncez-moi, li-
vrez-moi, et je m'estimerai heureux de savoir que
ma mère a de quoi subsister pendant le reste de ses
ours.»

Les frères de Josu réfléchirent pendant quelques minutes sur cette proposition. Ils savaient bien que Josu
n'était point en état de rendre de grands services à la
famille par son travail, car il était jeune et faible. Ils
savaient bien encore que la récompense promise pouvait seule les mettre à l'abri de la misère ; mais leurs
cœurs se soulevaient, émus d'une tendre pitié, en songeant à l'intéressante victime qui s'offrait en sacrifice
par dévouement filial. Aucun des deux frères ne se sentait assez de courage pour dénoncer son frère innocent :
« Faibles que vous êtes, leur dit Josu, si j'étais l'aîné de
la famille ou si j'avais la force de Ximo, je ne balancerais pas à lier les mains de mon jeune frère et à le
conduire devant l'officier de justice en disant à celui-ci : Donnez-moi la récompense, car je vous amène
un voleur. — Tu ferais cela? reprit Jassima en le regardant avec admiration. — Oui, répondit Josu, car je

trouverais heureux celui d'entre nous qui aurait la
gloire de mourir pour prolonger les jours de la veuve
de notre père. — Eh bien! continua Ximo, que le sort
décide donc entre nous quel est celui qu'on livrera à la
justice; plaçons nos trois noms dans ce vase de terre,
et que les dieux prononcent, car la pensée de ce dévouement étant une inspiration des dieux, nous devons
leur laisser le soin de désigner la victime. »

Les trois noms furent jetés dans le vase; Josu fut
choisi par ses deux frères pour proclamer celui sur
qui le sort allait tomber; il amena son propre nom, et,
loin de se plaindre, il remercia le ciel de ce qu'il était
l'objet d'un choix si glorieux. Ses frères pleuraient. Il
fut convenu entre eux que Josu ne serait conduit que le
lendemain devant le magistrat. Toute cette nuit, le
pieux enfant la passa au chevet de sa mère, afin de ne
pas la quitter un seul moment des yeux jusqu'à l'heure
de leur dernière séparation.

Quand il fut jour, Jassima, Ximo et Josu prirent congé
de la veuve, comme ils avaient coutume de le faire
tous les jours en partant pour aller travailler aux
champs; seulement, ce jour-là, la victime désignée par
le sort ne se contenta pas d'un seul baiser, il accabla de
caresses celle qu'il ne devait plus revoir. Arrivé à
l'extrémité de la ville, Josu tendit ses mains à ses dénonciateurs, et ceux-ci le lièrent, mais non pas sans
verser des larmes abondantes; ils embrassaient leur
frère pour se donner du courage, et plus ils l'embrassaient, plus ils se sentaient découragés. L'enfant les

rappela à leur cruel devoir, en essayant de leur dé-
montrer que puisque le sort l'avait choisi, c'est que les
dieux ordonnaient son sacrifice. Il fallut donc le conduire chez l'officier de justice; mais l'aîné et le second
fils de la veuve avaient si peu de force durant le chemin, que Josu semblait plutôt être leur guide que leur
prisonnier. Quand ils se trouvèrent en présence du
magistrat, c'est le soi-disant coupable lui-même qui
dénonça tous ses crimes imaginaires; il avoua tant
d'horribles choses que le juge s'empressa de le faire
charger de fers et de le jeter en prison, puis il donna la
récompense aux deux frères, en les félicitant d'avoir
délivré la société d'un si grand criminel. Jassima et
Ximo essayèrent de cacher leur violente émotion quand
on leur remit le prix du sang de leur frère. Ensuite ils
s'empressèrent de porter cette somme à la veuve, cette
somme qui leur pesait comme un remords : « Réjouis-
sez-vous, ma mère, voici de l'argent que nous avons
trouvé, » lui dit Jassima, et il se détourna pour lui
cacher ses larmes.

La justice est prompte dans ce pays-là : deux jours
après, Josu fut condamné au supplice des voleurs de
grand chemin. Ses frères, qui faisaient tous leurs efforts
pour rassurer la mère inquiète de l'absence de son jeune
fils, ne pouvaient penser sans effroi que la dernière
heure de Josu était prochaine; ils ne voulaient pas le
laisser mourir avant de l'avoir revu une dernière fois :
c'est pourquoi ils se présentèrent à la porte de la prison,
implorant la faveur de pouvoir pénétrer jusqu'à lui. Ils

prièrent avec tant d'instance, qu'on ne crut pas pouvoir leur refuser cette douloureuse entrevue. Josu les reçut avec joie ; mais rien ne démentit son courage.

« Ne m'embrassez pas trop, leur dit-il, on pourrait vous entendre, la récompense vous serait retirée, et l'on vous punirait peut-être de ce que vous avez voulu tromper la justice. » Ce fut entre eux une scène muette, dans laquelle les deux dénonciateurs implorèrent et obtinrent de leur victime le pardon d'une action si cruellement sublime. Enfin il fallut se séparer ; Jassima et Ximo, qui étaient parvenus à se contenir jusqu'à leur retour chez la veuve, cessèrent, quand ils furent auprès d'elle, de pouvoir lutter contre la violence de leur douleur.

« Maudissez-nous, ma mère! lui dirent-ils en tombant à genoux, et ne nous demandez plus quand votre fils bien-aimé reviendra, car vous ne devez plus le revoir ! car notre frère Josu va mourir, et c'est nous qui l'avons tué! » Alors ils lui racontèrent, autant que leurs sanglots pouvaient le leur permettre, le véritable motif de la disparition de Josu, leur entretien du soir dans un coin du jardin, le tirage au sort, la dénonciation, l'aveu du crime supposé, le jugement rendu, et le supplice qui allait la priver de son plus jeune fils. A mesure qu'ils parlaient, la pauvre mère désolée reculait avec horreur en s'écriant : « Qu'avez-vous fait, malheureux? qu'avez-vous fait? N'avais-je donc pas assez vécu? Était-ce à celui qui commençait à peine à connaître la vie de mourir sitôt pour prolonger mes jours? » Elle étendait

les mains comme si elle eût voulu maudire ses enfants;
mais, se rappelant aussitôt que leur crime n'était que
l'effet du dévouement filial, elle les relevait, les pressait
sur son cœur; ses forces étaient épuisées, elle s'évanouit
dans leurs bras en redemandant Josu.

Cette douloureuse scène de famille avait eu un mystérieux témoin. L'officier de justice, qui avait vu sortir
les deux frères de la prison, et à qui leur désespoir
n'avait point échappé, s'était avisé de suivre Jassima et
Ximo jusqu'à la maison de leur mère. Placé près de la
porte, le magistrat avait tout entendu, et il était revenu
en toute hâte pour suspendre les apprêts du supplice.
Il fit venir devant lui le condamné. A son aspect, il ré-
prima le mouvement d'intérêt et d'admiration que lui
inspirait la vue de cette jeune et sainte victime; puis, af-
fectant de prendre un ton sévère, il demanda à Josu
comment il avait pu, à son âge, commettre de semblables actions; il ajouta : « Mais, dans ce moment suprême, où vous allez mourir, avouez au moins que vous
regrettez d'avoir fait ce qui vous conduit au supplice.
— Oh! non, dit Josu, je ne le regrette point; ce serait
à recommencer, que je ne balancerais pas à le refaire
encore. » A ces mots, le magistrat descendit de son
siége de juge, il détacha lui-même les fers du condamné,
embrassa le courageux enfant en s'écriant : « Tu vivras,
Josu, tu vivras pour être la consolation de ta mère et
pour servir d'exemple à tous les fils! »

Instruit de cet admirable dévouement, le monarque
japonais fit venir les trois fils de la veuve. Jassima et

Ximo furent magnifiquement récompensés, il leur fit à
chacun une part égale dans ses bienfaits, et donna juste
à Josu le double de ce qu'il venait d'accorder à ses deux
frères.

PRASCOVIE

ERS la fin du règne de Paul Ier,
empereur des Russies, il y
avait à Ischim, misérable
bourgade du gouvernement
de Tobolsk, une pauvre fa
mille d'exilés, qui se composait de trois personnes :
d'abord Jean Lopouloff, ancien capitaine hongrois au
service de la Russie, Anne, sa femme, et Prascovie leur
fille. Celle-ci était, pour ainsi dire, née en exil ; car
lorsque son père fut condamné à finir ses jours en Sibérie, l'enfant comptait à peine un an.

Élevée au milieu de cette colonie d'exilés, Prascovie
n'avait pas l'idée d'une condition meilleure ; elle se
trouvait assez heureuse et de la tendresse de ses parents

et de l'amitié de leurs voisins. Pendant la saison rigoureuse, l'enfant s'amusait à aller de cabane en cabane
édifier les petites chapelles qu'elle consacrait par la
prière : car, avant tout, Prascovie était pieuse ; puis,
quand le beau temps venait réjouir ces tristes campagnes,
elle courait à travers les forêts de pins, de bouleaux, de
peupliers, cueillir çà et là la gentiane printanière, la
valériane de Sibérie et l'immortelle des bois, qui étalent
leurs fleurs superbes même jusque sur le bord des
neiges. Jean Lopouloff jouissait de la faible rétribution
de dix kopecks par jour : c'était la somme allouée à tout
exilé qui n'était pas condamné aux travaux publics. A
mesure que Prascovie grandissait, les dix kopecks ne
suffisaient plus à l'entretien de la famille ; l'enfant s'a-
perçut de la gêne de ses parents, et dès lors elle résolut
de ne plus leur être à charge. Depuis ce moment, il n'y
eut plus de jeu pour elle, plus de chapelles à construire
chez les voisins, plus de ces bonnes promenades dans
les bois, d'où elle revenait toute rieuse et bien chargée
de fleurs et de grosses fraises jaunes, si appétissantes
à l'œil et si parfumées au goût ! Prascovie demanda du
travail à tous ceux qui pouvaient lui en donner, et puis
elle se mit à aider les blanchisseuses et les moissonneurs,
qui lui payaient le prix de ses journées en œufs, en
fruits, en légumes, que la petite Sibérienne rapportait
joyeusement le soir à sa famille, heureuse et fière de
son jeune courage.

Si Jean Lopouloff, son père, se montrait reconnaissant des fatigues de Prascovie, il n'en conservait pas

moins le souvenir d'une existence plus douce, et ce
souvenir le tuait. Souvent, quand il était seul, le vieux
et rude soldat de Paul Ier se prenait à pleurer comme un
enfant, et se meurtrissait la poitrine en demandant à
Dieu son rappel ou la mort. Anne, sa femme, comprenait bien le chagrin de l'exilé; mais Prascovie n'en pouvait pas soupçonner la cause : on avait beau lui parler
des grandes villes de la Russie, des bonnes maisons
bien closes où l'on a chaud, des bruits du monde et de
ses fêtes; elle se sentait si bien, c'est-à-dire tant aimée,
dans sa bourgade d'Ischim, qu'elle ne pouvait pas croire
qu'on fût mieux autre part. Pourtant, un jour, à travers
les fentes d'une cloison, elle vit pleurer son père, et, à
compter de ce jour, l'enfant devina que l'exil est un
malheur.

A partir de ce jour, disons-nous, Prascovie n'eut
plus qu'une pensée, celle de rendre son père à ce monde
qui lui paraissait si regrettable; mais pour cela il fallait
aller à Saint-Pétersbourg, car l'empereur avait seul le
droit de faire cesser l'exil qui pesait sur son père comme
une chaîne; et ce n'était rien encore que d'entreprendre
ce grand voyage, il fallait d'abord que Prascovie pût
obtenir de ses parents la permission de partir, et l'enfant n'osait pas parler de son projet. Un soir, cependant, comme elle revenait, après son travail de la journée, de prier Dieu dans un endroit où elle avait l'habitude de faire sa prière avant de rentrer à la maison,
elle se sentit plus affermie que jamais dans son dessein,
et résolut d'ouvrir son âme au moins à sa mère, afin

d'obtenir son appui pour vaincre la résistance présu-
mable de l'exilé. Elle entra. Jean Lopouloff tenait sa
Bible ouverte et lisait tout haut ce passage :

« Or, un ange de Dieu appela Agar du ciel, et lui dit :
Que faites-vous là ? allez, ne craignez point. »

La jeune fille, prenant occasion de ces paroles du
livre saint qui semblaient s'adresser à elle, avoua ingénument le plan qu'elle avait conçu. D'abord on lui répondit par des railleries ; puis comme elle parlait avec
cette chaude éloquence qu'inspire une résolution sublime, ses parents, ne voyant encore là dedans que la
folie d'un enfant de quatorze ans, lui ordonnèrent im-
périeusement de ne plus s'occuper d'un projet inexécu-
table.

« J'y consens, dit Prascovie ; mais c'est à la condition
que mon père ne pleurera plus. Au plus petit soupir, à
la moindre larme, je n'écouterai plus que la voix de
Dieu, et si elle me dit : Va ! — J'irai. »

Jean Lopouloff et sa femme s'étaient fait violence
pour répondre durement à Prascovie ; aussi, quand elle
eut fini de parler, ils la pressèrent dans leurs bras en
pleurant et en la bénissant, et son père prit l'engagement d'avoir à l'avenir plus de courage. Cette promesse,
il ne pouvait pas la tenir : ramené sans cesse par la pensée vers des temps plus heureux, il pleura de nouveau,
croyant que personne ne pouvait voir ses larmes. Prascovie les aperçut, n'en dit rien ; mais elle prit cette fois
la ferme résolution de partir. Aucun habitant d'Ischim
ne pouvait pas même sortir du village sans un passe-

port délivré par le chef militaire du gouvernement de
Tobolsk. Prascovie ne savait pas écrire ; elle pria quelqu'un du pays de lui dresser sa demande, et surtout de
n'en rien dire à ses parents. Ischim est loin de Tobolsk;
la réponse du gouverneur se fit attendre plus d'un mois.
Chaque jour l'impatiente enfant allait attendre l'arrivée
du courrier à la station de la poste, et le courrier ne
venait pas, ou bien, s'il en passait un, celui-là n'avait
pas de réponse pour elle : enfin le passe-port arriva.
Comme elle le reçut avec joie! Comme elle le pressa sur
son cœur et sur ses lèvres! Comme elle courut vite à la
chaumière habitée par ses parents, et comme elle hésita quand elle fut si près d'eux! car elle s'attendait
bien à leurs reproches, et quoiqu'elle fût soumise et
respectueuse, ni les menaces ni les prières ne pouvaient
plus la retenir, maintenant qu'elle avait entre les mains
le précieux papier qui lui ouvrait la route de Saint-Pétersbourg. On ne menaça pas, on ne la pria pas même
de rester, tant on était ému d'admiration en la voyant
si résolue. Ses parents la bénirent; ils lui donnèrent
tout ce qu'ils possédaient d'argent, un rouble, c'est-à-
dire quatre francs; et comme ce jour était un 8 septembre, jour d'une fête de la Vierge, la jeune Sibérienne
supplia ses parents de ne pas retarder son départ jusqu'au lendemain : c'était aussi son jour de naissance,
elle venait d'atteindre sa quinzième année.

Il faut renoncer à peindre cette douloureuse séparation, le religieux silence du moment qui précéda la
sortie de Prascovie de cette cabane où elle avait grandi.

Entre ceux qui restaient, et celle qui allait si loin accomplir sa sainte mission filiale, ce pouvait être une
séparation éternelle, aussi pas un des trois ne trouva à
dire à l'autre ni un mot de consolation ni une parole
d'adieu; ils se pressèrent les mains silencieusement
sans une larme. Le père et la mère n'allèrent pas plus
loin que le pas de la porte, et l'enfant s'éloigna sans se
retourner.

Comme s'il eût fallu, pour rehausser la grandeur de
son entreprise, qu'elle reçût le baptême de l'humilia-
tion, Prascovie quitta le village au milieu des huées de
la plupart des habitants, gens grossiers, endurcis par
le malheur, et qui ne pouvaient voir dans la sublime
action de Prascovie que l'acte d'une vanité stupide qui
allait tenter un succès impossible. Elle continua son
chemin, mais non pas seule, car deux exilés, voisins de
Jean Lopouloff, qui avaient mieux compris quel noble
sentiment soutenait la jeune fille, voulurent lui faire la
conduite jusqu'aux limites de la bourgade. Arrivés là,
ces braves gens la recommandèrent à Dieu, et lui donnèrent le fruit de leurs épargnes, celui-ci vingt kopecks,
l'autre une trentaine; en retour, Prascovie s'engagea à
ne pas les séparer de la demande en grâce qu'elle
allait présenter à l'empereur, et elle les chargea d'un
baiser pour ses parents.

Après sa première journée de marche, elle trouva un
asile chez de bons paysans. Le matin venu, elle se remit
en route; mais elle se trompa de chemin, et quand elle
eut marché pendant plusieurs heures, Prascovie se

retrouva devant la chaumière où on lui avait offert
généreusement un abri pour la nuit. Malgré ce triste
essai de voyage, elle ne se découragea pas : son hôte,
qui la vit repasser, lui conseilla de retourner à Ischim.
Prascovie répondit en lui demandant le chemin le plus
droit pour aller à Saint-Pétersbourg. Le paysan haussa
les épaules, lui montra la route qu'elle devait suivre,
et l'enfant se remit en marche. Les épreuves ne devaient pas lui manquer durant ce long voyage : tantôt
assez mal accueillie par ceux à qui elle demandait un
gîte, tantôt tout à fait repoussée comme une aventu-
rière, Prascovie souffrit toutes les humiliations, rencontra tous les obstacles et subit toutes les privations
qui devaient nécessairement menacer et atteindre une
pauvre et faible voyageuse de quinze ans, qui parcourait sans guide les longs déserts de la Sibérie. Une nuit,
surprise par un orage, elle fut forcée de se réfugier
sous un sapin qui ne la garantissait ni du froid ni de la
pluie. Aux approches du jour, elle se traîna sur le chemin ; mais, ne pouvant pas aller plus loin, elle y resta
demi-morte de froid et couverte de boue. Sa dernière
heure allait sonner, quand un paysan passant avec son
chariot la prit en pitié et la conduisit jusqu'au prochain village. Prascovie allait de porte en porte, demandant l'hospitalité ; mais elle était dans un si piteux
état, que personne ne voulut la recevoir, et que quelques-uns même la traitèrent de voleuse. Toujours
confiante en Dieu malgré ses malheurs, et d'ailleurs
soutenue par une sainte espérance, elle alla s'agenouil-

ler sous le porche d'une église dont la porte était
fermée. Comme elle était là, le staroste (qui remplit les
fonctions de maire de village) vint pour interroger la
pauvre fille inconnue; elle dit d'où elle venait, où elle
prétendait aller; elle montra son passe-port, et aussitôt
ceux qui l'avaient insultée, touchés de la grandeur de
son projet, la portèrent comme en triomphe dans une
de ces maisons d'où tout à l'heure elle avait été si
cruellement repoussée. Elle prit là plusieurs jours de
repos; puis on lui donna des bottines, car Prascovie
avait perdu un soulier dans la fange du chemin. Elle se
remit donc en route, mais à petites journées, mais s'arrêtant souvent, car la saison devenait mauvaise et les
chemins moins praticables. Dans chacun des villages où
elle était forcée de s'arrêter la voyageuse payait l'hospitalité qu'elle recevait en lavant le linge de ses hôtes,
en cousant leurs habits; presque toujours la Providence la conduisait chez de braves gens; mais une nuit,
comme elle était couchée sur le grand poêle dont les
paysans russes font leur lit, elle fut réveillée par ses
hôtes, qui, tenant d'une main l'esquille de bois qui leur
sert de flambeau, la secouèrent rudement en lui disant :
« Il faut que tu nous montres tout ton argent; » Prascovie ne possédait que quatre-vingts kopecks. « Tu
mens, lui dit le paysan russe; on ne va pas avec quatre-
vingts kopecks de Tobolsk à Saint-Pétersbourg; » et
on se mit en devoir de la fouiller; mais, ne lui trouvant
rien de plus, le paysan et sa femme s'emparèrent de
l'argent, et ils lui laissèrent achever sa nuit. La pauvre

11.

enfant ne pouvait plus dormir ; enfin, le lendemain matin, comme elle espérait sortir de cette horrible maison sans être vue, Prascovie fut arrêtée par le paysan au moment où elle passait le seuil de la porte : « Tiens, lui dit celui-ci en lui remettant sa bourse de cuir, tu as raison, il n'y a que quatre-vingts kopecks. Adieu, mon enfant, et bon courage ! » Lorsqu'à cent pas de là Prascovie s'arrêta pour compter sa petite fortune, elle se trouva riche de cent vingt kopecks.

Pendant quelques jours, elle put continuer sa route à pied ; mais les grands froids étant venus, et la neige ne cessant plus de tomber, il fut bientôt impossible d'aller plus loin ; elle n'était qu'à quelques verstes d'une grande ville (Ekatherinembourg) ; mais quelque peine qu'elle prit pour y arriver, Prascovie se vit forcée d'attendre, sur le grand chemin, le passage d'un traîneau, espérant que le conducteur voudrait bien la prendre en pitié et la conduire jusqu'à la ville prochaine. Il lui fallut rester là toute une nuit, battant des pieds la neige, afin de se préserver de l'engourdissement, dont elle avait grand'peur, car la jeune voyageuse savait bien qu'on en pouvait mourir. Le jour parut enfin, et, du plus loin que ses yeux pouvaient voir, Prascovie aperçut avec joie un convoi de traîneaux qui portaient des provisions à Ekatherinembourg pour les fêtes de Noël.

A l'aspect d'une pauvre enfant toute violette de froid et dont les larmes se glaçaient sur ses joues, les conducteurs du convoi s'empressèrent de la réchauffer dans leurs pelisses et de la placer sur un de leurs traîneaux ;

elle arriva avec eux dans cette ville tant désirée, où elle
espérait trouver l'abri dont elle avait si grand besoin;
mais comme elle disait à la maîtresse de l'auberge :
« Vous pouvez me recevoir, madame, car je payerai
bien mon gîte, » Prascovie s'aperçut qu'elle avait perdu
sa bourse de cuir dans les neiges du chemin.

L'hôtesse ne douta pas un moment de la vérité de ce
nouveau malheur de Prascovie, car celle-ci lui raconta
avec tant de franchise les divers événements de son
voyage, qu'il lui fut impossible de ne pas croire à la
sincérité de la jeune fille. On l'accueillit dans la
kharstma (auberge du pays) avec tout autant d'empressement et de bienveillance que si elle avait pu, comme
elle le disait en entrant, bien payer son gîte. Prascovie
voulait au plus tôt se remettre en chemin, car les conducteurs de traîneaux allaient plus loin et ne demandaient pas mieux que de lui offrir le secours de leur
voiture. Connaissant bien alors ce qu'était leur petite
protégée, ils se cotisèrent afin d'acheter pour elle une
bonne pelisse en peau de mouton; mais, à quelque prix
que ce fût, le temps était si froid que pas un des habitants ne voulut vendre la sienne. « Eh bien, dirent les
voituriers, chacun de nous lui prêtera sa pelisse à tour
de rôle, et comme cela l'enfant n'aura pas froid. » Ce
généreux projet fut scrupuleusement exécuté pendant
tout le long chemin qu'ils avaient à parcourir avec la
jeune Sibérienne.

Arrivés au terme de leur voyage, ils la déposèrent
devant l'église d'un village. Prascovie s'empressa d'aller

prier et remercier Dieu du secours inespéré qu'elle
avait obtenu de ces braves gens. Une dame qui se trouvait dans l'église jeta les yeux sur le costume de Prascovie, et la pauvreté de ses habits toucha sensiblement
la bonne âme de madame Milin (c'était le nom de cette
dame). Elle s'approcha de l'enfant, l'interrogea, et
bientôt la voyageuse, qui ne connaissait personne dans
ce pays, eut une protectrice qui s'éprit de tendresse
pour elle, comme si leur amitié eût daté de bien loin.
Madame Milin emmena Prascovie chez elle, et, jusqu'au
retour de la belle saison, la charitable femme ne voulut
pas laisser partir l'intéressante fille de l'exilé. Elle lui
apprit à lire, à écrire, et quand le temps devint plus fa-
vorable, elle paya le passage de Prascovie sur un bateau
de transport qui devait la conduire à Nijéni, en lui donnant, en outre, une petite valise bien garnie, de l'argent
pour le reste de sa route, et une lettre de recommandation pour une grande dame de Moscou. Les sentiments
religieux de sa bienfaitrice n'avaient fait qu'augmenter
encore la piété de Prascovie. D'abord, quand elle était
ignorante, sa croyance en Dieu n'était que l'instinct
d'une belle âme qui se rattache à la plus sublime des
espérances; mais depuis que madame Milin avait pris
soin de l'instruire, sa piété s'était éclairée, et elle avait,
rompu avec les habitudes superstitieuses de son enfance
pour ne plus élever sa pensée que vers les grandes et
simples vérités de la religion.

Dans sa navigation de quelques jours elle courut
grand risque de perdre la vie; un maladroit batelier

manqua de faire chavirer l'embarcation, et Prascovie
tomba dans le fleuve. Sauvée, non sans peine, de ce
danger, la jeune fille, par un sentiment de pudeur, ne
voulut jamais se décider à changer de vêtements devant
ses compagnons de voyage, bien que ses habits fussent
tout mouillés. A son arrivée à Nijéni, elle fut atteinte
d'un gros rhume ; les religieuses du couvent où elle
était venue demander hospitalité, suivant le conseil de
madame Milin, ne voulurent pas la laisser partir avant
son entière guérison. Elle fut si longtemps à se remettre
que l'hiver la retrouva dans le couvent ; il lui devint
impossible de continuer son voyage avant l'époque où
les chemins sont praticables pour les traîneaux. Partout
où s'arrêtait Prascovie, sa grâce naïve, son éclatante
beauté, et plus encore ses vertus modestes, lui faisaient
des amis ; aussi, lorsqu'elle fut près de quitter le couvent, l'abbesse, qui l'aimait comme une mère peut aimer
sa fille, voulut la retenir auprès d'elle. Prascovie promit
seulement à la supérieure de choisir le couvent d'Ijéni
pour sa dernière retraite, si elle avait le bonheur de
pouvoir accomplir sa pieuse mission ; mais comme on
voulait qu'elle s'engageât par serment à revenir dans la
sainte demeure, la jeune fille s'y refusa en répondant :
« Oui, sans doute, je serais bien heureuse de finir ici
mes jours, mais sais-je moi-même ce que Dieu exige de
moi? Quelle que soit la volonté de la Providence, il faudra bien que je me soumette à ce qu'elle ordonnera. »
Et elle partit. La supérieure du couvent avait ménagé à
Prascovie des facilités pour que celle-ci pût gagner Mos-

cou et Saint-Pétersbourg. Quand elle arriva dans cette
dernière ville, il y avait dix-huit mois que la fille de
Jean Lopouloff avait quitté le village d'Ischim.

Voilà donc la courageuse enfant dans une grande et
populeuse ville, où elle ne connaît âme qui vive, où
personne ne la connaît non plus. Prascovie a bien quelques lettres de recommandation pour de puissants personnages, mais, comme si Dieu eût voulu qu'elle ne
dût qu'à elle seule le succès de sa sublime entreprise,
quelques-uns de ceux à qui elle est recommandée ne
sont pas à Saint-Pétersbourg; quant aux autres, elle ne
peut découvrir leur demeure. Quelqu'un lui ayant dit
que le sénat avait le droit de casser l'arrêt qui condamnait son père à un exil perpétuel, c'est au sénat que
Prascovie veut s'adresser d'abord; mais, ignorant, la
pauvre enfant, qu'il est des usages auxquels il faut in-
dispensablement se soumettre pour obtenir justice, elle
va tout ingénument au palais du sénat, et puis, s'as-
seyant sur la première marche du grand escalier, elle
attend le passage d'un sénateur, afin de lui demander
la grâce de l'exilé. Encore ne sait-elle pas ce que c'est
qu'un sénateur! Elle voit passer des officiers en uni-
forme, des magistrats en costume, des chambellans en
habits de cour, et comme elle ignore que le sénat se
compose et des grands dignitaires de l'armée, et des
chefs de la justice, et des officiers du palais impérial,
elle les laisse tous passer en se disant : « Ce n'est pas là
un sénateur! » Elle revient là plusieurs jours de suite
et toujours sans savoir à qui elle doit adresser sa de-

mande en grâce. Enfin, un jour, elle se décide à monter
dans le palais ; puis, arrivée dans les bureaux d'une
chancellerie, elle va de commis en commis, demandant
à chacun d'eux dans quelle salle se tiennent les séna-
teurs ; sa voix est si faible et elle parle de si loin que
personne ne la remarque ; la pauvre enfant, toute troublée, heurte en se détournant un garde du palais, qui la
prend par le bras et la met à la porte ; mais le brutal,
tout en la rudoyant, lui apprend qu'on ne peut s'adresser au sénat que par une supplique. C'est déjà pour
Prascovie un premier pas vers le succès : aussi, loin
d'en vouloir à celui qui la traite si mal, elle remercie
Dieu du bon avis qu'elle vient de recevoir. La supplique
fut bientôt rédigée; un marchand chez qui Prascovie lo-
geait lui rend le service d'écrire sa pétition en termes
convenables et selon la formule accoutumée. Armée de
cette pièce, l'enfant, qui sait maintenant ce que c'est
qu'un sénateur, revient au pied du grand escalier, et
elle présente sa demande en grâce à tous ceux qui passent devant elle; l'un la prend pour une mendiante, et
lui dit : « Dieu vous bénisse ! » et ne lui donne rien ;
l'autre lui met une assignation de cinq roubles ; mais
personne ne veut lire son papier. Comme elle revenait
un jour de sa longue et douloureuse station à la porte
du palais, l'idée lui vint de grimper jusqu'à la statue de
Pierre le Grand, et de confier à la main de bronze du
grand empereur cette supplique que personne ne voulait recevoir.

La princesse de T... traversait en ce moment le pont

de la Newa ; elle aperçoit la jeune fille, la fait appeler
par un de ses gens, et s'informe du motif qui lui fait
présenter ce papier à la statue impériale. « Qu'espériez-
vous, mon enfant ? lui dit la princesse. — Madame, répondit Prascovie, j'espérais en Dieu, qui a le pouvoir de
faire descendre l'empereur jusqu'à moi, si je n'ai pas
celui de monter jusqu'à lui. » Intéressée par cette réponse, la princesse prit la pétition de l'enfant, et lui
dit : « Je vous réponds que l'empereur la lira. » En effet, deux jours après Alexandre Ier savait toute l'histoire
de Prascovie. L'impératrice même fit venir à la cour la
fille de l'exilé, mais sans qu'on lui eût dit d'avance qu'elle
allait être présentée à la famille impériale. Au moment
où elle traversait la salle du trône, Prascovie, ne se dou-
tant guère que ceux qui l'accompagnaient étaient et le
czar et les deux impératrices qui faisaient à l'enfant les
honneurs du palais impérial, Prascovie, disons-nous,
s'arrêta, elle tomba à genoux devant le trône vide, et,
baisant les marches avec transport, elle s'écria : « O
mon père, vous voyez où la puissance de Dieu m'a conduite; ô mon Dieu ! bénissez ce trône, et faites que celui
qui l'occupe ne soit pas sourd à mes prières ni insensible à mes larmes. »

Elle n'avait pas achevé de parler que la grâce de Jean
Lopouloff était accordée par l'empereur. A la prière de
Prascovie, il y joignit celle des deux pauvres exilés qui
avaient accompagné Prascovie jusqu'aux limites de sa
bourgade, en lui disant : « Au revoir ! » Prascovie ne les
revit pas, car à peine eut-elle mené à bien sa difficile

entreprise, qu'elle se souvint de la promesse qu'elle
avait faite aux religieuses du couvent d'Ijéni. Un mois
après, elle avait pris le voile; mais comme si le terme
de son pèlerinage dût être celui de sa vie, la jeune fille,
épuisée par tant de fatigues, sentit ses forces diminuer
de jour en jour ; elle attendait avec impatience que sa
famille partît de son lieu d'exil et vînt la retrouver dans
le couvent où, peu après, elle achèverait de s'éteindre.
Elle mourut la veille du jour marqué pour leur arrivée;
c'était le 8 décembre 1809. « Eh bien donc, dit-elle en
expirant, je les reverrai dans le ciel ! »

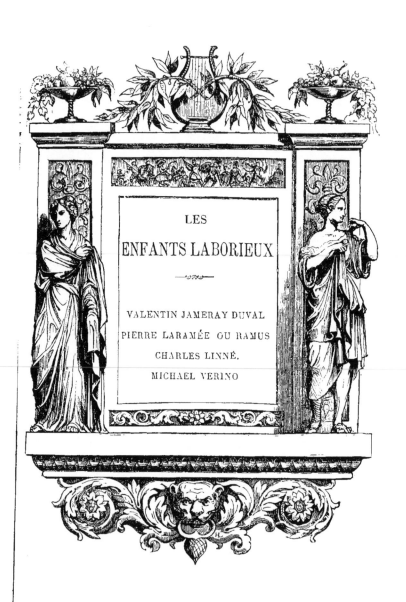

LES

ENFANTS LABORIEUX

VALENTIN JAMERAY DUVAL

PIERRE LARAMÉE OU RAMUS

CHARLES LINNÉ.

MICHAEL VERINO

VALENTIN JAMERAY DUVAL

'EST dans le petit village d'Artenay, en Champagne, que naquit, d'un pauvre laboureur, le laborieux enfant qui devait être un jour l'un des hommes les plus instruits de son siècle, le bibliothécaire de l'empereur François Ier, et le vénérable ami de la famille impériale. Le père de Valentin Jameray Duval mourut quand son fils n'avait encore que dix ans ; cette mort de l'unique soutien de la famille arriva dans un temps où la guerre désolait la France, où la famine décimait la population des villes et des villages. La veuve du laboureur, condamnée à l'indigence la plus affreuse, plaça le jeune Valentin, qui était l'aîné de ses enfants, chez un paysan qui lui donna ses dindons à garder. On dit que Valentin, qui avait l'esprit le plus vif, et qui voulait toujours vérifier ce qu'il y avait de vrai dans ce qu'on pouvait lui apprendre, ayant entendu dire que les dindons avaient une grande horreur pour la couleur rouge, s'avisa un jour d'attacher au cou de l'un des dindons un morceau de drap rouge pour s'assurer de l'antipathie que cet animal avait pour cette couleur. L'enfant n'eut pas à se louer de cette expérience, car le dindon entra dans un tel accès de fureur qu'il en creva, et Valentin fut chassé. Il connaissait trop bien la malheureuse position de sa mère pour ne pas craindre de lui être à charge de nouveau; il prit le parti de quitter son village, en se recommandant à la grâce de Dieu.

On était au commencement de l'hiver de 1709; de mémoire d'homme jamais on n'avait éprouvé un froid si rigoureux. Valentin offrit en vain ses services dans les villages et dans les hameaux; la misère était partout si grande, que personne ne voulut consentir à le recevoir. Chaque matin, le pauvre petit voyageur désespérait de voir la fin de la journée; il croyait que tôt ou tard le froid et le besoin le feraient succomber sur la route. Tout ce que nous pourrions dire serait loin de valoir le récit qu'il fait lui-même de ses malheurs, nous le laisserons parler.

« Comme j'allais de Provins à Brie, je fus attaqué d'un si violent mal de tête, qu'il me semblait à chaque instant qu'elle allait s'ouvrir. Arrivé à la porte d'une ferme, je suppliai la personne qui vint à moi de me mettre au plus tôt dans quelque endroit propre à me réchauffer, et où je pusse me coucher pour supporter plus facilement la douleur intolérable qui m'accablait. Cette personne me conduisit sur-le-champ dans l'étable des brebis, où l'haleine de ces paisibles animaux ne tarda pas à dissiper l'engourdissement dont j'étais saisi; mais à l'égard de la douleur qui me tourmentait, sa violence alla jusqu'au délire. Le lendemain au matin, le fermier étant venu pour savoir ce que je faisais fut effrayé de me voir les yeux étincelants, enflammés, le visage bouffi, le corps rouge comme de l'écarlate et tout couvert de pustules; il n'hésita pas à me déclarer que c'était la petite vérole, et qu'infailliblement elle allait causer ma perte, parce que, n'ayant pas lui-même de quoi subsister, il lui serait impossible de me soulager pendant une maladie de longue durée; qu'ou-tre que l'intempérie de la saison la rendait mortelle, il me voyait hors d'état d'être conduit à portée des se-cours qui m'étaient nécessaires. S'apercevant que je n'avais pas la force de répondre à ses complaintes, il fut touché de compassion, et, m'ayant quitté, il revint un moment après muni d'un paquet de vieux linge, dont il m'enveloppa comme une momie, après m'avoir dépouillé de mes habits. Comme le fumier des bergeries se divise par couches, le fermier se mit à en lever quelques-unes; il remplit la place qu'elles occupaient de menue paille d'avoine, me fit coucher au milieu, parsema ma personne de cette même paille en guise de duvet, et roula sur moi, en forme de couverture, les divers lits de fumier qu'il avait levés; et après m'avoir

entouré de cette sorte, il fit le signe de la croix sur
moi, et me recommanda à Dieu, bien persuadé que je
n'échapperais pas à la mort. Je restai donc comme un
autre Job, non pas dessus, mais enseveli dans le fumier
jusqu'au cou. La chaleur de ce fumier et l'haleine du
troupeau furent ce qui me sauva. Elles me procurèrent
des sueurs qui servirent de véhicule au poison dont
j'étais imprégné; de sorte que l'éruption s'étant faite en
très-peu de temps, il se fixa à l'extérieur sans me causer d'autre accident qu'un assez bon nombre de ces
érosions que les beautés du siècle redoutent, avec justice, comme le fatal écueil de leurs attraits.

« Pendant que j'étais comme inhumé dans l'infection
et la pourriture, l'hiver continuait à désoler les campagnes par les plus horribles dévastations. Derrière la
bergerie, où je triomphais de ses rigueurs, il y avait
plusieurs touffes de noyers et de chênes fort élevés ; je
passai peu de nuits sans être éveillé par des bruits su-
bits et impétueux, pareils à ceux du tonnerre ou de
l'artillerie; et quand au matin je m'informais de la cause
d'un tel fracas, on m'apprenait que l'âpreté de la gelée
avait été si forte, que des pierres d'une grosseur
énorme en avaient été brisées en pièces, et que plusieurs chênes, noyers ou autres arbres, s'étaient éclatés
et fendus jusqu'aux racines.

« J'ai dit ci-dessus que le charitable fermier m'avait
assuré que son indigence ne lui permettait pas de
m'assister selon son désir; et, en effet, la taille et les
impôts l'avaient tellement ruiné, qu'on s'était emparé

de ses meubles, et que l'on avait vendu jusqu'au bétail
destiné à la culture des terres; la bergerie n'aurait pas
manqué de faire le même naufrage, si elle n'eût appartenu au propriétaire de la ferme. Ainsi mon hôte avait
eu raison de me prévenir sur le traitement que je re-
cevrais de sa part. Il est vrai que dans les commence-
ments de ma maladie je ne lui fus pas fort à charge,
puisque pendant plusieurs jours il me fut impossible
de prendre la moindre nourriture; il y a même appa-
rence que j'aurais péri d'inanition, si, au lieu de
bouillon nourrissant dont j'étais privé, le bon fermier
ne se fût avisé de me donner une sorte de bouillie à
l'eau, assaisonnée seulement d'autant de sel qu'il en
fallait pour la rendre moins insipide; il m'en envoyait
deux fois le jour dans un vase en forme de grosse
carafe, muni d'un bouchon, afin que je pusse l'enfoncer
dans le fumier pour la préserver de la gelée. Ce fut là
l'unique aliment dont je vécus pendant plus de quinze
jours, et, à l'égard de la boisson, il fallait me contenter
d'eau toute pure, qu'on m'apportait fort souvent à
demi glacée. Quand mon appétit parut exiger des aliments plus solides, les seuls que l'on fut en état de me
fournir consistèrent en un peu de soupe maigre et
quelques morceaux de pain bis, que la gelée avait
tellement durci, qu'on avait été obligé de le couper à
coups de hache; de façon que, malgré la faim qui me
pressait, j'étais réduit à le sucer ou à attendre qu'il fût
dégelé par la méthode dont je me servais à l'égard de la
bouillie.

« Malgré un régime de vie aussi austère, le pauvre
fermier m'avoua qu'il ne pouvait plus en soutenir la
dépense, et qu'il allait chercher à s'en débarrasser sur
d'autres plus en état que lui de la supporter. Il parla au
curé de la paroisse, située à trois quarts de lieue de la
ferme où j'étais, lequel consentit qu'on me transportât
dans une maison contiguë à la sienne. On me tira donc
de mon tombeau le mieux que l'on put, et, après m'a-
voir emballé dans quelques vieilles nippes et environné
de deux ou trois bottes de foin pour me remparer
contre la gelée, on me lia sur un âne, et une personne
s'étant chargée de marcher à côté de moi pour m'empêcher de tomber, on me conduisit de la sorte jusqu'au
village. On trouva en arrivant que j'étais plus qu'à
demi mort du froid que j'avais essuyé, et l'on crut que,
si j'en réchappais, je resterais au moins perclus de
quelque membre. Cela me serait sans doute arrivé si
l'on m'eût d'abord approché du feu ; mais on eut la
sage précaution de me frotter le visage, les bras et les
jambes avec de la neige jusqu'à ce qu'ils eussent repris
le sentiment. Pour ranimer le reste, on me remit dans
un gîte pareil à celui dont on m'avait tiré, et huit jours
après, le froid s'étant ralenti, on me donna une chambre et un lit, où, par la générosité et tous les bons soins
du charitable curé, je ne tardai pas à recouvrer mes
forces et ma santé. Mais, par malheur, on m'avertit
bientôt que je devais chercher condition, et c'est à quoi
je tâchai de me résoudre. »

Il lui fallut donc chercher asile ailleurs. Alors, mar-

chant vers le point où le soleil paraissait se lever, il
traversa la Champagne, arriva sur la frontière de la
Lorraine, au village de Clésantine, où il trouva enfin un
berger qui le reçut à son service. Il resta là environ
l'espace de deux années, et le hasard l'ayant conduit à
l'ermitage de la Rochette, où vivait un pieux solitaire
nommé frère Palémon, le jeune Valentin fut assez heureux pour inspirer un vif intérêt au vénérable ermite ;
si bien que celui-ci proposa à l'enfant de partager avec
lui ses travaux rustiques et de lui apprendre à lire ;
ensuite, recommandé par le bon frère Palémon, il passa
de son étroite cellule dans le grand ermitage de Sainte-
Anne, dont les quatre solitaires le reçurent avec bonté ;
ils lui donnèrent à garder les six vaches qui servaient à
la culture des douze arpents de terre qu'ils possédaient. Jameray Duval continue en ces termes :

« Je commençai une nouvelle carrière, j'appris à
écrire ; un de nos vieillards me traça les éléments de
cet art ingénieux d'une main décrépite et tremblante :
un modèle si défectueux ne pouvait produire que de
mauvaises copies. Pour ne pas incommoder le bon
vieillard et me passer de ses leçons, voici ce que j'ima-
ginai : je détachai de ma vitre un carreau de verre, et,
le posant sur mon exemple, j'écrivais sur la surface les
mêmes lettres que je voyais au travers, et ce fut par la
répétition de cet exercice qu'en peu de temps j'acquis
une assez grande facilité de mal écrire. Un abrégé d'a-
rithmétique, que je trouvai dans un bouquin de la Bibliothèque bleue, m'en apprit les quatre règles : cette

admirable science, qui, par l'audace de ses calculs, porte le flambeau de la discussion jusque dans les ténébreuses régions de l'infini numéral, fut pour moi une source d'amusements et de plaisirs. Je choisis dans mes bois quelque réduit propre à y étudier, et il m'arrivait assez souvent d'y méditer pendant une partie des belles nuits de l'été. Un soir, que je m'amusais à considérer ces amas de lumière répandus dans l'immensité du ciel, je vins à me souvenir que les almanachs annonçaient qu'à certains jours de l'année le soleil entrait dans des signes que l'on distinguait par des noms d'animaux, tels que le bélier, le taureau, etc. ; je me mis en tête de savoir ce que c'était que ces signes; et, présumant qu'il y avait peut-être dans le ciel des assemblages d'étoiles qui représentaient des figures d'animaux, j'en fis l'objet de mes spéculations. Je choisis pour cet effet un chêne des plus élevés de la forêt, au sommet duquel je formai un tissu composé de plusieurs branches de viorne et d'osier entrelacées, qui de loin ressemblait assez à un nid de cigogne.

« Chaque soir je me rendais à cet observatoire, où, assis sur une vieille ruche ou corbeille, je me tournais vers les diverses plages du firmament pour y découvrir la figure d'un taureau ou d'un bélier. Comme les miracles de l'optique m'étaient encore inconnus, je n'avais que mes yeux pour télescope. Après les avoir longtemps fatigués en vain, j'allais quitter prise, lorsque le hasard me fournit des notions plus justes et ranima mes tentatives. Ayant été envoyé à Lunéville un jour de foire,

j'aperçus quantité d'images exposées en vente et sus-
pendues le long d'un mur; il s'y trouva un planisphère
où les étoiles étaient marquées avec leurs noms et leurs
différentes grandeurs. Ce planisphère, une carte du
globe terrestre et celles de ses quatre parties, épuisèrent toutes mes finances, qui se montaient alors à cinq
ou six francs. Les avares et les ambitieux seraient presque excusables si la passion qui les domine leur causait
un plaisir aussi réel et aussi vif que le fut celui que me
procura la possession de ces six feuilles de papier. Peu
de jours me suffirent pour apprendre sur la carte les
dispositions respectives de la plupart des constellations;
mais, pour faire une juste application de cette connaissance, il me fallait un point fixe dans le ciel propre
à servir de base à mes observations. J'avais ouï dire que
l'étoile polaire était la seule dans notre hémisphère qui
fût immobile, et que sa situation déterminait celle du
pôle arctique; mais le moyen de trouver cette étoile et
de déterminer oculairement son immobilité! Après
plusieurs perquisitions, on me parla d'une aiguille
d'acier qui avait la vertu de se tourner vers les pôles du
monde; prodige que j'eus peine à croire, même en le
voyant. Heureusement pour moi, le plus âgé de nos
druides avait un cadran à boussole qu'il eut la com-
plaisance de me prêter. Par le secours de la merveilleuse aiguille, les quatre parties opposées de l'horizon,
que l'on appelle les quatre points cardinaux, me furent
bientôt connus, de même que le rumb des vents, qui
était gravé sur une plaque de cette boussole. Mais

12.

comme j'ignorais l'élévation de l'étoile polaire, et qu'il s'agissait de la connaître, voici le moyen que j'employai pour y parvenir. J'en choisis une qui me parut de la troisième grandeur ; puis, avec une tarière, je perçai une branche d'arbre de moyenne grosseur vis-à-vis de cet astre; cela fait, en sectateur de Ptolémée, je raisonnai ainsi : cette étoile est fixe ou mobile, si elle est fixe, mon point d'observation étant fixe aussi, je la verrai continuellement par le trou que j'ai percé, et en ce cas j'aurai ce que je désire; si elle est mobile, je cesserai bientôt de l'apercevoir, et alors je réitérerai mon opération; et c'est ce que je fis en effet, sans autre succès que de briser ma tarière. Cet accident me fit recourir à un autre expédient.

« Je pris un beau jet de sureau, que je fendis selon sa longueur, et, en ayant ôté la moelle, je rejoignis les deux parties avec une ficelle, et je suspendis cette sarbacane à la plus haute branche du chêne qui me servait d'observatoire. Par ce moyen, et avec la facilité que j'avais à diriger et à fixer ce tube vers les différentes étoiles que je voulais observer, j'arrivai enfin à la connaissance de celle que je cherchais. Il me fut aisé après cela de trouver la situation des principales constellations en tirant des lignes imaginaires d'une étoile à l'autre, suivant la projection de mon planisphère, et alors je sus ce que je devais penser de cette quantité d'animaux dont les poëtes ont peuplé le firmament, peut-être faute de la même quantité d'hommes qui méritassent cet honneur.

« Après m'être mis un peu au fait de la carte du
ciel, je crus qu'il convenait que je prisse aussi la connaissance de celle de la terre, d'autant plus que les *Vies
des Hommes illustres* de Plutarque et l'*Histoire* de
Quinte-Curce, que le hasard m'offrit, me rappelèrent
les hauts faits d'armes des paladins que j'avais lus dans
les merveilleuses histoires de la Bibliothèque bleue.
Voulant donc connaître les villes, les royaumes et les
empires où ces illustres fous s'étaient signalés, je résolus de les suivre à la piste ; mais je risquai bientôt de
devenir aussi fou qu'eux. Je n'avais pour toute introduction à la géographie que les cinq cartes achetées
avec le planisphère dont j'ai parlé ; je manquai de succomber aux efforts que je fis pour comprendre quel
pouvait être l'usage des cercles tracés sur la mappe-
monde, tels que les méridiens, les tropiques, le zo-
diaque, etc. Il faut que l'ignorance soit bien naturelle à
l'homme, puisqu'il a tant de peine à s'en affranchir. Je
fis mille conjectures pour deviner ce que signifiaient
ces trois cent soixante petites raies blanches et noires
qui partageaient l'équateur ; à la fin je les pris pour des
lieues ; et, sans hésiter, je conclus que le globe terrestre
avait trois cent soixante lieues de circonférence. Ayant
fait part de cette belle découverte à un de nos solitaires, qui avait été à Saint-Nicolas-de-Barry, en Cala-
bre, il m'assura que pour y aller il avait parcouru plus
de trois cent soixante lieues sans s'apercevoir qu'il eût
fait le tour de la terre. Je vis par là combien je m'étais
trompé ; j'en fus outré de dépit ; et peut-être serais-je

tombé dans le découragement sans la rencontre que
voici :

« Comme chaque dimanche j'avais coutume d'aller
ouïr la messe à l'église des carmes de Lunéville, m'é-
tant avisé d'entrer dans le jardin, j'aperçus maître
Remy, qui en avait la direction, assis au bout d'une
allée avec un livre à la main : c'était la *Méthode pour
étudier la géographie*, par le sieur Delaunay. Je suppliai maître Remy de me la prêter, ce qu'il fit de fort
bonne grâce. Je me proposais de la copier, mais l'impatience de savoir ce qu'elle contenait me la fit parcourir en m'en retournant dans le désert, et avant que d'y
arriver j'appris la réduction des degrés de l'équateur
aux mesures itinéraires des différentes nations. Ce fut
alors que je connus la véritable petitesse de notre globe,
par la comparaison que j'en faisais avec les vastes
abîmes de l'espace, dont mon imagination était effrayée.

« Passionné pour la géographie jusqu'à ne rêver
d'autre chose pendant mon sommeil, et manquant de
tout pour m'y perfectionner, je résolus de trouver des
ressources contre mon indigence. Pour y parvenir, je
déclarai la guerre aux animaux de la forêt dans le seul
dessein de profiter de leurs dépouilles pour acheter des
cartes et des livres. Je contraignis les renards, les fouines
et les putois à me céder leurs fourrures, dont j'allais
recevoir le prix chez un pelletier de Lunéville; plusieurs
lièvres furent assez étourdis pour donner dans mes
piéges; les oiseaux contribuèrent aussi à mon instruction
par la perte de leur liberté : de sorte qu'en peu de mois

mon industrie me valut environ trente ou quarante écus.
Je me rendis ou plutôt je courus à Nancy avec cette
somme pour y acheter des livres. Une traduction de
l'*Histoire naturelle* de Pline, Tite-Live, l'*Histoire des
Incas*, celle des cruautés exercées en Amérique par les
Espagnols, de Barthélemy de Las-Casas; les *Lettres* de
Bussy-Rabutin, les *Caractères* de Théophraste, le *Testament politique* de Louvois, les *Fables* de l'ingénieux la
Fontaine, quelques autres ouvrages et plusieurs cartes
géographiques, épuisèrent mes finances et mon crédit:
je dis mon crédit, car, n'ayant pas assez pour payer tout
ce que je viens de spécifier, le bonhomme Truain, mon
libraire, sans m'avoir jamais vu ni connu, m'admit
malgré moi au nombre de ses débiteurs pour la somme
de vingt ou de trente francs. Lui ayant demandé sur quoi
sa confiance en moi était fondée : « Sur votre physio-
« nomie, me dit-il, et sur votre ardeur pour l'étude ; je
« lis dans vos traits que vous ne me tromperez point. »
Quoique sa bonne opinion ne portât que sur des fonde-
ments très-équivoques, je ne laissai pas de lui en savoir
gré, et de l'assurer que je ferais mon possible pour justifier l'horoscope dont il m'honorait.

« Courbé sous le poids du ballot scientifique que je
venais de former, je fis cinq lieues à pied pour regagner
ma solitude, ce qui supposait de la fatigue et plus d'une
station avant d'y arriver. Dès lors ma cellule devint un
monde en abrégé; ses murs furent tapissés de royaumes
et de provinces en peinture, et, comme elle était fort
petite, j'attachai le planisphère au-dessus de mon gra-

bat, de sorte que je ne pouvais m'éveiller sans jeter la vue sur des nuages d'étoiles qui n'avaient de lumière que pour l'esprit. »

Tant d'ingénieuse industrie et de persévérance ne devaient pas tarder à être récompensées. D'abord le laborieux enfant, ayant trouvé un cachet d'or armorié, le fit annoncer au prône. Un Anglais, M. Forster, savant distingué, était le propriétaire de ce cachet. Touché de la probité du jeune vacher, et, bientôt après, charmé de sa conversation, qui trahissait déjà l'homme instruit, M. Forster invita Valentin à venir le voir; et, grâce à la générosité de l'Anglais, le serviteur des ermites de Sainte-Anne compta plus de cent volumes dans sa bibliothèque.

Cette bonne fortune fut bientôt suivie d'un autre événement bien plus heureux encore pour le studieux Valentin. Dans le bois dont il avait fait son cabinet d'étude, et où il s'entourait de ses cartes de géographie, il fut abordé un jour par un inconnu qui lui demanda ce qu'il faisait là. « J'étudie la géographie, répondit l'enfant. — Mais, reprit l'étranger, est-ce que vous y entendez quelque chose ? — Pourquoi m'en occuperais-je si je n'y entendais rien ? — Et que cherchez-vous en ce moment, mon ami ? continua le questionneur, en contemplant le petit vacher géographe qui se tenait penché sur sa carte. — Je cherche la route de Québec pour aller continuer mes études à l'université de cette ville. — Vraiment ! dit l'inconnu ; mais je crois qu'il y a des universités plus à votre portée que celle-là, et je me ferai un vrai plaisir de vous en indiquer une. »

Comme il parlait ainsi à l'enfant, plusieurs seigneurs suivis de valets s'approchèrent de cet inconnu avec respect, et le saluèrent du nom de monseigneur. Valentin resta tout interdit quand il sut que c'était avec le duc souverain de Lorraine qu'il venait d'avoir cette conversation. Le prince venait de promettre sa protection à l'enfant, il ne songea plus qu'à tenir sa promesse. Grâce aux bontés du duc Léopold, il entra au collége des jésuites de Pont-à-Mousson, et au bout de deux ans, ses études étant achevées, Valentin Jameray Duval fut nommé bibliothécaire du prince de Lorraine et professeur d'histoire à l'académie de Lunéville; puis il passa au service de l'empereur François, qui l'avait appelé à Vienne pour qu'il prît soin de former un cabinet de médailles.

Avant d'aller se fixer dans sa nouvelle patrie, cet homme vertueux et savant voulut revoir son village. A la place de la chaumière où il était né, il fit élever une maison solide et commode qu'il donna à la commune pour y loger le maître d'école. On dit, pour prouver combien ses inclinations étaient naturellement bienfaisantes, qu'un jour qu'il passait dans un petit hameau, il demanda un verre d'eau pour se rafraîchir; on le lui fit attendre longtemps, et quand il sut qu'il avait fallu aller chercher cette eau à plus d'une demi-lieue, parce qu'il n'y avait ni puits ni source dans le hameau, il paya son verre d'eau quatre cents francs, afin que l'on creusât un puits au milieu de ces pauvres habitations. En-

suite il alla là où la fortune et l'amitié d'un puissant
prince venaient de l'appeler. Valentin Jameray Duval
vécut jusqu'à l'âge de quatre-vingts ans, et mourut à
Vienne en 1772.

Un moine lui enseignait les lettres de l'alphabet.

PIERRE LARAMÉE OU RAMUS

E N 1510, un jeune garçon, couvert du sarrau de toile, le bonnet de laine sur la tête, la mine allongée par la faim, et les yeux grandement ouverts, sinon de convoitise, du moins de curiosité pour les belles choses qu'il voyait, entra à Paris par le faubourg Saint-Denis, et, conduit par l'instinct, il se dirigea vers la rue du Fouarre ou de la Paille. C'est là que jouaient entre eux, à l'heure des récréations, les nombreux écoliers du quartier des colléges. Le jeune paysan tomba, ainsi qu'une proie, entre les mains de ces enfants espiègles, et même pour la plupart méchants, qui ne se faisaieut nullement faute d'intimider les faibles et quelquefois d'attaquer de plus grands et

de plus robustes qu'eux. Pierre Laramée, car c'était le
nom du nouveau venu, eut à souffrir bon nombre de
malicieuses questions, et reçut aussi bon nombre de
douloureuses gourmades. Mais, quand le premier accès
de malice et de gaieté fut passé, le meilleur d'entre ces
mauvais garçons qui depuis une heure harcelaient ce
pauvre Laramée, le meilleur, disons-nous, voyant que
l'enfant avait faim, rompit son pain pour lui en donner
une part; et comme le pauvre disait : « J'ai beaucoup
marché, je suis bien fatigué, » les autres écoliers s'arran-
gèrent pour lui faire une place sur la paille dont la rue
était jonchée. Laramée, restauré et doucement assis,
ayant été interrogé une seconde fois par ses nouveaux camarades sur sa vie et sur son voyage à Paris, commença le
simple et naïf récit que nous allons essayer de reproduire.

« Je suis né au village de Guth, en Vermandois ; il
peut y avoir de cela huit ans. J'ai perdu mon père et ma
mère quand je commençais seulement à pouvoir marcher seul. Comme je n'avais plus personne au monde
pour prendre soin de moi, il fallut bien me recomman-
der à la charité des bonnes gens du pays; de porte en
porte j'allais mendiant mon pain ; et c'était une heureuse fortune pour moi quand il m'était possible d'étaler
un peu de fromage blanc sur la tranche de pain noir
dont on venait de me faire l'aumône, ou quand j'obtenais un oignon cru avec quelques grains de sel pour
m'aider à manger ce pain, qui était quelquefois bien
dur. Quand je fus un peu plus grand, les voisins ne
voulurent plus me nourrir à rien faire; alors on me mit

à la main une longue baguette, et je fus chargé de mener les oies à la grande mare d'eau du pays. Un jour
l'ennui me prit; j'étais las de conduire cet indocile
troupeau, qui allait de çà et de là, sans écouter ma
voix, sans obéir à la baguette, et que je ne ramenais
pas toujours au complet à la ferme. Un beau jour, je
pris la résolution de laisser mes oies s'en retourner
comme elles le pourraient chez le fermier à qui elles
appartenaient, je jetai ma baguette dans un buisson, et
je me mis en route pour Paris. Il me fallut mendier sur
mon chemin, comme autrefois j'avais mendié dans mon
village. J'eus le bonheur de rencontrer en route un
moine en compagnie duquel j'ai voyagé, et qui doit être
grand docteur; car à l'heure des couchées il m'a enseigné le nom de toutes les lettres de l'alphabet, et
même l'art de les assembler pour en faire des mots.
Maintenant que me voici dans la grande ville, je ne
peux pas dire que j'y suis arrivé plus riche, mais j'ai
gagné en route le désir de devenir savant Que Dieu me
garde, et qu'il me fasse rencontrer parmi vous, mes-
sires, une âme assez bien intentionnée pour vouloir se
charger de mon éducation, qui est à peine com-
mencée. »

Après son récit, qu'il couronna par cette prière,
Pierre Laramée offrit de s'engager au service des écoliers, d'être à lui seul le valet de tous, et ne demanda
pour ses gages qu'un peu de pain et des leçons. Durant
quelques mois, il employa ses journées à faire dans
la ville les commissions des étudiants; et, supportant

avec une admirable patience leur mauvaise humeur ou
les caprices de leur méchant caractère, il attrapa
par-ci par-là des croûtes de pain dur et quelques bribes
de latin et de grec, dont il meublait son esprit et qu'il
se répétait à lui-même. Quand le soir était venu, le
pauvre enfant allait se coucher sous une des arches du
pont de la Cité, où il avait élu domicile.

Pierre Laramée se trouvait fort heureux de son sort;
car ne pas mourir de faim et pouvoir s'instruire, c'était
là tout ce que demandait ce laborieux enfant. Un jour
son bonheur cessa; le temps des vacances étant venu,
les écoliers désertèrent leur collége pour retourner
dans leur famille. Les gens de service de l'Université
relevèrent la paille de la rue, et Pierre Laramée se
trouva sans maître à servir, sans pain à gagner, et
sans leçons de grec ou de latin à pouvoir retenir ; il
aurait volontiers encore vécu d'aumônes jusqu'à l'époque de la rentrée des classes ; mais, la peste s'étant
déclarée à Paris, l'enfant eut peur, et il reprit, bien
affligé, la route de son village de Guth. Il faut l'y laisser
végéter pendant l'espace de quatre ans. Puis, en 1515,
vers le temps où le bon roi Louis XII mourut, on vit au
collége de Navarre un petit valet d'à peu près douze
ans, qui, chargé du soin de balayer les classes, travaillait pendant toute la journée pour le service de la
maison; le soir, quand chacun dormait, l'enfant, soit
en soufflant sur un charbon pour se procurer un peu de
clarté, soit en profitant d'un beau clair de lune, repas-
sait sur un livre les leçons des maîtres d'étude, ou

écrivait ce qu'il avait pu retenir de ces mêmes leçons en
écoutant à la porte des classes. Ce petit valet du collége
de Navarre, c'était Pierre Laramée; il était venu à Paris
dès qu'il avait pu savoir que la peste s'en était éloignée; et, à sa prière, le recteur du collége avait bien
voulu le recevoir, non pas pour servir les professeurs
ou même les écoliers, mais pour être le valet des
valets.

Le cahier des devoirs de Laramée, si laborieusement
rempli, tomba entre les mains d'un professeur. Celui-ci, surpris de la haute raison et du savoir intelligent
de l'enfant qui avait écrit ces pages, fit venir le jeune
valet, et l'interrogea pour s'assurer si vraiment cette
écriture était la sienne, et comment il avait pu apprendre tant de choses, alors qu'on ne lui avait rien enseigné. Pierre Laramée expliqua par quel moyen il avait,
pour ainsi dire, saisi au vol les leçons des professeurs;
il pria le maître de lui faire subir un examen, car il
n'était pas bien sûr de savoir parfaitement ce qu'il
n'avait pu apprendre qu'à la dérobée. Le professeur,
qui commençait à se sentir vivement intéressé en faveur de ce laborieux enfant, lui fit un grand nombre de
questions, auxquelles Laramée répondit merveilleusement bien; alors le professeur, l'embrassant, lui dit
qu'il pouvait se préparer à soutenir publiquement sa
thèse; car le temps était venu de lui conférer le grade
de maître ès-sciences. Cette thèse, l'enfant la soutint
avec un prodigieux succès, et, dès le jour même, le
corps savant de l'Université l'éleva au rang de docteur.

Peu de savants ont acquis plus de réputation, ont eu plus d'admirateurs, et, par suite, se sont fait plus d'envieux que le célèbre Ramus. Ce grand docteur, qui périt victime de sa croyance religieuse, lors du massacre des protestants, le jour de Saint-Barthélemy, n'était autre que le petit Pierre Laramée, le pauvre valet des écoliers, qui, suivant l'usage du temps, avait cru devoir latiniser son nom

CHARLES LINNÉ

A célébrité ne vient pas vite; mais elle ne saurait manquer d'arriver aux hommes de génie qui sont aussi des hommes de persévérance. Si la vie tout entière de Charles Linné peut être proposée aux jeunes gens studieux comme le meilleur modèle à suivre, la première moitié de sa longue carrière doit être offerte en exemple à ceux qui voudraient une gloire facile et qui se rebutent dès qu'un obstacle menace d'arrêter leur premier élan.

Son père était un pauvre ministre protestant de la
ville de Roëshult, dans la province du Smœland, en
Suède. On destina le jeune Charles à l'état ecclésias-
tique, et il fut envoyé, ainsi que les jeunes écoliers
des villages voisins, au collége de Vexiæ; mais son
instinct le poussait vers les sciences naturelles. Au
lieu d'étudier les livres des hommes, il interrogeait le
grand livre de la nature, et laissait de côté les poëtes
de l'antiquité pour chercher à comprendre tout ce qu'il
y a de poésie dans une fleur naissante. Quand son père
le croyait studieusement occupé de ses devoirs de collége, l'enfant errait çà et là dans la campagne, allant
demander aux mousses qui croissent sur les arbres,
aux végétations qui naissent sur les pierres humides,
à toutes les feuilles, à tous les brins d'herbe, le secret
de leur reproduction; et ses curieuses investigations le
préoccupaient tant, lui causaient des ravissements si
doux, que tout le jour se passait dans cette charmante
étude, et que souvent la nuit venait le surprendre sans
qu'il eût encore songé à l'heure avancée et à l'inquiétude que son absence prolongée devait faire éprouver à
ses parents. Les professeurs du collége déclarèrent
Linné incapable d'apprendre quelque chose. On attribua
à un penchant pour le vagabondage ses courses dans la
campagne; le ministre, indigné de ce qu'il appelait la
mauvaise conduite de son fils, le retira définitivement
du collége, et le contraignit d'entrer en apprentissage
chez un cordonnier. Il passa là de bien douloureuses
années. L'hiver, il se résignait plus facilement à son

sort, parce qu'il n'y avait pas de plantes à étudier;
mais, quand la neige était fondue, quand le soleil brillait, quand sa bienfaisante chaleur invitait à la vie
toutes ces couronnes de feuilles, toutes ces grappes de
fleurs que le printemps jette à pleines mains sur les
arbres des forêts et sur l'herbe des prairies, oh! c'est
alors que l'apprenti cordonnier trouvait que sa condition était triste et malheureuse! Se voir forcé de
rester là lorsqu'il n'aurait eu que quelques pas à faire
pour assister au réveil de la nature! Ne pas pouvoir
bouger de cette échoppe enfumée quand les autres
respiraient un air embaumé! Se sentir cloué sur un
ignoble tabouret lorsque tant d'insectes avaient recouvré leurs ailes et qu'ils bourdonnaient joyeusement
autour des fleurs épanouies! Charles Linné pleurait;
on riait de ses larmes, et on insultait à ses dégoûts
pour une profession qui révoltait son génie. L'enfant
avait tout bas de sublimes élans d'indignation; mais il
ne pouvait les laisser éclater, car il y avait là un maître
brutal toujours prêt à punir le plus léger murmure.
Cependant le dimanche arrivait, et pour quelques
heures, ce jour de repos le rendait à la liberté. Content
d'avoir un peu de pain dans sa poche, Linné s'enfon-
çait dans la profondeur des bois, et, seul avec ses plantes
chéries, il ne les quittait plus qu'il n'eût surpris un de
leurs secrets. C'est ainsi qu'il observa l'heure de leur
sommeil; qu'il sut quelle fleur se fermait ou se pen-
chait sur sa tige quand le temps est chargé de pluie.
Il composa ainsi son *Horloge de Flore*. Chacune de ses

13

promenades était une conquête nouvelle, dont il était
si fier, si heureux, que bien souvent, en rentrant le
dimanche soir chez son maître, il retrouvait intact dans
sa poche le morceau de pain qu'il avait emporté le
matin pour sa nourriture de toute la journée. Charles
Linné savait tout ce qu'on peut savoir de botanique
à son âge, quand on en a fait son étude de tous les
instants. Un dimanche, qu'il herborisait dans la campagne, il fut surpris au milieu de son travail par un
inconnu qui cherchait aussi des fleurs pour les étudier. Les deux botanistes conversèrent ensemble.
L'homme, charmé de l'intelligence de l'enfant, lui
prêta un livre qu'il avait sous le bras : c'était la *Botanique élémentaire* de Tournefort. Le médecin Rothman, ainsi se nommait l'homme obligeant que Charles
Linné venait de rencontrer, ne borna pas à ce prêt d'un
livre ses bonnes intentions pour l'apprenti cordonnier,
il le recommanda à Stobæus, professeur d'histoire naturelle à l'université de Lunden; et, grâce à la protection
de Rothman, Linné sortit de chez le cordonnier pour
aller étudier les sciences naturelles sous ce savant professeur. Telle était la misère à laquelle le jeune bota-
niste se trouvait réduit, que, pour se procurer des
objets de première nécessité, il se vit forcé de raccommoder les chaussures de ses camarades. Ainsi ce
métier qui avait fait son désespoir devint pour lui une
précieuse ressource; ainsi tout ce qu'on sait trouve tôt
ou tard son utile application; ainsi rien de ce qu'on
peut apprendre n'est à dédaigner. Un professeur,

nommé Olaüs Celsius, le tira de cet état de détresse :
il associa Linné à ses travaux, il lui offrit sa table et la
jouissance d'une riche bibliothèque; puis enfin le savant
Rudbeck lui proposa de donner quelques leçons de
botanique dans le jardin de l'université d'Upsal. Il sortit
de l'obscurité; mais il ne devait pas encore de longtemps arriver à la fortune. Doué d'une activité prodigieuse, il alla à pied étudier la botanique jusqu'aux
régions presque désertes de la Laponie. De retour de
ce périlleux voyage, le laborieux Linné passa en Hollande, et, pour échapper au besoin, il se vit obligé
d'entrer en qualité de jardinier chez un horticulteur.
Dans ce temps-là sa réputation était déjà européenne,
et cependant il n'en sentait pas moins les atteintes de
la misère. Enfin quelqu'un le reconnut sous les pauvres
habits et dans le modeste emploi qu'il avait choisi pour
pouvoir subsister. Le maître chez qui Linné travaillait
en qualité de jardinier était un célèbre et riche ama-
teur nommé Cliffort; quand celui-ci eut appris quel
homme précieux il avait l'honneur de posséder chez
lui, il offrit son amitié à Linné, et lui donna la place de
directeur de son magnifique jardin. C'est aux frais de
cet homme généreux que fut publié le premier ouvrage
de Linné. Le temps d'épreuves du grand naturaliste
n'était point encore accompli; mais s'il ne parvint pas
vite à la place que son génie lui réservait, du moins,
dans la route pénible qu'il eut encore à parcourir, il
marcha environné de l'estime du monde savant. Con-
tinuant avec courage sa laborieuse carrière, il vit enfin

le jour de la récompense arriver pour lui; il fut le plus illustre professeur de cette université d'Upsal dont il avait été le plus pauvre des étudiants. Quand il mourut, toute la ville d'Upsal prit le deuil; le roi de Suède lui fit élever un tombeau dans la cathédrale; Gustave III composa lui-même l'oraison funèbre de Linné, et prononça l'éloge du grand homme à l'assemblée des États.

On lisait sur la porte du cabinet d'étude de Linnée ces mots écrits de sa main :

> Vivez dans l'innocence,
> Dieu est présent !

Son livre intitulé *Système de la nature* commence ainsi :

« Éternel, immense, sachant tout, pouvant tout, que Dieu se laisse entrevoir, et je suis confondu; j'ai recueilli quelques-unes de ses traces dans les choses créées, et dans toutes, dans les plus petites mêmes, quelle force! quelle inexprimable perfection! Les animaux, les végétaux et les minéraux empruntant et rendant à la terre les éléments qui servent à leur formation; la terre emportée dans son cours immuable autour du soleil, dont elle reçoit la vie; le soleil lui-même tournant avec les autres astres, et le système entier des étoiles suspendu en mouvement dans l'abîme du vide par celui qu'on ne peut comprendre, le premier moteur, l'être des êtres, la cause des causes, le conservateur, le protecteur universel et le souverain artisan du monde! Qu'on l'appelle Destin, on n'erre point, il est celui de qui tout dépend; qu'on l'appelle Nature, on n'erre point, il est celui de qui tout est né; qu'on l'appelle Providence, on dit vrai, car c'est sa seule volonté qui soutient le monde. »

MICHAEL VERINO

ANT d'illusions flatteuses viennent se grouper autour d'un berceau, l'avenir est si prodigue de douces promesses pour celui qui vient de naître, qu'on ne peut, sans éprouver une tristesse profonde, songer à toutes les espérances qui s'en vont avec le cercueil de l'enfant qui passe. Oui, la mort du vieillard peut laisser bien des secrets, mais au moins ce vieillard, on sait ce qu'il a été, tandis qu'on ne peut pas dire tout ce qu'un enfant aurait pu être.

La patrie n'a jamais trop de citoyens utiles, aussi pleure-t-elle, dans chaque pauvre petite créature qui se meurt, un flambeau qui s'éteint et qui aurait pu l'é-

clairer. C'est parce que nous sentons le prix des hommes de génie que nous regrettons l'enfant qui annonçait d'heureuses dispositions, comme si sa perte, si
douloureuse pour sa famille, en était une irréparable
pour nous; et puis, c'est quelque chose de si beau que
la jeunesse! c'est un deuil si pénible que celui d'une
mère!

Or, un jour du mois de juin 1502, le convoi d'un
enfant passait par la porte du Peuple, à Rome; plus de
trois mille personnes le suivaient; tout ce que la capitale du monde chrétien renfermait de savants et de
personnages illustres marchaient tête nue derrière le
cercueil, qu'entouraient les élèves de toutes les écoles
de Rome. Celui qui dormait du dernier sommeil sous la
croix d'argent du drap mortuaire était un sublime
enfant, digne des regrets du monde entier. La mort
était venue s'emparer de ce noble cœur où toutes les
vertus semblaient devoir trouver un asile, et avait glacé
le front candide qui, déjà, s'était vu parer de plus d'une
glorieuse couronne.

On l'avait nommé l'enfant studieux, l'enfant prodige,
l'enfant admirable, et de tous ces titres, celui qui le
flattait, c'était le surnom d'enfant véridique. Jamais le
mensonge n'avait souillé ses lèvres; il ne savait pas ce
que c'est que de s'excuser d'une faute aux dépens de la
vérité, ou, pour être plus vrais nous-mêmes, nous devons dire qu'il ne savait pas ce que c'est que de commettre une faute. Envoyé de Florence à Rome vers sa
huitième année, il ne lui fallut que deux ans pour

achever ses humanités. Michaël Verino s'instruisit comme par miracle en si peu de temps. Il n'avait pas quatorze ans encore quand il fit imprimer, sous le titre de *Distiques moraux*, un livre qui devint bientôt classique, qui fut traduit dans toutes les langues de l'Europe, et que la plupart des universités adoptèrent comme le meilleur traité de morale à l'usage de la jeunesse. C'était dans la lecture des poëtes grecs et latins qu'il avait puisé le sujet de son ouvrage.

Il n'était pas seulement un écrivain utile et ingénieux, mais encore un enfant de bonnes mœurs. C'était dans la pureté de son cœur qu'il puisait la pureté de son style, tant il est vrai que le meilleur guide du génie, c'est la vertu.

Sa haute sagesse n'altérait pas en lui la gaieté ordinaire aux enfants de son âge; bien qu'il fût le premier d'entre tous ses camarades de classe, il n'était pas le moins rieur d'eux tous, et il ne prenait un ton réservé avec ceux-ci que lorsque dans leurs jeux ils outrepassaient les bornes de la bienséance : alors il jetait sur eux un regard chagrin, il s'éloignait, et cette pudique réserve ramenait aussitôt à la raison les écoliers coupables. Le savant Paolo Lascia, qui eut la gloire d'être le professeur de Verino, avait un autre élève avide d'instruction aussi, mais dont l'intelligence était moins heureuse que celle du sublime enfant. Belvicino (ainsi se nommait le second élève de Lascia) travaillait jour et nuit afin de surpasser son jeune émule, mais sans pouvoir parvenir seulement à attein-

dre jusqu'à lui. La jalousie qui n'est pas seulement un
vice parce qu'elle rend injuste, mais parce qu'elle rend
malheureux celui qui l'éprouve, et qu'elle peut finir
par le tuer, la jalousie s'empara de Belvicino; il tomba
malade, il fut même en danger de mourir; il ne voulait
dire à personne ce qui causait le mal qui le minait;
Verino le devina, et, comme il aimait son compagnon
d'étude avec un amour tout fraternel, il s'appliqua à
mal faire ses devoirs. C'était s'imposer une tâche pénible pour lui à qui il était si facile de bien faire; pendant plusieurs jours il employa ce généreux strata-
gème. Belvicino obtint la première place; et la joie de
l'avoir emporté sur un pareil adversaire le rendit à
la vie.

Nul n'aurait jamais rien su de cette bonne action
sans l'aversion que l'enfant avait pour le mensonge.
Son instituteur le pressa de questions, car il ne comprenait pas comment Verino avait pu à plusieurs
reprises faire des fautes si grossières; celui qui ne
savait pas mentir avoua ingénument la vérité, il demanda le secret à son maître, et le pria de réserver
encore longtemps la première place à Belvicino.

Il avait quinze ans, le bruit de son nom retentissait
dans le monde savant, l'Italie le voyait grandir avec
joie comme le génie qui devait le plus honorer son
pays, quand la mort le frappa. Elle fut un sujet de
deuil pour Florence, qui l'avait vu naître, et pour
Rome, qui était fière de le posséder. Chacun le pleura,
sa perte fut une calamité publique; mais on n'eut pas

longtemps à plaindre sa mère, car elle alla bientôt
rejoindre au ciel l'enfant qui avait fait tout son bonheur
sur la terre.

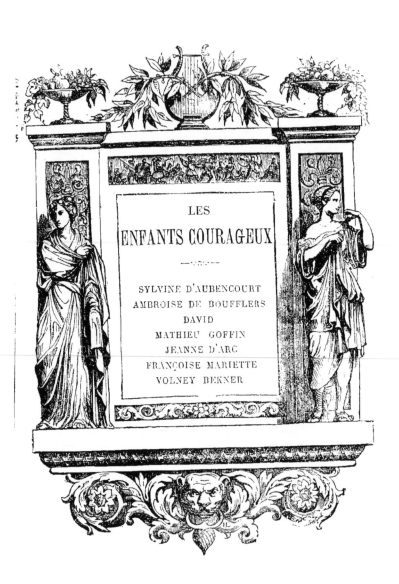

LES
ENFANTS COURAGEUX

SYLVINE D'AUBENCOURT
AMBROISE DE BOUFFLERS
DAVID
MATHIEU GOFFIN
JEANNE D'ARC
FRANÇOISE MARIETTE
VOLNEY BEKNER

SYLVINE D'AUBENCOURT

Ans un seul jour, il a suffi d'un seul moment pour assurer l'immortalité au nom de Sylvine d'Aubencourt. La noble action à laquelle cette généreuse enfant doit sa gloire éternelle, et qui causa sa mort prématurée, ne comptera point parmi ces grands évènements qui frappent l'imagination des hommes, et dont le bruit a du retentissement dans l'univers entier; cette noble action, disons-nous, ne peut faire, tout au plus, que l'objet d'un de ces simples et touchants récits dont on se souvient le soir en famille, au coin du feu, et sur lesquels les grands parents appuient leurs leçons de morale, lorsqu'ils veulent apprendre aux enfants combien il est bon de s'aimer entre frères et sœurs; combien il est beau de se dévouer quand ce n'est qu'au sacrifice de sa

propre vie que l'on peut protéger de plus faibles que
soi.

Sylvine d'Aubencourt avait deux frères beaucoup
moins âgés qu'elle, bien qu'elle fût très-jeune encore;
elle était l'orgueil de son père, non que l'aimable enfant
possédât des talents extraordinaires, mais parce que
c'était une bonne et modeste fille. A douze ans, remplie
de raison, elle dirigeait le ménage de M. d'Aubencourt
aussi bien qu'aurait pu le faire la femme la plus éco-
nome et la mieux douée de cette sagesse qu'on appelle
l'expérience. Rien n'égalait sa retenue et sa douceur,
si ce n'est sa grâce parfaite. Elle faisait les honneurs du
logis avec un empressement plein de politesse et une
gaieté ravissante. Chacun admirait en elle la petite maîtresse de maison, et l'on peut dire qu'elle seule n'oubliait jamais qu'elle n'était encore qu'une enfant. Les
occupations du ménage, les soins si tendres, si empres-
sés qu'elle donnait à ses frères, ne lui faisaient pas
négliger les études nécessaires à son éducation. Elle ne
devait pas être un prodige de savoir, mais un modèle
de vertu; elle n'apprenait pas pour briller aux yeux du
monde, mais elle formait son esprit et son cœur pour se
rendre plus utile, pour mériter davantage l'amitié qu'on
avait pour elle; et elle y réussissait si bien, que toutes
les mères l'offraient en exemple à leurs filles.

Sylvine conduisait tous les jours ses frères dans une
campagne peu éloignée du château d'Aubencourt. Un
jour, les enfants, qui se trouvaient seuls à jouer sur
l'herbe de la prairie, furent surpris par un orage; il

était venu fondre sur le pays avec tant de rapidité et de
violence, que Sylvine et ses frères n'eurent pas le temps
d'aller chercher un abri ; le vent furieux déracinait les
arbres, les toits des cabanes volaient en éclats. Saisis de
terreur, les deux petits d'Aubencourt furent hors d'état
de marcher ; Sylvine prit ses frères dans ses bras, et,
toute trempée par l'eau du ciel qui tombait par tor-
rents, elle essaya de regagner le château par le chemin
le plus court, tandis que par la route ordinaire on
venait au-devant de ces pauvres enfants, dont l'absence
commençait à inquiéter les gens de la maison. Quel fut
le désespoir de Sylvine lorsqu'elle trouva sur sa route
un ravin grossi par la pluie, qu'il lui fallait absolument
traverser pour retourner à la maison paternelle ! Il lui
était impossible de passer ce ravin avec ses deux frères
sur les bras, car le courant l'eût entraînée : elle posa
l'un des deux à terre, et se hasarda à franchir ce passage dangereux : la fureur des vents et des vagues la fit
vingt fois trébucher, vingt fois elle manqua d'être en-
gloutie, et cependant elle passa le ruisseau ayant de
l'eau jusqu'à mi-corps. Quand elle fut de l'autre côté,
Sylvine mit l'enfant qu'elle venait de préserver en lieu
de sûreté ; elle le pria de ne pas crier et de l'attendre,
et elle recommanda son âme à Dieu, car il lui fallait
aussi sauver son autre frère. Elle s'engagea donc de
nouveau dans ce périlleux ravin, tantôt se heurtant à
une pierre qui allait se perdre dans le gouffre, tantôt se
cramponnant à un arbre pour résister aux rafales du
vent ; enfin elle parvint à l'autre bord, et elle apaisa les

cris de l'enfant, qui se croyait perdu, depuis qu'on l'avait laissé seul, exposé à la colère de l'ouragan. Sylvine, à force de fatigue et de courage, accomplit jusqu'au bout sa sainte mission fraternelle : elle eut le bonheur de ramener au château ces deux enfants sur lesquels elle veillait avec tout l'amour d'une mère.

Quand on la vit revenir, on se précipita au-devant d'elle; son père l'emporta dans ses bras, on la plaça dans un lit; mais, au froid mortel qui l'avait saisie à son arrivée, une fièvre violente succéda, le délire s'empara d'elle. Sylvine, dans son transport, répétait sans cesse : « Ne pleure donc pas, papa, mes petits frères sont ici; je me porte bien, puisqu'ils sont sauvés. »

Elle disait encore ces déchirantes paroles au moment où elle mourut. C'est en 1735 que ce fatal événement arriva à Pierrefort en Auvergne ; Sylvine Joliotte d'Aubencourt venait d'entrer dans sa quinzième année.

Chromolithographie sur acier par Gaudrin.   Imp. Ch. Chardon aîné Paris.

Le grand père et le petit fils se livraient de terribles batailles.

AMBROISE DE BOUFFLERS

ᴀɴs l'ancien électorat de Mayence, sur les bords du Mein, qui est un beau fleuve de la Confédération germanique, on trouve un petit village nommé Ettingen, où, vers le milieu du dix-huitième siècle, le roi d'Angleterre, Georges II, risqua fort de perdre tout à la fois et son armée et la vie.

Il s'agissait alors d'une guerre de succession. En allié fidèle, le monarque anglais était venu là avec son plus jeune fils, le duc de Cumberland, et les principaux de sa maison militaire, pour replacer sur la tête de Marie-Thérèse d'Autriche, fille de l'empereur Charles VI, la couronne impériale, que les Français s'efforçaient de maintenir sur le front de l'électeur de Bavière. Depuis

trois ans, nos armes, qui d'abord avaient été victo-
rieuses en Allemagne, ne comptaient plus que des
défaites, dans cette lutte contre la puissance et les
droits d'une princesse courageuse, que l'histoire a
saluée du nom de grand homme. Nous avions été re-
poussés du Danube jusqu'au Mein, et cet empereur
d'Occident, que nous nous étions promis de conduire
triomphalement à Vienne, attendait honteusement
dans Francfort, où il s'était réfugié, que la nouvelle
d'une dernière défaite le forçât de quitter tout à fait le
territoire de l'Empire. Malgré nos revers continuels,
telle était encore l'importance qu'on attachait en Europe au bon comme au mauvais sort de nos entreprises
militaires, que George II n'avait pas hésité à passer sur
le continent pour combattre en personne notre armée
épuisée et presque anéantie, que Louis XV se contentait
de commander du fond de son château de Versailles.
Ainsi, sur les rives opposées du Mein, deux grandes
nations rivales se trouvaient en présence : la France et
l'Angleterre. Elles étaient représentées par leurs plus
vaillants soldats, si bien que, l'une à l'autre, elles pouvaient s'opposer des noms d'hommes de guerre également fameux. Parmi ces noms-là, il y en avait un qui
sonnait plus haut que tous les autres, et que toutes les
bouches se plaisaient à répéter en y mêlant le même
sentiment d'admiration. Or ce nom qui faisait si grand
bruit, ce n'était pourtant que celui d'un tout petit officier français, bien jeune encore, car il avait quitté les
genoux de sa mère tout exprès pour venir faire ses pre-

mières armes sous les yeux de son père et de son oncle, le comte et le duc de Boufflers Remiancourt.

Le jeune Ambroise de Boufflers comptait dix ans à peine, lorsqu'un jour, il y avait six mois de cela, comme il était occupé à faire manœuvrer ses petits soldats de bois dans le salon de sa mère, devant une forte citadelle de carton, son père reçut un message du ministre qui lui ordonnait de quitter Paris, et de rejoindre en Allemagne l'armée française, commandée par le maréchal de Noailles. A cette nouvelle, l'enfant sent bondir son jeune cœur, ses yeux lancent des étincelles de joie; il repousse ses joujoux, s'élance au cou de sa mère, l'enlace de ses deux bras déjà forts; et lui dit en l'embrassant mille fois :

« N'est-ce pas, maman, que vous voulez bien que papa m'emmène avec lui pour battre les Anglais? »

A cette idée d'une séparation prochaine, une mère ne peut répondre que par des larmes : madame de Boufflers pleura; elle regarda son mari comme pour le supplier de ne pas exaucer un désir qui se manifestait avec toute la chaleur d'une vocation impérieuse. Le comte de Boufflers avait aussi les yeux humides ; mais ses larmes étaient des larmes de bonheur : il était fier de voir son noble enfant si désireux d'entrer dans une carrière où ses aïeux avaient acquis tant d'illustration.

Le courage militaire était une vertu de famille à laquelle le jeune Ambroise de Boufflers ne pouvait pas mentir; il avait reçu, pour cela, une éducation trop chevaleresque. Ses premiers jouets furent des armes, et, dès l'âge de six ans, il les maniait avec toute l'adresse et la précision d'un vieux soldat. Les premières leçons qu'on lui donna, c'est dans la vie des grands capitaines anciens et modernes que son instituteur se plut à les puiser. Et quel digne instituteur c'était que celui de notre héros de dix ans! Ambroise de Boufflers n'eut qu'un maître; mais celui qui prit soin d'orner son esprit et de former son cœur, ce fut son grand-père, Joseph-Marie, duc de Boufflers et gouverneur de Flandre, un illustre capitaine aussi, dont le nom est glorieusement inscrit parmi les noms glorieux du règne de Louis XIV. A l'âge où les autres enfants lisent à peine couramment les livres écrits dans leur langue maternelle, Ambroise de Boufflers pouvait raconter en allemand, en anglais, en espagnol et en italien, les exploits des héros de l'Allemagne, de l'Angleterre, de l'Espagne et de l'Italie. A l'âge où nous commençons seulement à nous familiariser avec la vie, il savait déjà, lui, ce que c'est que de bien mourir, mais sans se douter, le malheureux Ambroise, qu'il dût mettre si tôt en pratique les graves enseignements dont un maître sévère aimait à nourrir la mémoire de son disciple attentif. Il n'est pas besoin de dire que les plaisirs de l'enfant, aussi bien que ses études, avaient tous pour objet la connaissance approfondie de l'art de la guerre. Quand le jeune comte de Boufflers avait bien obéi comme soldat, on lui permettait, pour sa récréation, de commander comme officier son régiment de bons hommes de bois. Souvent, dans leurs heures de loisir, le grand-

père et le petit-fils, prenant chacun un nombre égal de
soldats, se livraient sur la table du cabinet d'étude de
terribles batailles, où le sang ne coulait pas, mais où la
science du vieux général s'ingéniait à placer l'armée
ennemie dans des positions périlleuses, afin d'exercer
le coup d'œil de son élève, et de préparer son intelligence aux épreuves difficiles de l'avenir. Mais, nous
l'avons dit, Ambroise de Boufflers venait d'atteindre sa
dixième année; le temps des guerres innocentes était
passé pour lui; aux jeux de l'esprit allaient succéder les
fatigues du corps, car l'enfant brûlait de mettre en pratique les belles leçons qu'il avait reçues.

Quand M. le comte de Boufflers eut entendu son fil
lui parler ainsi, il répondit : « Oui, tu viendras avec
moi. » Aussitôt l'enfant serra ses joujoux, en leur disant : « Au revoir! » Il dit aussi au revoir à son vénérable précepteur, et il partit tout plein d'espoir dans
l'avenir; car il emportait avec lui la bénédiction et les
tendres vœux de sa mère.

Arrivé au camp, Ambroise de Boufflers, malgré les
priviléges de la naissance et la faiblesse naturelle à son
âge, voulut absolument gagner un à un tous les grades
dans le régiment que le comte de Boufflers avait sous
ses ordres. Il obtint de son père, à force d'instances, la
permission de partager le lit, la ration et le service
pénible des simples soldats. Ceux-ci, sans doute touchés
de sa gentillesse, se faisaient un plaisir de lui rendre
plus doux un genre d'existence si peu d'accord avec ses
forces; mais l'enfant avait si bien la conscience de ses

14.

devoirs militaires, qu'il réclamait sa part de toutes les
fatigues et de tous les dangers, et qu'il se plaignait
d'un passe-droit lorsque les vieilles moustaches avaient
à s'acquitter de tâches pénibles qu'on ne lui permettait
pas de partager. Il apprit donc à dormir sur la terre
nue; mais à dix ans on dort si bien partout, qu'après la
première nuit d'épreuve, quand son père vint à lui
tout inquiet de cet essai de la vie de soldat, l'enfant,
frais, gaillard et souriant, lui sauta au cou, et dit en
l'embrassant : « Comment puis-je regretter mon bon
lit de Paris? j'ai rêvé que j'étais maréchal de camp. »
Quelques jours après, Ambroise de Boufflers avait su
mériter ses premiers galons de laine; ce fut le vieux
duc de Noailles qui voulut les lui attacher lui-même en
présence de ses principaux officiers et devant tout le
régiment du comte de Boufflers. Comme on battit des
mains quand le chef de l'armée, baisant au front le plus
jeune, mais non pas le moins courageux de ses soldats,
lui dit : « Quand veux-tu que nous échangions tes épau-
lettes de laine contre une belle épaulette d'argent? —
Dans huit jours, monseigneur, répliqua l'enfant; parce
qu'alors je l'aurai mérité. » En effet, au bout de huit
jours, le jeune comte de Boufflers était élevé au grade
d'enseigne, et ce n'était pas par indulgence paternelle
que son père s'était décidé à lui confier un guidon; la
voix du régiment tout entier avait réclamé cette récompense en faveur du brave enfant. Le lendemain de
sa nomination, voici ce qu'Ambroise de Boufflers écrivait
à sa mère

« Chère maman, ne soyez pas inquiète ni tourmentée
en voyant que mon écriture est si tremblée; je n'ai pas
encore l'habitude d'écrire de la main gauche, et j'ai eu
la droite un peu blessée hier par le sabre d'un houlan,
qui voulait me prendre mon joli drapeau. C'eût été
beau, n'est-ce pas, de me le laisser enlever par l'ennemi quand je ne l'avais encore que depuis trois heures?
car c'est hier que papa m'a confié le guidon que j'ai
bravement défendu, je vous le jure. A peine étais-je
installé dans mon emploi d'officier, qu'il m'a fallu es-
corter une compagnie de cent vingt cavaliers qui
allaient au fourrage; nous allions là comme à une promenade, et vraiment c'en était une bien amusante, pour
moi surtout, qui voyais pour la première fois tant de
braves gens sous mes ordres. Mais voilà qu'à notre
retour nous sommes enveloppés par une bande de ces
vilains Allemands, qui tombent sur nous en poussant
des cris qui vous feraient bien peur si vous pouviez les
entendre. D'abord cela m'a un peu étourdi; j'ai vidé les
étriers et je suis tombé sous mon cheval; mais bientôt
la présence d'esprit m'est revenue, je suis remonté à
cheval, et j'ai fait le coup de pistolet contre ceux qui
s'acharnaient aprés moi. Nous n'avons perdu personne;
et le plus malade de l'affaire, c'est mon pauvre cha-
peau, qui a été percé de trois balles : heureusement on
pouvait le remplacer; mais une perte irréparable que je
craignais de faire pendant le combat, c'était celle de
mon brave domestique, ce pauvre François, qui a dix
fois risqué sa vie pour sauver la mienne. Je n'ai pas

besoin de vous dire, chère maman, si papa m'a bien
embrassé quand il m'a vu revenir au camp; jamais il
ne m'avait tant aimé que dans ce moment-là, et
cependant vous savez combien il m'aime. Il vous
dira lui-même si je me suis bien conduit dans ma première affaire. Quant à moi, je me sens la main gauche
si fatiguée, que je n'ai plus la force que de vous dire
que tous les matins et tous les soirs je prie le bon
Dieu de me faire la grâce de vous revoir quand la
campagne sera terminée. »

Cette campagne dura trois mois encore pour le jeune
héros. Tous les jours on s'attendait à une bataille dé-
cisive, car l'armée anglaise, bloquée de l'autre côté du
Mein, était privée de vivres, et déjà l'on discutait s'il ne
fallait pas en finir avec les chevaux, qui devenaient
inutiles depuis qu'on ne pouvait plus les nourrir. Durant les trois mois qui précédèrent l'affaire désastreuse
d'Ettingen, Ambroise de Boufflers eut à supporter bien
des fatigues, à braver bien des périls : tantôt c'était une
nuit sans sommeil, qu'il fallait passer tout entière à
côtoyer les postes ennemis, au risque de se faire mas-
sacrer par les détachements qui veillaient à la sûreté
de l'armée de George II; tantôt c'était une position
difficile à garder pour préserver le camp français des
dangers d'une surprise; mais, soit qu'il fallût aller au-
devant de la mort ou rester là pour l'attendre, toujours
Ambroise de Boufflers obéissait sans se plaindre, et
bien souvent il donnait aux autres l'exemple de la soumission et du courage. Jamais une larme, jamais un

soupir. Et, quand il avait bien souffert des privations ou du froid, il était le premier à se souvenir de son âge, à rire comme peut rire un enfant de dix ans, au moindre sujet de gaieté qui se présentait à son esprit. Enfin arriva le jour tant désiré de cette grande bataille qui devait mettre fin aux sanglantes discussions de Marie-Thérèse et de Charles-Albert de Bavière, touchant la libre possession de la couronne impériale. On peut lire dans les mémoires du temps comment le duc de Noailles avait, par ses savantes dispositions, ménagé à la France l'honneur de cette journée; un ordre mal compris, une coupable précipitation, dérangèrent le plan conçu par le chef de notre armée, et, au lieu de vaincre, comme nous avions droit de l'espérer, nous eûmes à déplorer la perte de plusieurs milliers de soldats inutilement sacrifiés pour une cause qui n'était pas la nôtre. Le matin de ce grand jour, le comte de Boufflers prit son fils dans ses bras; et, comme celui-ci lui disait avec une naïve confiance : « C'est aujourd'hui que nous allons acquérir de la gloire. — Que Dieu t'entende, mon enfant! lui répondit son père; mais je crois que le champ de bataille nous sera chaudement disputé. Dans le cas où nous ne nous reverrions plus, que nous n'ayons pas le regret de nous quitter sans nous être embrassés. » Ils s'étreignirent avec amour. « Encore un baiser pour ta mère, ajouta M. de Boufflers comme on allait se mettre en marche, et puis songe à bien faire ton devoir. » Le père et l'enfant se quittèrent, et de toute la journée ils ne se revirent plus. Le combat fut

terrible sur tous les points; les feux se croisèrent pendant plusieurs heures sans interruption, et le canon,
répondant au canon, balaya de part et d'autre des corps
entiers de combattants. Ambroise de Boufflers, établi
dans un poste qu'il ne pouvait pas quitter sans un ordre
supérieur, vit tous ceux qui l'entouraient tomber morts
à ses côtés; il resta fidèle à son poste jusqu'à ce qu'un
boulet vint, en passant, lui fracasser la jambe gauche;
alors l'intrépide enfant poussa un cri de douleur, appela sa mère et s'évanouit. Quelque temps après, comme
la bataille était perdue, et que les Français abandonnaient le terrain sur lequel ils venaient de combattre,
un soldat qui fuyait aperçut l'enfant étendu sous le ventre de son cheval. Ambroise de Boufflers était trop bien
connu de toute l'armée pour que le soldat ne sût pas
au premier coup d'œil quel était ce jeune officier qu'il
voyait là, gisant à terre, au milieu d'un monceau de cadavres. Ne songeant plus à sa propre sûreté, le brave
homme charge l'enfant sur ses épaules, et se dirige
avec son fardeau vers le camp de réserve. Trois fois il
est arrêté dans sa course par des détachements d'Autri-
chiens qui lui barrent le chemin, trois fois il montre
l'enfant blessé, et il nomme Boufflers. A ce nom, l'ennemi fait le salut militaire et livre passage au soldat,
par respect pour l'officier de dix ans et demi. Il arriva
enfin au camp des Français. Le jeune comte de Boufflers
ayant recouvré ses sens, il fallut bien lui dire que sa
blessure était si grave qu'elle nécessitait l'amputation
de la jambe. « Allons, dit-il, puisqu'on ne saurait faire

autrement, j'aime encore mieux perdre une jambe que
la tête. » Et il allait subir courageusement la cruelle
opération, quand il se ravisa : « On en peut mourir,
n'est-ce pas? » demanda-t-il. Le chirurgien baissa triste-
ment la tête; l'enfant comprit alors toute la gravité de
sa situation. Il demanda une demi-heure de répit, non
parce qu'il avait peur de l'opération, mais il voulait,
avant de s'y soumettre, écrire une dernière fois à sa
mère. Cette lettre fut encore plus tremblée que la première. Il souffrait tant !

« Chère maman, écrivait-il, je viens de recevoir une
blessure à la jambe; je ne vous cacherai pas qu'il faut
absolument qu'on me la coupe. Je souffre plus que je
ne pourrais vous dire; mais c'est moins de mon mal que
de la douleur que vous allez ressentir de ce malheur.
Je pense bien survivre à l'opération; mais, si Dieu en
ordonne autrement, que j'aie au moins la consolation
de vous embrasser dans cette lettre. Qu'elle soit pour
vous, chère maman, une nouvelle preuve de mon tendre souvenir et de ma reconnaissance pour vos bienfaits. »

Quand il eut achevé, Ambroise de Boufflers confia
avec résignation sa jambe blessée à l'instrument du
chirurgien. M. de Boufflers était là qui tenait les mains
de son fils et qui lui disait en pleurant : « Du courage !
mon ami, du courage ! — J'en ai plus que vous, » lui
répondit-il en souriant. Mais tout à coup le sourire s'ef-
faça, le courageux enfant pâlit. « Ah ! je meurs, » dit-il

d'une voix étouffée. Une seconde après avoir dit ces
mots, Ambroise de Boufflers n'existait plus.

C'est ainsi que cette grande âme abandonna ce jeune
corps dans la funeste journée d'Ettingen. Le sublime
enfant était né en 1754.

DAVID

—

OR, dit la sainte Bible au livre de Samuel, les Philistins assemblèrent leurs armées, et se campèrent entre Soco et Hazeca, sur la frontière de Dammim; le roi Saül et les Israélites se campèrent dans la vallée du Chêne, et rangèrent leur armée en bataille pour aller à la rencontre des Philistins.

« Or les Philistins étaient sur une montagne du côté deçà, et les Israélites étaient sur une autre montagne du côté delà, de sorte que la vallée était entre les deux armées. »

Les Philistins et les Israélites s'observèrent pendant quarante jours ; de part et d'autre nul n'osait engager

15

le combat ; seulement, tous les matins, au lever du soleil, un Philistin, nommé Goliath, qui était de la ville de
Geth, s'avançait sur le bord de la vallée, et s'adressait
ainsi à Saül et à ses soldats : « Que l'un de vous vienne
à moi comme je viens à lui; qu'il accepte le combat que
je lui offre, que le sort de nos armes décide du sort de
l'un et de l'autre peuple pour lequel nous combattons :
celui qui sera assez hardi pour se mesurer avec moi, et
assez fort pour me vaincre, sauvera les Israélites, car
les Philistins se reconnaîtront pour leurs esclaves; si
j'ai l'avantage sur mon ennemi, je le tuerai, et les Israélites seront nos serviteurs, et vous nous serez toujours
asservis. »

Celui qui appelait ainsi les Israélites au combat singulier était haut de six coudées et d'une palme (un peu
plus de trois mètres), il portait un casque d'airain, une
cuirasse écaillée du même métal; ses bottines ainsi que
son bouclier étaient aussi d'airain; le fer dont le bout de
sa lance était armé pesait vingt livres ; il avait au côté une
lourde et longue épée; si bien, dit-on, que toute l'armure
du géant devait peser au moins deux cent quatre-vingts
livres. Sa force paraissait prodigieuse. Sa voix formidable, qui semblait remplir toute la vallée, frappait d'une
telle stupeur l'armée du roi Saül, que personne n'osait
répondre à son défi. A chaque fois qu'il descendait de la
colline pour appeler un Israélite au combat, Goliath attendait, appuyé sur la hampe de sa lance, que le soleil eût
assez tourné pour que l'ombre de son corps s'allongeât
jusque sur la tente de Saül, et puis alors il revenait au

camp des Philistins en jetant à ses ennemis terrifiés ces dédaigneuses paroles : « J'ai déshonoré aujourd'hui les troupes rangées d'Israël en leur disant : Donnez-moi un homme et nous combattrons ensemble, et dans toute l'armée de Saül il ne s'est pas trouvé un seul homme pour accepter le combat. »

Mais tandis que ceci se passait sur la frontière de Dammim, il y avait à Bethléhem de Juda un homme nommé Isaï, ou plutôt Jessé, qui faisait paître ses troupeaux par les soins de son jeune fils David. Ce même Jessé, père de huit enfants, avait trois de ses fils qui servaient dans l'armée de Saül; il dit un jour au jeune David : « Prends pour tes frères un gâteau de froment rôti, ces dix fromages de lait, et porte-les en diligence au camp des Israélites. » David, ayant pris la charge, s'en alla comme son père le lui avait commandé, laissant ses chères brebis à la garde d'un berger. Dans le temps qu'il approchait du camp, il entendit les frémissements de l'armée, car Goliath venait de défier pour la quarantième fois l'armée d'Israël. David demanda pourquoi les enfants du peuple de Dieu s'enfuyaient devant cet homme, et pourquoi son défi leur causait une si grande frayeur. « Oh! lui disait-on de toute part, c'est que pas un de nous n'a la force nécessaire pour combattre cet homme qui vient tous les jours déshonorer Israël; mais s'il se trouve quelqu'un qui le frappe, le roi le comblera de richesses; il lui donnera sa fille pour épouse, et il affranchira des charges de l'État la maison de son père. » Aussitôt David alla

trouver le roi Saül, et lui dit : « Que le cœur ne défaille
à personne à cause des menaces du géant qui te brave ;
ton serviteur accepte le défi, et il combattra contre cè
Philistin. — Mais, répondit Saül, comment pourrais-tu
aller contre lui et le combattre? tu n'es qu'un jeune
garçon et lui un homme de guerre depuis sa jeunesse. »
David, ayant repoussé de la main ses blonds cheveux
dont les boucles lui tombaient sur les yeux, s'accouda
sur son bâton de berger, prit un ton de modeste assurance, et répliqua :

« Un jour que je menais paître les brebis de mon
père, un lion et un ours vinrent attaquer le troupeau, et
ils emportèrent une brebis. Je courus après eux, je les
frappai de ma fronde, j'arrachai la brebis de leur
gueule ; comme ils se levaient contre moi, je les pris
par la mâchoire et je les tuai. Or, moi, qui ai tué un
lion et un ours, je tuerai ce Philistin, car il en veut aussi
aux brebis du Dieu vivant. L'Éternel, qui m'a délivré de
la griffe du lion et de celle de l'ours, nous délivrera de
ce Philistin. »

Saül l'écouta dans un silence plein d'admiration, car
celui qui venait de dire ces courageuses paroles n'était
encore qu'un enfant de seize ans. Le roi, voyant bien
que David lui avait été envoyé par le Seigneur, le fit ar-
mer de ses armes, lui mit son casque d'airain sur la
tête, et attacha lui-même sur les épaules du jeune berger les courroies de sa cuirasse étincelante d'or et d'a-
cier; David ceignit ensuite la royale épée, mais, quand il
se vit armé, il sentit qu'il ne pouvait ni marcher ni

combattre avec ces armes, il se dégagea des gênes de
l'armure qui l'embarrassait et dit au roi : « Je n'ai eu
besoin ni de casque d'airain ni d'épée royale pour tuer
le lion et l'ours qui voulaient dévorer les brebis de mon
père, je puis m'en passer aussi pour tuer ce Philistin
qui depuis quarante jours déshonore l'armée d'Israël.
— Fais donc comme tu l'entends, reprit Saül ; va, et
que l'Éternel soit avec toi ! » David ne prit que son bâton
de berger, il se choisit cinq cailloux bien unis dans le
torrent, il les mit dans sa panetière et s'avança vers le
Philistin, qui attendait que l'armée d'Israël lui envoyât
un adversaire digne de lui. Quand il aperçut cet enfant,
blond, au teint délicat, qui n'avait rien de remarquable
que l'expression céleste de son regard et la candeur de
son beau visage, il crut que l'on voulait l'insulter ou le
fléchir, et Goliath n'était pas homme à souffrir l'insulte
ou à se prendre de pitié à l'aspect d'un enfant. Il lui
cria d'une voix de tonnerre : « Viens à moi, et je donnerai la chair de ton corps en pâture aux oiseaux du
ciel et tes os à ronger aux animaux des campagnes. »
En disant cela, il brandissait sa lance. David ne répondit
qu'en lui montrant son bâton de berger. « Suis-je un
chien, s'écria Goliath, pour que tu viennes vers moi avec
un bâton? — Tu viens contre moi avec l'épée, la halle-
barde et le bouclier, riposta David ; moi je viens contre
toi au nom de l'Éternel, et armé de ma confiance en
lui. Il te livrera entre mes mains, je te frapperai, je ferai tomber ta tête, les oiseaux du ciel mangeront ta
chair, la terre boira ton sang, et nos deux armées ap-

prendront que Dieu ne délivre pas son peuple par l'é-
pée ou par la lance, mais par la foi dont il arme les faibles pour les rendre forts contre les forts. »

Indigné de se voir l'objet des bravades d'un enfant,
Goliath, sans écouter davantage celui qui parlait ainsi,
s'avança vers lui pour en finir d'un seul coup avec ce
frêle adversaire. David, voyant que l'heure de la menace
était passée et qu'il fallait en venir au combat, mit la
main dans sa panetière, et en tira une pierre qu'il plaça
sur sa fronde. Des deux côtés de la vallée, l'armée des
Philistins et celle des Israélites attendirent avec anxiété
l'issue de ce terrible duel; dans chacun des deux camps
on ne mettait point en doute le succès de Goliath; mais
de part et d'autre on ne pouvait s'empêcher de plaindre
le courageux enfant qui venait s'offrir en sacrifice au
géant pour venger l'injure faite au peuple d'Israël. C'é-
tait deçà et delà un si religieux silence, que l'on pouvait distinguer même le bruit de la feuille qui frémissait
au moindre souffle du vent, même la trace du reptile
qui glissait sous l'herbe.

David fit tournoyer plusieurs fois son bâton au-dessus
de sa tête pour mieux assurer le jet de sa pierre : elle
siffla et alla frapper au front l'ennemi des Israélites ; le
coup avait été si adroitement et si vigoureusement
porté, que la pierre brisa le crâne de Goliath et s'en-
fonça fort avant dans sa tête.

Le général était tombé sous la violence du coup.
David s'approcha de son ennemi étendu sans mouvement
sur la place; à défaut d'épée, le jeune berger tira du

fourreau celle de Goliath, et d'un seul coup lui abattit la tête. Alors les Philistins, ayant vu que leur homme fort était vaincu, abandonnèrent leur camp et s'enfuirent.

« Alors ceux d'Israël et de Juda se levèrent en jetant des cris de joie, et poursuivirent les Philistins jusqu'aux portes de Hébron; un grand nombre de ceux-ci, blessés à mort, tombèrent par les chemins depuis Saharajim jusqu'à Geth, ville d'où Goliath était sorti pour aller épouvanter l'armée d'Israël et de Juda. »

David, vainqueur du géant, ayant été choisi par Samuel pour régner après Saül, fut sacré roi à Hébron l'an 1040 avant Jésus-Christ.

MATHIEU GOFFIN

—

E jour-là, on ne l'oubliera pas, c'était un vendredi, 28 février 1812, un courageux ouvrier, un bon père de famille, Hubert Goffin, le plus brave homme qu'il y eût à Ans, tout petit village près de Liége, descendit dans sa mine par le puits de Beaujon, avec les cent vingt-six ouvriers qu'il avait sous ses ordres. Il menait avec lui son fils Mathieu, âgé de douze ans, qui depuis longtemps déjà prenait cœur à l'ouvrage.

Hubert Goffin, en descendant à cinq cents pieds dans les entrailles de la terre, laissait en haut sur le sol une femme et six autres petits enfants. C'est un rude métier que celui de mineur : quand on a pris avec soi son pic, son marteau, ses autres instruments de travail, et

qu'on a mis le pied dans le panier qui va comme le
seau d'un puits jusqu'au fond de la houillère, il faut
dire adieu au soleil, adieu aussi à tout ce qu'on aime
là-haut, car de grands dangers menacent à chaque pas
l'ouvrier mineur.

Il y a la vapeur qui asphyxie, le gaz qui fait explosion,
l'éboulement des terres qui écrase, et cependant, dans
ces cavités profondes, l'ouvrier travaille en chantant,
et se sent tout aussi bien à l'aise sous la basse voûte de
sa gloire souterraine que s'il respirait à pleins poumons
l'air embaumé des champs.

Hubert Goffin était donc là dirigeant les travaux et
donnant à son fils des leçons sur l'art d'extraire le mi-
nerai de la roche qui le contient, lorsque, vers dix
heures du matin, les eaux envahirent d'anciennes tran-
chées, et, se faisant jour de toute part, vinrent inonder
le puits de Beaujon. Calme dans le danger, Hubert
Goffin voulut rassembler ses ouvriers pour diriger leur
retour vers la terre; mais l'eau faisait de si grands
progrès, qu'il n'était pas possible d'arriver jusqu'à la
cloche d'alarme qui devait les instruire du péril qu'ils
couraient. Il était impossible d'aller sonner cette cloche, que l'eau battait de tous côtés, sans faire le sacrifice de sa vie; un mineur dont le nom, qui vit sans
doute dans la mémoire des Liégeois, n'est pas parvenu
jusqu'à nous, se dévoua pour le salut commun. Il arriva
jusqu'à la cloche, fit entendre son tintement funèbre;
mais, l'inondation gagnant le poteau auquel il se tenait
accroché, le mineur fut englouti. Son sacrifice devint

15.

inutile, car, lorsque les ouvriers arrivèrent, toute retraite était impossible.

Nous laissons parler un poëte célèbre, Millevoye, qui consacra de beaux vers à la mémoire de ce grand événement.

> Là, des blocs sulfureux l'onde perçant la veine,
> Effraya les mineurs de sa chute soudaine;
> Et chacun, s'attachant au long câble d'airain,
> Veut sortir le premier du gouffre souterrain;
> Mais heurtés l'un par l'autre ils roulent dans l'abîme
> Et l'onde se grossit de plus d'une victime.
> Son fils entre ses bras, le généreux Goffin
> Du tombeau des vivants allait sortir enfin :
> « Mais ces amis, hélas! ils ne pourront me suivre;
> Je veux les sauver tous ou ne pas leur survivre. »
> Il dit, cède sa place, et le pic à la main,
> S'ouvre vers la lumière un ténébreux chemin.

Cependant il avait voulu faire monter son fils à sa place; mais l'ouvrier de douze ans, méconnaissant pour la première fois la voix de son chef, répondit : « Père, je suis venu avec vous, je ne sortirai qu'avec vous; » et il suivit Hubert Goffin, qui essayait de frayer un passage à ses compagnons. « Si nous ne pouvons pas sortir par Beaujon, leur dit-il, tâchons de sortir par Mamonster (c'était le nom d'un autre puits); il y va de la vie, ajouta-t-il, faisons une percée. »

> Cependant au dehors la cloche des alarmes
> Rassemblait les vieillards et les femmes en larmes.
> L'habile ingénieur, par de sages travaux,
> Opposait une digue aux menaces des eaux,

Tandis que par pitié les magistrats sévères
Écartaient de ses bords le désespoir des mères,
Les ouvriers nombreux dont il règle l'ardeur
Des mines d'alentour sondent la profondeur ;
Dévouement sans espoir ! leurs mains découragées,
Par l'utile boussole à peine dirigées,
Ne creusent le rocher qu'avec un lent effort ;
Ils appellent, tout garde un silence de mort.
Le salpêtre deux fois s'allume, éclate et gronde,
Son bruit détonne au loin sous la terre profonde.
C'est en vain, le bruit meurt et l'espoir avec lui ;
Déjà du second jour la dernière heure a fui ;
La nuit s'achève, et l'ombre a fait place à l'aurore.
On s'arrête, on écoute, on n'entend rien encore.
Hélas ! les malheureux dans l'abîme plongés
Perdent aussi leur plainte et leurs cris prolongés.

Oui, depuis deux jours ils étaient là, usant leurs forces contre la veine, qui ne leur ouvrait que lentement passage. Une fois ils croient entendre un bruit sourd, ils s'écrient : Délivrance ! mais le bruit cesse, et les plus jeunes des ouvriers, se jetant à genoux autour de Goffin, lui disent : « Maître, cher maître, nous ne pouvons pas mourir si jeunes ; vous nous avez amenés, vous devez nous faire sortir. » Chacun avait perdu courage ; Hubert Goffin lui-même se sentait accablé ; un seul restait debout, plein de force, plein d'espérance, frappant à grands coups la roche qui résiste, et celui-là qui donnait un si bel exemple aux autres, c'était Mathieu Goffin, le mineur de douze ans : « Puisque vous pleurez comme des enfants, il faut bien que je travaille comme un homme. »

Il avançait peu sans doute, mais son exemple avait

suffi pour ranimer l'espérance de ses compagnons et
pour les encourager de nouveau au travail. Tout à
coup un cri terrible retentit, c'est le grisou, c'est ce
gaz mortel qui menace les travailleurs. Hubert se précipite vers l'issue que les ouvriers viennent de ménager
à la vapeur malfaisante; malgré les cris de ses compagnons, qui veulent à toute force qu'on laisse le passage
libre, Hubert bouche le trou, et dirige ses ouvriers
vers une autre partie de la mine.

Prodigue de secours et de soins consolants,
Il cherche à ranimer ses compagnons tremblants;
Implore tour à tour le frère pour le frère,
Le père pour son fils et le fils pour son père,
Promet de les ravir à l'abîme profond;
Aucun d'eux ne le suit, aucun d'eux ne répond.
« Eh bien! s'écria-t-il, lâches, je vous pardonne!
Viens, mon fils, travaillons pour qui nous abandonne;
Si nul effort humain ne peut nous secourir,
Nous reviendrons ici nous étendre et mourir. »
Il disait, mais sa voix n'était point écoutée.
« Retire-toi, criait la foule épouvantée,
Ne nous impose pas de travaux superflus;
Sans toi, depuis longtemps nous ne souffririons plus. »
Ils osent, les ingrats, dans leur aveugle rage,
Prodiguer à Goffin la menace et l'outrage;
Que dis-je? sur sa tête ils sont prêts à lever
L'instrument du travail qui pourrait les sauver.
Lui, sans trouble, et touché de leur seule infortune
« Allons finir, mon fils, une vie importune.
Ils l'exigent, eh bien! livrons-les à leur sort,
En les privant de nous, précipitons leur mort. »
Alors vous eussiez vu redoubler les alarmes,
La menace expirer et se changer en larmes;
Et les séditieux, se traînant à genoux,
Criaient, les bras tendus : « Goffin, protégez-nous! »

Mais le jeune Goffin lève un front intrépide,
Son cœur n'est point ému, son œil n'est point humide ;
De leur abattement il les fait tous rougir.
« Est-ce à nous de pleurer quand nous devons agir ?
Frappons, voici la route ! » et sa voix consolante
A bientôt raffermi leurs forces chancelantes.

Il y avait trente-six heures que ces horribles scènes
se passaient à cinq cents pieds au-dessous du sol ; la
dernière chandelle était usée, on ne se voyait plus, et
l'on entendait partout des sanglots et des cris de rage.
De temps en temps Mathieu, qui ne se décourageait pas
encore, tâtait le pouls de son père, et lui disait : « Courage ! père, ceci va bien. » Cependant les fatigues de la
faim décimaient le nombre des travailleurs, et leurs
souffrances étaient si grandes, qu'on entendit ces af-
freuses paroles : « Tant mieux, s'il y en a un de mort,
nous le mangerons. »

Ils restèrent là cinq nuits et cinq jours ; l'enfant n'a-
vait pas encore désespéré du salut de ses compagnons : ceux-ci n'attendaient plus que la mort.

Un bruit vague, ô transport ! a frémi sous la roche ;
De moment en moment il augmente, il approche.
L'oreille peut du fer compter les coups pressés ;
La voix répond aux cris des deux parts élancés,
Et le dernier effort va briser la barrière
Qui de l'affreuse nuit séparait la lumière.
Les sombres flancs du roc s'entr'ouvrent, et le jour
Par le bruit de la foudre atteste son retour.
« Ils sont sauvés ! » s'écrie une foule enivrée,
« Sauvés ! sauvés ! » répond la troupe délivrée

Goffin et son fils sortirent les derniers. « Si j'avais eu

le malheur d'abandonner mes ouvriers, dit le courageux
mineur, je n'aurais jamais osé revoir le jour. — Et
moi, ajouta Mathieu, je n'aurais jamais voulu quitter
mon père. »

L'empereur Napoléon donna la croix d'honneur à Hubert Goffin; il plaça son fils au Lycée de Liége. Trois
ans après, le jeune lycéen mourut, et un éclat de mine
tua Hubert Goffin le 11 juillet 1821.

JEANNE D'ARC

 i, ce qu'à Dieu ne plaise, les temples, les colonnes triomphales, les vastes et riches palais, enfin si toutes les richesses de la France monumentale venaient à disparaître du sol, et s'il ne restait plus rien que les chaumières dans les campagnes, il est encore un monument qui suffirait pour rappeler que la France fut une grande et glorieuse nation; et ce monument que d'un bout de l'Europe à l'autre les étrangers viendraient contempler avec un saint recueillement, c'est la simple maisonnette de Domremy, où naquit Jeanne d'Arc en 1412; rustique demeure, que les princes de la maison d'Autriche vinrent admirer quatre siècles plus tard, arrachant aux poutres du plancher quelques

éclats de bois, afin de les conserver comme de pré-
cieuses reliques.

Jeanne, dit Philippe de Bergame, qui nous trace son
portrait d'après un témoin oculaire, Jeanne passa son
enfance à coudre, à filer et à conduire les troupeaux
dans les champs. Elle était douce et timide, sa dévotion était tendre et exaltée; sa taille était médiocre, son
teint blanc, ses yeux grands et noirs; sa chevelure, de
la même couleur, descendait jusqu'à ses genoux. On ne
la voyait point employer ses loisirs en jeux, en danses,
en veillées; tous les moments qu'elle pouvait dérober à
sa vie laborieuse elle les consacrait à la prière. Souvent elle allait à l'église du village, quelquefois aussi
c'était dans un bois antique, nommé le *Bois chenu*, où,
suivant la tradition, les fées chantaient le soir sous un
épais ombrage, que Jeanne venait se recueillir et s'entretenir en imagination avec les anges. Le plus souvent
elle priait dans le jardin de son père. Voici comment
elle raconte sa première vision.

« Quand j'entendis cette voix, il s'en allait midi; c'é-
tait au temps d'été, un jour de jeûne; je me trouvais au
jardin de mon père; les voix venaient du côté de l'é-
glise, et les anges m'apparurent corporellement, accompagnés de grande clarté. Et quand ils se partirent
de moi, je pleurais, et eusse bien voulu qu'ils m'eussent emportée. »

A cette désastreuse époque, le royaume de France
n'était plus qu'une province conquise par les Anglais.
Ils en usaient si rudement avec les pauvres populations,

que, de toutes parts, Lorrains et Français gémissaient
des brigandages commis par les Anglais. Le jeune et
malheureux roi Charles VII se voyait, jour par jour,
arracher les plus beaux fleurons de sa couronne; on
parlait de cette grande infortune nationale à Domremy
comme partout ailleurs, et Jeanne, dans ses prières,
avait grand soin de n'oublier ni la France ni son roi. Un
jour qu'elle était restée longtemps en extase, elle sortit
de son village, et s'en alla droit à Vaucouleurs trouver
le sire de Baudricourt, qui était gouverneur de la
ville. En l'abordant, Jeanne lui dit qu'elle venait pour
lui transmettre l'ordre qu'elle avait reçu de son Seigneur.

« Et quel est ce seigneur? demanda Baudricourt en
regardant, non sans surprise, la jeune bergère de Domremy, qui lui parlait avec une noble assurance.

— Mon Seigneur, répliqua Jeanne, c'est le Roi du
ciel, qui m'a ordonné de délivrer Orléans, et de faire
sacrer le dauphin à Reims. » Le vieux capitaine haussa
les épaules, et répondit avec dédain que cette fille ne
pouvait être qu'une possédée du démon ou qu'une
folle; que, dans le premier cas, il fallait la faire exor-
ciser, et que, dans le second, elle méritait d'être au
moins rudement châtiée. Jeanne ne fut point troublée
par cette menace, et prétendit même qu'elle avait encore deux affronts pareils à subir, puisque celui qui
l'envoyait lui avait annoncé qu'elle serait refusée trois
fois. Deux gentilshommes étaient présents à cet entretien; l'un se nommait Bertrand de Poulengy, l'autre Jean

de Novelompont. Quand ils entendirent la jeune fille,
âgée de seize ans à peine, répondre avec une si noble
fermeté, ils prirent parti pour elle contre le sire de Baudricourt, et jurèrent, la main sur l'épée, qu'ils condui-
raient la vierge de Domremy, et qu'ils lui feraient faire
bonne garde jusqu'au château de Chinon, où se trouvait alors le pauvre roi Charles, qu'on devait surnom-
mer plus tard le Victorieux.

Le gouverneur, se voyant obligé de céder aux instances des deux gentilshommes, dit à Jeanne :

« Va, et arrive tout ce qui pourra ; » puis il lui donna
son épée en la congédiant.

Jeanne retourna pour la dernière fois à Domremy.
Elle prit, à genoux, congé de ses parents, en leur révé-
lant la glorieuse mission dont elle était chargée. Ces
bonnes gens s'effrayèrent, car eux aussi la croyaient
folle; mais les deux gentilshommes qui devaient l'accompagner étant venus la chercher jusque dans sa chaumière, il fallut bien qu'on la laissât partir. Elle se fit
couper les cheveux, prit des habits d'homme, et s'éloigna de Domremy, escortée par les deux chevaliers et par
un de ses frères qui ne voulut pas la quitter,

Après un voyage de cent cinquante lieues, Jeanne
et ses compagnons arrivèrent à la résidence royale. D'a-
bord on refusa de la recevoir; mais Charles dit :

« Il faut l'entendre, ne fût-ce que comme divertisse-
ment. Je prendrai l'habit le plus simple, je me cacherai
au milieu de vous; Dunois prendra ma place, et nous
éprouverons si cette fille est inspirée; car, si elle est en-

voyée de Dieu, elle saura bien connaître qui de nous est le roi. »

Tout étant préparé comme le voulait le caprice du roi pour l'audience que Jeanne demandait, Charles la fit appeler. Les courtisans étaient couverts d'habits magnifiques; le monarque français n'avait rien qui pût le faire reconnaître; cependant Jeanne ne s'y trompa point : elle alla droit à lui, et s'agenouilla avec respect.

« Je ne suis pas le roi, dit Charles, mais le voici; » et il lui montra Dunois.

— Par mon Dieu! gentil prince, reprit Jeanne, c'est vous et non un autre; je suis envoyée de la part de Dieu pour porter secours à vous et à votre royaume. Le Roi des cieux vous mande, par moi, qu'Orléans sera délivré, que vous serez couronné dans la ville de Reims, et que régnerez comme lieutenant du Roi des cieux, qui est aussi roi de France. » Charles lui demanda comment elle pourrait lui prouver qu'elle était l'envoyée de Dieu. A cela Jeanne répondit :

« Si je vous disais des choses si secrètes, qu'il n'y a que Dieu et vous qui les sachiez, croiriez-vous bien que je vous suis envoyée par Dieu?

— Oui, répondit le roi.

— L'année dernière, dit la vierge de Domremy, le jour de la Toussaint, étant seul dans la chapelle du château de Loches, vous fîtes trois requêtes à Dieu : la première, que, si vous n'étiez héritier du royaume de France, ce fût son bon plaisir de vous ôter le courage de poursuivre cet héritage, afin que vous ne fussiez

plus cause de la guerre, dont proviennent tant de
maux; par la seconde, vous le priâtes que, si les grandes
adversités et tribulations que le pauvre peuple de France
souffrait procédaient de votre péché, ce fût son bon
plaisir d'en relever le peuple, et que vous seul en fussiez puni, soit par la mort ou par telle autre peine qu'il
lui plairait; la troisième requête fut que, si le péché du
peuple était cause desdites adversités, ce fût son bon
plaisir de pardonner au peuple, et de mettre le royaume
hors des tribulations qui l'affligent depuis douze ans et
plus. »

Alors quelqu'un lui dit :

« Mais si Dieu veut délivrer le royaume, il n'a pas
besoin, pour cela faire, ni de gens d'armes, ni de soldats. Or pourquoi en désirez-vous? — Les gens d'armes batailleront, répliqua Jeanne; mais c'est Dieu qui
donnera la victoire. »

Comme on voulait l'embarrasser, on osa lui demander un miracle. Jeanne répondit :

« Je ne suis pas venue ici pour faire des miracles ;
celui que vous me demandez, ce sera la levée du siége
d'Orléans : confiez-moi donc des gens d'armes, en tel
nombre que ce soit, et je suis prête à marcher! »

Le feu qui brillait dans ses regards à chacune de ses
réponses fit passer dans le cœur des plus timides la confiance qu'elle avait dans le succès de sa glorieuse mission. Le roi ordonna de lui former une maison militaire;
Jeanne eut des hérauts d'armes, des écuyers, des pages;
on lui donna une armure complète et un étendard,

dont elle-même choisit la forme et la couleur. Cet étendard était de toile blanche, semé de fleurs de lis et
brodé de franges de soie. Le fils de Dieu était représenté
sur ce drapeau; on le voyait assis sur des nuées, tenant
un globe dans sa main; à sa droite étaient deux anges
prosternés, dont l'un tenait une fleur de lis, que le Christ
bénissait, tandis que l'autre portait cette légende : « Jésus
et Marie! »

Quant à l'épée qui devait compléter son armure, les
plus illustres capitaines se disputèrent l'honneur de lui
en offrir une; mais Jeanne les refusa toutes, objectant
que Dieu lui avait ordonné de faire fouiller le maître-
autel de l'église de Sainte-Catherine-de-Fier-Bois, et que
c'était là qu'on trouverait cachée l'épée avec laquelle
elle devait délivrer Orléans. On suivit donc les ordres
de Jeanne, et on trouva le glaive tel qu'elle l'avait dé-
signé, c'est-à-dire qu'on voyait sur la lame cinq fois
l'empreinte de la croix.

L'enthousiasme du peuple et de l'armée fut au comble quand on vit toutes les paroles de la vierge de Domremy si bien réalisées. L'armée se mit en marche avec
confiance, et la jeune inspirée, certaine de la victoire,
envoya cette lettre menaçante au roi d'Angleterre :

« *Jésus Maria.* Roi d'Angleterre, et vous, duc de Bedford, qui vous dites régent de ce royaume de France; vous,
Guillaume de la Poole ; vous, comte de Suffolk, Jean, sire
de Talbot, et vous, Thomas, sire de Scales, qui vous dites
lieutenant dudit duc de Bedford, faites raison au roi du
ciel; rendez à celle qui est envoyée de par Dieu les clefs

de toutes les villes que vous avez prises et désolées en France. Allez-vous-en en votre pays, et si ainsi ne le faites, attendez des nouvelles de Jeanne, qui vous ira voir brièvement et à vos bien grands dommages. »

Ces menaces furent suivies d'un prompt effet : malgré les troupes nombreuses qui tenaient Orléans assiégé, Jeanne entra dans la ville le 3 mai 1429, à la tête d'un convoi de vivres et de munitions de guerre, que les ennemis, frappés de stupeur, n'osèrent pas attaquer. Quand les Orléanais la virent dans leurs murs, ils ne doutèrent plus de leur délivrance. En effet, peu de jours après, le lendemain de la fête de l'Ascension, elle s'élance, armée seulement de son étendard, sur les bastilles construites par les Anglais ; elle se saisit de la première échelle, et plante son enseigne sur le rempart. Une flèche la frappe à l'épaule ; elle tombe sur l'herbe ; les Anglais font entendre un cri de triomphe ; les Français reculent découragés. Jeanne prévoit que la victoire va passer du côté de l'ennemi ; elle arrache elle-même le trait de sa profonde blessure ; elle se relève, rallie ses soldats, et pénètre avec eux dans les bastilles des Anglais.

« Ainsi, dit un historien, ce fameux siége, qui avait duré sept mois, pendant lesquels tous les efforts de la chevalerie française n'avaient pu parvenir qu'à repousser quelques assauts, fut levé en quelques heures par le courage d'une héroïne de dix-sept ans. Huit jours après l'arrivée de Jeanne d'Arc dans Orléans, l'ennemi était en fuite et la ville délivrée.

La vierge de Domremy, impatiente d'accomplir sa mission, alla vers le roi et le conjura de la suivre promptement à Reims. Nous ne dirons ni la prise de Gergeau, ni cette fameuse bataille de Patay, « où furent occis trois mille hommes et où plusieurs capitaines furent pris, parmi lesquels était ce grand, cet illustre Anglais, qui avait nom Talbot. »

Partout où se présentait Jeanne, l'ennemi fuyait devant elle; à quelque porte de forte ville qu'elle heurtât avec la hampe de son étendard, tout aussitôt la porte s'ouvrait et la ville était soumise. Reims était encore au pouvoir des Anglais et des Bourguignons; Jeanne promit au roi que sous trois jours la ville serait rendue de gré ou de force. Trois jours après, le peuple de Reims s'étant soulevé, les troupes anglaises et bourguignonnes furent contraintes d'évacuer la ville, et les portes s'ouvrirent pour recevoir le roi. Le 14 juillet 1429 la vierge de Domremy, ayant assisté à la cérémonie du sacre, pendant laquelle elle tint son étendard déployé auprès du maitre-autel, s'écria quand tout fut terminé : « Je n'aurai plus de regret à mourir. » Alors, se prosternant aux pieds de Charles, elle ajouta :

« Gentil prince, Orléans est délivré, vous êtes victorieux, vous voilà roi. Ma mission est accomplie, rendez-moi à la paix des champs, à l'obscurité dont je ne suis sortie que par ordre de Dieu; qu'il vous plaise que je quitte à l'instant mes armes et que je rentre dans mon village, afin de servir mon père et ma mère en gardant leurs brebis; si vous saviez combien mon frère et mes sœurs se réjouiront de me revoir au milieu d'eux ! »

Le roi ne voulut pas consentir au départ de Jeanne, il lui ordonna de rester et de combattre encore pour sa cause. Jeanne, qui savait bien que sa mission était accomplie, mais qui ne pouvait pas désobéir au roi, répondit : « Je resterai. » Elle pleura.

Quelque temps après, comme elle avait encore rendu de nouveaux services à la cause royale, la jeune et modeste fille demanda de nouveau pour unique récompense la permission de retourner à Domremy; le roi ne lui répondit que par un refus.

Blessée au siège de Paris sur le terrain qui forme aujourd'hui la butte de Saint-Roch, mais qui se trouvait dans ce temps-là hors des murs de la ville, Jeanne, qui ne voulait pas mourir avant d'avoir pu revoir sa chaumière et les compagnes de son enfance, demanda pour la troisième fois au roi la liberté qu'il lui refusait toujours. Charles ne se laissa pas toucher par ses prières; seulement il anoblit le père et la mère de Jeanne; il leur donna le nom de *du Lis* et la permission de porter deux fleurs de lis dans leurs armes avec l'épée.

Un an s'était à peine écoulé depuis le jour glorieux où elle avait délivré Orléans, quand la courageuse fille, restée la dernière dans une retraite des Français, au siège de Compiègne, se vit entourée par une troupe d'archers bourguignons. En parant leurs coups, en reculant pas à pas et sans cesser de combattre, elle était parvenue à gagner le pied des remparts; un pas de plus, elle allait rentrer dans la ville. Soit jalousie contre elle, soit imprudence, soit trahison, ceux qui défendaient l'entrée de Compiègne ferment la barrière, on lève le pont, et Jeanne est prisonnière. Jean de Luxembourg la livra aux Anglais pour une somme de dix mille livres. Ceux-ci, honteux d'avoir été vaincus par une jeune fille, crurent effacer le souvenir de leurs défaites en l'accusant de sorcellerie.

« Si j'étais condamnée, dit Jeanne, si je voyais le feu allumé, le bois préparé, le bourreau prêt à me jeter au bûcher, et encore quand je serais au feu, je ne dirais autre chose que ce que j'ai dit, voulant le soutenir jusqu'à la mort. Je prends tout en gré, ajouta-t-elle; je ne sais si je dois plus souffrir encore, mais je m'en rapporte à Notre-Seigneur. »

Elle fut en effet condamnée à passer le reste de ses jours en prison, au pain de douleur et au pain d'angoisse : ce sont là les termes de l'arrêt; puis on se ravisa, car le peuple était pour elle; et, craignant de se la voir arracher, ses juges la condamnèrent à mort.

C'est le 31 mai 1431, c'est-à-dire environ vers l'âge de vingt ans, que Jeanne, faussement déclarée hérétique, fut conduite au bûcher sur la place du vieux marché de Rouen. Huit cents Anglais armés escortaient la patiente.

Le prêtre lui dit : « L'Église ne peut plus vous défendre, elle vous remet dans les mains de la justice séculière. *Vade in pace.* »

Le bailli de Rouen ordonna au bourreau de s'emparer de Jeanne et de la placer sur le bûcher; les soldats

16

anglais, voyant qu'elle parlait à son confesseur, perdirent bientôt patience et s'écrièrent : « Allons donc! Comptez-vous nous faire dîner ici? » Puis ils s'emparèrent de Jeanne, l'attachèrent eux-mêmes au fatal poteau, et dirent au bourreau : « Fais ton office! »

Jusqu'au dernier moment, Jeanne prononça le nom de Jésus ; les assistants ne pouvaient retenir leurs larmes, ils murmuraient : « Elle est innocente, elle est vraiment chrétienne ! » Un secrétaire du roi d'Angleterre, présent à cette scène, dit en pleurant à l'un des juges : « Vous nous avez tous perdus, car on brûle une sainte dont l'âme est dans les mains de Dieu. »

Ses cendres furent jetées au vent. Sa mémoire est immortelle.

FRANÇOISE MARIETTE

ANS une pauvre chaumière du village de la Rochebaucour, sur la lisière d'un bois, vivaient, vers l'an 1763, Françoise et Jean Mariette son frère, elle âgée de onze ans, et lui tout jeune enfant de deux ans à peu près.

Ils étaient orphelins ; leur père, autrefois receveur des tailles, était mort ruiné, et sa femme n'avait pu survivre au chagrin que lui avait causé la perte de son mari. Les pauvres enfants vivaient de bien peu, mais encore, ce peu-là, il fallait l'acheter, et pour cela Françoise était forcée de vendre pièce à pièce les effets du ménage. On lui avait bien proposé de la prendre

chez quelque laboureur du pays, pour lui donner des
vaches à garder ou du travail aux champs, mais personne ne voulait se charger de son frère, et Françoise
ne se sentait pas le courage de se séparer de lui. Ha-
bituée de bonne heure à faire œuvre de ses doigts,
Françoise savait coudre, tricoter et filer : du produit
d'un meuble qu'elle venait de vendre, elle acheta du
lin et du coton, elle travaillait du matin au soir auprès
de son frère, elle ne perdait pas une heure : si bien
qu'au bout de la quinzaine qui venait de s'écouler la
laborieuse petite fille avait trouvé le moyen de pourvoir
à la subsistance du ménage durant toute la quinzaine
suivante.

Que c'était donc un touchant tableau que celui-là!
Une enfant de onze ans qui veillait comme veillerait
une mère auprès de son fils au berceau, et qui chantait, et qui se trouvait heureuse de travailler et de
s'imposer des privations, pour que son frère ne pût
jamais s'apercevoir qu'il était orphelin! Qui ne se serait
intéressé au sort de ces deux enfants? Aussi était-ce à
qui viendrait apporter de l'ouvrage à la petite ouvrière.
De tous côtés, dans les environs, les yeux et la pensée
se tournaient avec attendrissement vers la pauvre cabane d'où partait l'exemple d'une si rare vertu.

La misère avait cessé d'habiter avec Françoise et
Jean Mariette, l'industrieuse enfant en était venue à
prendre une ouvrière pour l'aider dans ses travaux de
couture; le toit de la chaumière avait été remis à neuf,
les murs recrépis; le mobilier était plus propre, la

cheminée mieux fournie de bois, l'armoire se remplissait de linge : on pouvait payer les mois d'école du
petit Jean Mariette; il était aussi bien mis que les riches
enfants du village, et, qui plus est même, Françoise
avait une servante, c'est-à-dire une pauvre vieille qui
s'était trouvée réduite à l'indigence, et qu'elle avait
recueillie bien plutôt par charité que pour la faire
veiller aux soins du ménage.

A quinze ans, Françoise Mariette était une forte et
belle fille; la beauté de son cœur se peignait sur son
visage. Estimée de tous, elle avait mérité de se voir
rechercher en mariage par un riche laboureur qui se
disait trop heureux de l'épouser sans dot. Elle devait
s'unir à lui au retour du printemps, et l'on était alors
vers le milieu d'un rigoureux hiver. Durant cinq semaines la neige n'avait cessé de tomber sur la terre;
les loups affamés désolaient les campagnes, ils entraient
en troupeaux jusque dans les villages et s'attaquaient à
tout ce qu'ils pouvaient rencontrer. Les hommes les
plus forts n'étaient point à l'abri de leur rage, et tous
les jours on comptait des victimes nouvelles. Françoise
Mariette se trouvait un matin occupée à tirer le pain du
four attenant à sa maison, quand elle se vit assaillie
par une louve suivie de cinq louveteaux. Armée d'un
bâton noueux, elle porta de si rudes coups à la louve,
que celle-ci se préparait à battre en retraite, quand
Françoise cessa tout à coup de se défendre, pour courir
vers son frère que les louveteaux menaçaient; elle se
saisit de l'enfant, l'emporta dans la maison; mais la

16.

louve et les louveteaux l'y suivirent, de sorte que Françoise n'eut que le temps d'ouvrir une huche et d'y mettre son frère à l'abri du danger.

Alors le combat recommença. La jeune fille, placée devant la huche, s'y tenait appuyée d'une main, tandis que de l'autre elle repoussait à coups de bâton ses assaillants furieux. Mais bientôt, criblée de morsures, le bras affaibli par une trop longue résistance, elle succomba et fut étranglée sur cette huche, qu'elle n'avait cessé de couvrir de son corps pour protéger son frère. Jean Mariette fut sauvé, mais à quel prix !

VOLNEY BEKNER

C'est ici un trait pris entre mille autres qui lui ressemblent; car interrogez nos jeunes mousses et nos vieux matelots; dites-leur et la rude éducation et la courageuse audace du jeune Volney Bekner; chacun de ceux à qui vous en parlerez vous répondra : « Je n'ai pas été élevé plus doucement que lui, j'ai tout autant souffert, j'ai plus de cent fois déployé un aussi grand courage, et l'histoire n'en dira pas un mot. »

Sans doute elle est des plus communes dans les événements de la vie d'un marin, l'action généreuse qui trancha les jours du pilotin de douze ans; mais tous ceux de ses pareils qui peuvent se vanter d'en avoir fait tout autant que lui n'ont pas eu le malheur ou, pour mieux dire, la gloire de perdre la vie pour sauver celle d'un autre; et, comme c'est la mort glorieuse qui fait la vie immortelle, il est juste que le nom de Volney Bekner soit hautement publié lorsque tant d'autres restent inconnus.

Il était fils d'un pauvre matelot irlandais; c'est vers l'an 1748 qu'il naquit; on ne lui enseigna rien de ce que doit savoir l'homme destiné à vivre dans la ville; mais, dès qu'il fut en âge de pouvoir régler ses mouvements, son père lui apprit à lutter contre les vagues ou à se laisser entraîner par elles, en riant des orages du ciel et de la tourmente de la mer. Il fallait le voir, le père du jeune Volney, prenant dans ses bras son fils âgé de trois ans, se précipiter avec lui de la poupe du navire dans l'abîme des eaux, et remonter majestueusement avec la lame qui le précipitait de nouveau dans le gouffre; il fallait le voir nageant à la surface, soutenant sous un bras un tout petit enfant qui s'essayait à suivre les mouvements de son père, à se tourner, à se retourner sur l'eau jusqu'à ce qu'il fût épuisé de fatigue; car le vieux loup de mer, qui lui enseignait de si bonne heure l'art de la natation, croyait la leçon incomplète tant qu'il ne voyait pas les forces de son élève usées jusqu'au bout.

Volney Bekner devint bientôt un infatigable nageur; car, à peine âgé de cinq ans, il pouvait suivre à la nage, durant l'espace de deux lieues, le vaisseau sur lequel il avait été élevé. Ainsi habitué à se faire un jeu des dan-

gers de la navigation, Volney Bekner était un sujet précieux, surtout pour les jours de grand orage : aucun
des gens de l'équipage n'arrivait aussi vite que lui au
plus haut des grandes vergues; toujours le premier à
parvenir au sommet des mâts, toujours le plus prompt
à glisser le long des cordages; si ses bras n'étaient pas
les plus forts pour exécuter la manœuvre, du moins
son exemple était si encourageant, que tous les matelots du navire semblaient redoubler d'émulation, rien
que pour ne pas se voir vaincus par l'intrépidité d'un
si jeune enfant. D'ailleurs Volney Bekner pouvait rendre
souvent de véritables services par lui-même. Il ne faut
quelquefois qu'un léger effort pour détourner une corde
mal engagée et qui gêne la manœuvre des voiles. Il s'é-
lançait plus vite qu'un homme n'aurait pu le faire; il
passait partout où un homme n'aurait pu passer; et,
prompt à saisir le commandement, adroit à l'exécuter,
en deux tours de main Volney Bekner réparait le dom-
mage. Soumis à toutes les privations de son aventureux
métier, accoutumé à regarder le danger en face sans en
être ému, le jeune mousse, qui était un modèle d'obéissance et de courage, comprit de bonne heure que,
pour être digne d'obtenir un grade, c'est-à-dire d'avoir
le droit de commander à son tour, il ne lui suffirait pas,
pour inspirer le respect à ceux qu'il pouvait avoir sous
ses ordres, de se montrer le plus brave d'eux tous,
mais il fallait aussi qu'il fût le plus savant, afin de mériter leur confiance. Son père ne pouvait lui apprendre
qu'à être un homme courageux, et, de ce côté-là, l'édu-

cation de Bekner était faite. Le capitaine du navire voulut
bien se charger d'en faire un homme instruit. A douze
ans, l'enfant était parvenu au grade de chef des pilo-
tins; il avait double ration et double paye. « Si ce petit
bonhomme, dit le commandant du vaisseau en présence
de l'équipage, continue de se conduire avec autant de
bravoure et de sagesse, je suis certain qu'il obtiendra
un emploi bien au-dessus du mien. » Alors, se tournant
du côté de Volney Bekner, il ajouta : « N'est-ce pas,
petit, que tu aimes la gloire? — Oui, capitaine, répondit
l'enfant respectueux. — Et sais-tu bien ce que c'est que
la gloire? continua le commandant. — C'est, répli-
qua-t-il, de bien servir sa patrie et de remplir avec dis-
tinction les devoirs de son état. »

Pendant une traversée du Port-au-Prince en France,
il arriva un jour que la petite fille d'un riche Américain,
qui se trouvait sur le navire avec son père et une gouvernante, s'éloigna de cette dernière tandis qu'elle se
livrait au sommeil. La petite s'élance imprudemment
sur le pont du navire; elle joue, elle court, elle s'embarrasse les jambes dans les cordages, tombe et se relève en riant : elle va au-devant de la lame qui l'inonde,
et rit encore plus fort; les matelots lui disent : « Prends
garde! » mais l'enfant ne prévoit pas le danger; elle se
penche sur le pont; un mouvement de tangage fait os-
ciller le navire, la jeune Américaine perd équilibre,
pousse un cri et disparaît sous les eaux. Un matelot
s'aperçoit de la chute de l'enfant, aussitôt il s'élance à
la mer, plonge, nage pendant quelques brassées, res-

saisit l'imprudente, et reparaît bientôt sur les vagues
avec elle. Ce matelot, c'est le père de Volney Bekner.
Durant ce temps, le navire a filé; et, bien que quelques
minutes seulement se soient écoulées depuis que l'intrépide nageur a plongé pour arracher l'enfant à une
mort certaine, l'espace qui le sépare du navire est déjà
considérable; pourtant il nage encore; quelques efforts,
et il va rendre à un père au désespoir, et qui l'attend
sur le pont, l'enfant que celui-ci croyait avoir perdu;
tout à coup le matelot s'arrête, il cesse de suivre la ligne
droite; il lutte contre les flots pour prendre un détour,
et s'écrie : « A moi, mes amis! à moi, un requin! » C'est
qu'en effet un de ces voraces et monstrueux animaux
venait droit à lui, et menaçait d'engloutir tout à la fois
et le matelot libérateur et la petite fille qu'il tenait
serrée contre sa poitrine. L'équipage tout entier ac-
court sur le pont du navire; on tire des coups de fusil
contre le requin; mais le monstre ne s'en émeut pas,
il continue de poursuivre sa double proie, il la harcèle
sans relâche; le matelot nage, pour ainsi dire, à dou-
bles brassées, mais le requin, qui va plus vite encore,
est de moment en moment toujours plus près de l'atteindre. La stupeur s'est emparée de tous les assistants;
le désespoir de l'Américain, qui voit que sa fille va périr
sous ses yeux, tient presque du délire; il veut se jeter
à la mer, on le retient; il offre toute sa fortune à qui
tuera le monstre; personne n'ose tenter cette périlleuse
entreprise; mais, au moment où l'infortuné père se croit
abandonné du ciel et des hommes, on aperçoit au loin

le jeune Volney Bekner qui se glisse à la nage sous le
requin, et qui lui enfonce dans le ventre, jusqu'à la
garde, le sabre large et pointu dont il s'était armé.
Aucun de ceux qui sont sur le vaisseau ne l'a vu se
précipiter dans la mer; il s'y est jeté, pour ainsi dire,
mystérieusement, et si on l'a reconnu de loin, c'est à
la vélocité de sa course dans l'eau; car vraiment Volney
Bekner est si habile en ce genre d'exercice, qu'à le
voir on dirait plutôt un cavalier emporté par un cheval
fougueux qu'un homme qui nage. Le requin, cruellement blessé, cesse de s'attacher à la poursuite du matelot; mais ce n'est que pour mieux diriger sa fureur
contre une nouvelle victime; il ne laissera pas un moment de répit à celui qui l'a frappé. Par un sentiment
généreux, Volney Bekner, qui craint que le monstre
n'hésite encore entre lui et son père, dirige ses mouvements du côté opposé au navire, tandis que le matelot,
qui n'a cessé de protéger la jeune Américaine, revient
avec elle vers le bâtiment. Si robuste nageur que soit
le pilotin de douze ans, il ne saurait lutter longtemps
contre son effroyable ennemi. Quand il s'aperçoit que
son père a pu saisir la corde qu'on vient de lui jeter
du haut du pont, il pense alors à sa propre conservation. Allant de droite à gauche en lignes obliques, afin
de dérouter l'ennemi qui le serre de près, Volney Bekner parvient, lui aussi, à s'emparer d'un cordage libérateur. « Il est sauvé! » s'écrie-t-on avec enthousiasme
sur le pont du navire. On tire promptement le cordage;
il est arrivé à une hauteur de plus de quinze pieds au-

dessus de la surface des eaux, mais alors le requin, qui
venait de disparaître, et qui n'a fait que plonger pour
prendre un vigoureux élan, s'élance à la poursuite de sa
victime, l'atteint par le milieu du corps, et sépare en
deux le courageux Volney.

Et voici comment mourut, en 1760, cet enfant qui
promettait un grand homme de plus à la marine anglaise !

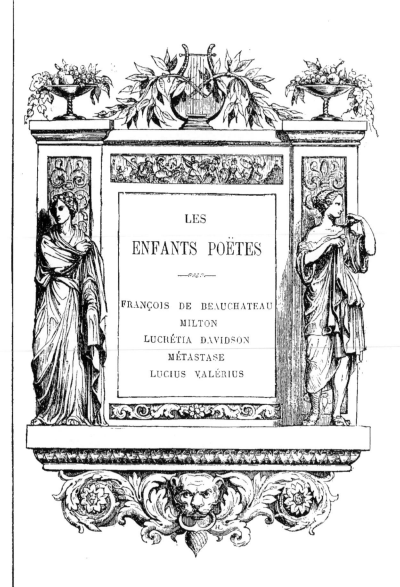

LES

ENFANTS POËTES

FRANÇOIS DE BEAUCHATEAU
MILTON
LUCRÉTIA DAVIDSON
MÉTASTASE
LUCIUS VALÉRIUS

FRANÇOIS DE BEAUCHATEAU

—

ᴇ merveilleux enfant dont nous allons rapporter l'histoire n'eut, pour ainsi dire, que le temps d'inscrire son nom au temple de l'immortalité ; puis il disparut de la scène du monde, sans qu'on pût savoir ce qu'il était devenu.

Né pour fournir une glorieuse carrière, s'est-il arrêté volontairement dans sa course? la jeune renommée qu'il s'était acquise a-t-elle suffi à son orgueil de poëte? est-ce par une bizarrerie de l'esprit et du cœur qu'il enveloppa d'un voile mysté-

rieux le reste des jours qu'il avait encore à vivre? ou
bien la mort elle-même est-elle venue le surprendre
quand il touchait à peine à sa treizième année? c'est là
ce qu'on se demande, et c'est là ce qu'on ne saura jamais.

François de Beauchâteau était fils d'un comédien célèbre de l'Hôtel de Bourgogne. Ce comédien n'était pas
seulement un homme de talent, mais encore un citoyen
estimable par ses mœurs et distingué par son savoir; il
fit donner une brillante éducation à son fils, et, bien que
le petit Beauchâteau n'étudiât que trois heures par jour,
dès l'âge de cinq il parlait plusieurs langues et composait des vers avec une extrême facilité; à huit ans les
auteurs grecs et latins lui étaient familiers; mais si l'on
avait lieu d'être surpris de son précoce savoir, on l'était
bien davantage quand on voyait cette toute jeune muse
s'exercer librement sur tous les sujets qu'on pouvait lui
proposer.

Par exemple, il arriva qu'une fois, comme il était chez
la duchesse de Montmorency, celle-ci s'avisa de lui demander ce qu'il admirait le moins en elle; le poëte de
huit ans répondit par ce galant impromptu :

> Que l'on admire en vous de rares qualités!
> Les grâces, les vertus et toutes les beautés
> A l'envi nous font voir un tout incomparable
> Que n'ai-je le talent de nos fameux auteurs!
> Vous, l'image des dieux, princesse tout aimable,
> Je voudrais célébrer vos attraits enchanteurs,
> Et la bonté surtout qui vous rend adorable;
> Mais ma voix, faible encor, vous dit en quatre mots
> Que de vos heureux dons le moins considérable
> C'est d'être fille, femme, et mère de héros.

Ce madrigal, qui fut inséré dans les journaux de l'é-
poque, commença la renommée poétique de Beauchâteau. La mère de Louis XIV, Anne d'Autriche, fut cu-
rieuse de voir cet enfant extraordinaire, elle le fit venir
au Louvre, le questionna. pour l'embarrasser, en italien
et en espagnol; l'enfant lui répondit toujours avec la
même grâce, toujours avec la même naïveté spirituelle
dans les deux langues, si bien que la reine, enchantée
de l'entendre parler avec autant de précision que d'aisance, lui demanda : « Mais comment se peut-il que
vous ayez tant de savoir et d'esprit à votre âge?

— Oh! répondit François de Beauchâteau, quand on
approche des dieux de la terre, il est difficile de n'avoir
point d'esprit. » La reine l'embrassa à plusieurs reprises;
elle admit l'enfant du comédien à sa table, et ne le renvoya qu'après l'avoir comblé de présents.

C'est aussi dans ce temps-là que François de Beauchâteau adressa à la fille d'un confiseur qui demeurait
en face du collége du Cardinal Lemoine ces quatre vers,
où l'on admire l'esprit enjoué et la gaieté de cet enfant :

> Vous avez, je le sais, plus d'un attrait vainqueur :
> Vous chantez, vous dansez, vous parlez comme un ange
> Que je serais heureux de toucher votre cœur,
> Et surtout vos bonbons et votre fleur d'orange !

Chacun des grands seigneurs du temps se disputait
le plaisir d'avoir à sa table le spirituel enfant. Le cardinal Mazarin, alors premier ministre, voulut aussi recevoir chez lui le poëte dont on ne parlait plus qu'avec
admiration; mais, en dépit de sa popularité, François

de Beauchâteau n'était encore qu'un enfant timide. La
reine Anne d'Autriche l'avait reçu sans apparat, il avait
conservé près d'elle toute sa liberté d'esprit; Mazarin
mit de l'éclat dans la réception qu'il fit à François de
Beauchâteau; aussi quand le jeune poëte se trouva au
milieu de cette cour brillante et sévère, il trembla, il
resta tout interdit; et, quelque belle chose qu'on pût lui
dire, il ne trouva pas un seul mot à répondre. Cependant une gracieuse personne, la belle Hortense Man-
cini, s'étant penchée à l'oreille du petit Beauchâteau,
voulut l'encourager à soutenir sa réputation; elle lui
parla avec tant de bonté, qu'il se sentit un peu moins
timide auprès d'elle, et il lui glissa tout bas ce nouvel
impromptu :

> Tant d'éclat, j'en conviens, m'a troublé, m'a surpris;
> Je cherche de l'esprit, plaignez mon sort funeste,
>   Puisqu'ici chacun m'a tout pris,
>   Comment se peut-il qu'il m'en reste ?

La nièce de Mazarin répéta tout haut le madrigal, et
la bonne renommée de Beauchâteau, qui commençait
à souffrir de sa timidité, fut tout aussitôt réhabilitée aux
applaudissements de l'illustre compagnie.

Ce qu'il faut admirer dans le jeune Beauchâteau, ce
n'est pas la précocité de son talent, ce n'est pas non
plus la tournure aimable de son esprit, mais c'est l'heureux assemblage du génie poétique et de la joyeuse
naïveté de l'enfant. On avait beau le traiter déjà comme
un grand homme, il n'en était ni plus grave ni plus pré-
somptueux pour cela ; il se prêtait avec bonne grâce et

empressement à tout ce qu'on exigeait de sa muse; dès
qu'on l'ordonnait, il se mettait au travail; mais sitôt
qu'il en avait fini avec son rôle de poète, il courait, il
jouait, il semblait heureux de se souvenir et de rappeler aux autres qu'il n'était encore qu'un enfant.

Un jour qu'on lui reprochait son amour pour des
jeux qui étaient bien de son âge, mais qui ne devaient
pas convenir à un esprit supérieur comme le sien,
François de Beauchâteau se mit à rire, et répliqua :

> Pour les jeux et les vers mon ardeur est égale,
> Car de mon âge enfin je dois subir la loi,
> Et, poëte à dix ans, je sens bien que pour moi
> Le plus beau des sonnets ne vaut pas une balle

Comme il s'était appliqué avec ardeur à l'étude de la
langue anglaise, il demanda en grâce à son père la permission d'aller en Angleterre passer quelques mois,
afin de se perfectionner par l'usage dans une langue
alors assez peu familière même aux personnes instruites
de ce temps. Il partit avec l'ambassadeur de France.
Le même empressement qu'il avait provoqué à la cour
de France l'accueillit dans le palais de Cromwell; les
plus grandes dames aimaient à le caresser, à le placer
sur leurs genoux, tant l'aimable enfant avait le don de
plaire. D'ailleurs, bien qu'il fût alors âgé de près de
treize ans, on eût dit, à le voir de si petite taille, qu'il en
avait tout au plus neuf ou dix. On sait le joyeux impromptu qu'il fit pour la célèbre Henriette de Windsor :

> Sur vos genoux je sens que plus d'un dieu m'inspire;
> J'y ferais mille vers pour chanter vos attraits.

17.

Mais tandis qu'Apollon vient y monter ma lyre.
Eh ! le fripon d'Amour m'y blesse de ses traits.

Le livre intitulé *la Muse du petit Beauchâteau* avait
mis le comble à sa célébrité; l'Europe retentissait de
son nom. L'enfant, dévoré de la soif de s'instruire,
tourna les yeux vers l'Orient, et s'embarqua à Plymouth
avec deux savants géomètres d'Oxford, qui allaient visiter la Perse. C'est là tout ce que l'on sait sur la vie de
François de Beauchâteau : quelques-uns prétendent
qu'il périt dans un naufrage ; d'autres croient qu'il fut
pris par des pirates et emmené en esclavage pour être
vendu à Tunis ou à Alger. Plusieurs osent affirmer que
François de Beauchâteau arriva sain et sauf dans l'empire persan, et que, s'étant fait remarquer par la vivacité de son esprit et son aptitude à tout apprendre, il
changea son nom d'européen contre un nom tout orien-
tal, et oublia qu'il suffisait à la gloire d'un homme de
tenir un rang illustre sur le Parnasse français ; puis,
toujours dominé par son génie poétique, il fut jaloux
de s'illustrer dans une langue si célèbre par les beaux
vers du grand poëte Saadi.

Elle glissa en tremblant son billet dans les mains de Milton

MILTON

ous ne voulons citer qu'un seul trait de l'enfance du grand Milton, de ce poëte immense qui fut aveugle comme Homère, qui eut autant de génie que le Dante, et qui mourut sans savoir que sa patrie l'inscrirait un jour au nombre de ses plus grands hommes. Car rappelons-nous-le bien pour ne jamais désespérer de l'avenir, l'auteur du *Paradis perdu* ne fut aux yeux de ses contemporains qu'un poëte obscur, et l'Angleterre ne s'avisa de compter le divin poëme parmi ses richesses nationales que plusieurs années après la mort de Milton.

C'est à peine si de son vivant on consentit à lire quelques fragments du *Paradis perdu*, et même ceux qui eurent ce qu'on appelait le courage de parcourir les vers admirables du poëte maître d'école décidèrent que l'ouvrage était digne du dernier mépris. Ainsi, vous tous qui sentez naître en vous le noble désir de la gloire, vous qui jugez assez bien de vos forces pour pouvoir vous dire : J'irai loin, ne vous arrêtez pas en chemin, parce que nul ne viendra vous dire que la route que vous suivez est belle et que vous y marchez dignement. Allez, allez toujours et sans vous décourager jamais; si les applaudissements vous manquent aujourd'hui, souvenez-vous qu'un demi-siècle après sa mort Milton eut des statues.

Il était si beau et si chaste que ses camarades du collège du Christ le surnommaient la belle vierge. De chaque côté de son front ses cheveux tombaient en larges boucles et allaient flottants sur ses épaules ; ses yeux avaient la plus touchante expression de bonté, et son visage, ordinairement pâle, se colorait, au moindre éloge qu'on pouvait faire de lui, d'une modeste rougeur qui l'embellissait encore.

C'était pendant un jour d'été. Milton, à la suite d'une longue promenade, venait dè s'endormir sous un arbre au bord d'une grande route. Deux dames qui passaient en voiture, frappées de la beauté du jeune étudiant, firent arrêter leur carrosse et descendirent pour le contempler de plus près.

Une des deux, qui pouvait avoir à peine quinze ans, après un moment de contemplation qui ressemblait à de l'extase, dirent les camarades de Milton qui étaient

cachés près de là et qui se trouvaient spectateurs secrets de cette scène muette, cette dame, lui dirent-ils,
tira un crayon de sa poche, écrivit quelques lignes,
déchira un feuillet de son souvenir et le glissa en tremblant dans les mains de Milton; puis les deux étrangères
remontèrent en voiture et partirent.

Réveillé par ses amis, Milton apprit bientôt de ceux-ci
ce qui venait de se passer. Le bel étudiant du collége
du Christ s'empressa d'ouvrir le billet qu'on avait glissé
dans sa main. Il contenait ces lignes, tirées du poëte
Guarini :

« Beaux yeux, astres mortels, si, fermés par le sommeil, vous avez blessé mon cœur, ouverts, quelle doit
être votre puissance? »

Les amis du jeune dormeur le plaisantèrent beaucoup
sur cette aventure; quant à lui, il en fut tout troublé.
Une pensée l'occupa tout entier, ce fut celle de retrouver la belle étrangère qui venait de faire en sa faveur
une si flatteuse application des vers du poëte italien.

Grâce à celle qu'il ne devait jamais connaître, Milton
étudia la langue du Tasse et de Pétrarque. Sans cesse
poursuivi par le désir de se rapprocher de cette femme,
il quitta l'Angleterre, il alla à Gênes, à Venise, à Rome,
à Naples; il se familiarisa avec les poëtes qu'elle paraissait aimer; il devint poëte lui-même, et c'est peut-
être à cette rencontre, un jour d'été, sous un arbre,
près d'une grande route, que l'Angleterre est redevable
du *Paradis perdu*.

Gloire à l'inconnue qui profita du sommeil **de l'en-**
fant pour en faire un grand homme!

LUCRETIA DAVIDSON

L est des fleurs qui ne doivent pas s'épanouir, il est des fruits qui tombent avant l'époque de la maturité; il en est de ces génies qui meurent inconnus comme du chant de l'oiseau qui s'éteint dans les profondes solitudes où nul être humain ne pénètra jamais, comme de ces lampes qui ont brûlé dans le temple où personne n'est venu prier.

Lucrétia Davidson fut un de ces génies-là, et si le monde n'a pas ignoré son nom, c'est grâce à quelques pieux amis qui ont voulu faire partager aux autres l'admiration que leur inspirait un poëte de seize ans qui n'a laissé aucun ouvrage.

Elle naquit à Plattsburgh, sur le lac Champlain, le
27 septembre 1808. Ses parents étaient pauvres; ils
avaient plusieurs enfants, et chacun de ceux-ci, selon
son âge et selon ses forces, devait prendre sa part
des soins du ménage. Lucrétia n'avait pas quatre ans
que déjà elle remplissait auprès d'une sœur moins âgée
qu'elle les devoirs de petite maman. Ces devoirs-là l'occupaient durant toute la journée; mais le soir, quand la
famille était couchée, la jeune Davidson, avide d'instruction, ne se couchait pas, mais, retirée dans sa chambre,
elle s'entourait de livres, et réparait par de longues heures d'étude ce que la laborieuse enfant appelait son
temps perdu. Ses premières lectures ayant développé
son active imagination, elle se sentit naître à la poésie
dans cet âge d'ignorance bien pardonnable, où les autres enfants ne se doutent pas même qu'il existe des
poëtes. Lucrétia Davidson fit donc des vers. Elle les
adressait tantôt à l'oiseau qu'elle aimait le mieux, tantôt
à la fleur qui lui plaisait davantage; elle en faisait pour
sa poupée, pour l'étoile qu'elle voyait filer au ciel, pour
la petite sœur qu'elle soignait, et surtout pour sa mère
qu'elle aimait tendrement.

Elle écrivait en cachette; mais, quelque mystère
qu'elle mît à ses occupations de la nuit, Lucrétia faisait
une si prodigieuse consommation de papier, qu'à la fin
ses parents s'aperçurent de l'emploi de ses longues
veillées. Modeste et timide, l'enfant poëte rougit et
pleura en se confessant de son génie naissant comme
d'une faute. Le docteur Olivier Davidson, son père, lui

demanda à voir ses essais poétiques : « Ils sont tous
brûlés, » lui dit-elle ; et ce n'était point un mensonge,
car à peine Lucrétia avait-elle achevé une de ses petites
compositions, qu'elle la jetait au feu et n'en gardait
pas plus la mémoire que la harpe éolienne ne garde
le souvenir de ses soupirs harmonieux quand la brise a
cessé de faire vibrer ses cordes.

Lucrétia promit qu'à l'avenir elle ne détruirait pas le
fruit de ses jeunes inspirations avant de l'avoir soumis
à l'examen de ses parents; mais cette promesse fut d'a-
bord pour elle comme un manteau de glace jeté sur son
imagination. L'idée de ne plus pouvoir garder pour elle
seule le secret de ses pensées et de ses veilles la fit renoncer pour quelque temps à ses travaux chéris ; elle
lisait encore, mais elle n'écrivait plus. Enfin sa destinée
l'emporta, elle recommença son existence de poëte;
mais, en dépit de sa promesse, elle n'en voulut rien
dire à son père. Afin de mieux garder son secret et pour
qu'on ne s'aperçût pas qu'elle usait de nouveau du papier, la jeune Américaine écrivait sur les marges de ses
livres, en haut, en bas, sur les côtés; elle surchargeait
ses lignes, les croisait et les recroisait encore, et ses
écrits, qui avaient un sens pour elle, étaient indéchif-
frables pour tous les autres.

A cette vocation de poëte si prononcée se joignit
chez Lucrétia Davidson un penchant irrésistible pour
l'art du dessin. Son père était trop pauvre pour lui
donner un maître, elle n'en demanda pas ; elle s'en
tint à la nature, qui devait la faire peintre comme elle

l'avait fait poëte. C'est encore sur ces mêmes livres,
dépositaires des inspirations de la jeune muse, que
l'enfant crayonna ses esquisses imparfaites.

Comme elle avait grand soin de remplir plus scrupuleusement encore ses devoirs de petite ménagère, on
crut que miss Davidson avait renoncé à ses travaux
poétiques ; mais un jour, sa mère, cherchant dans une
armoire, découvrit un de ses livres tout surchargé de
vers et de dessins. Pour la seconde fois, l'enfant crut
devoir rougir de ses mystérieuses études ; elle fut longtemps avant de vouloir expliquer le sens de ces lignes
illisibles ; mais, comme on la menaça de ne lui rendre
le livre que lorsqu'elle aurait déchiffré elle-même ce
qu'elle seule pouvait lire, Lucrétia obéit. Le livre lui
fut rendu avec des larmes et des baisers d'admiration, et
la pauvre enfant, qui était tombée malade depuis que le
précieux manuscrit avait passé de ses mains dans celles
de sa mère, ne l'eut pas plutôt reconquis qu'elle le déchira page à page, et qu'elle les brûla toutes comme
elle avait brûlé ses premiers vers.

Sa sœur aînée mourut ; sa mère tomba malade : ses
devoirs augmentaient ; ses travaux, bien qu'ils lui fussent chers, durent s'en ressentir, tout son bonheur était
dans ses études, dans ses compositions, dans ses dessins ; elle cessa d'étudier, de composer, de dessiner,
pour soigner sa mère, et pour remplacer auprès de sa
famille la sœur qui n'était plus.

Cependant le bruit de son nom commençait déjà à se
répandre. Quelqu'un ayant entendu parler de ses vers,

et sachant combien la famille Davidson était pauvre, lui envoya un billet de banque de vingt dollars, avec prière de l'employer à faire le fonds d'une petite bibliothèque dont l'enfant poëte devait avoir besoin. Lucrétia était auprès du lit de sa mère quand elle reçut la lettre de l'inconnu. D'abord la pensée de pouvoir acheter quelques-uns de ces beaux livres qu'elle désirait lui fit pousser un cri de joie; mais tout à coup, songeant à celle qui souffrait là, au médecin qui allait venir et qu'il fallait payer, à tout ce qu'il ordonnait, et qui coûtait si cher, les larmes vinrent aux yeux de Lucrétia; elle tendit le billet de banque à son père, et lui dit : « Prenez, voilà de quoi soigner ma mère, je puis me passer de livres. » Lucrétia Davidson avait alors onze ans.

C'était peu pour Lucrétia de faire le sacrifice des livres qu'elle avait désirés. Ayant entendu dire qu'on blâmait ses parents de l'éducation qu'elle-même s'était donnée, quand elle n'aurait dû songer qu'à apprendre ce qu'une fille pauvre doit savoir, elle renonça à ses propres livres, les enferma sous clef, et elle perdit volontairement cette clef pour résister à la tentation de recommencer ses lectures. Mais, en agissant ainsi, l'enfant avait plutôt consulté son cœur que ses forces : une tristesse profonde s'empara d'elle, elle maigrit, tomba malade à son tour, et bientôt elle cessa de pouvoir soigner sa mère, qui cependant était trop faible pour se passer de ses soins.

« Ma fille, lui dit un jour mistriss Davidson, il y a

longtemps que vous n'avez rien écrit. — J'ai renoncé à écrire, répondit Lucrétia en fondant en larmes; on m'a fait comprendre que, depuis la mort de ma sœur aînée, il est de mon devoir de ne plus songer qu'à soulager mes parents. — Mais pour cela, mon enfant, il ne faut pas être malade; et, puisque votre bonheur et votre existence tiennent à vos études, continuez d'étudier, pour que nous conservions un enfant qui nous est si nécessaire et si précieux. »

Cette sage exigence de mistriss Davidson fut pour Lucrétia le baume réparateur qui devait lui rendre la santé et la joie.

Nous ne suivrons pas un à un les nombreux travaux du jeune poëte américain. Placée dans un pensionnat par un bienfaiteur anonyme, Lucrétia étudia et travailla avec tant d'ardeur, que sa santé dut s'en ressentir. C'est alors qu'elle adressa les stances suivantes à une amie qu'elle n'avait pas vue depuis longtemps :

Quand tu comptais, aux jours de mon enfance, les joyeux battements de mon cœur, alors j'étais fraîche comme la fleur qui sourit au printemps; je jouais, j'étais libre, et je me sentais heureuse.

Tu n'as pas oublié ni mes joyeux ébats, ni mon ignorance de tout chagrin, ni ce bon rire qui est l'âme des simples plaisirs de l'enfance et des fêtes de l'homme ici-bas.

Comme tout était neuf pour moi dans la vie, comme les plaisirs caressaient de leurs ailes mon jeune âge en fleur! et qu'elles étaient brillantes les magiques couleurs dont l'espérance me peignait l'avenir !

Hélas! ce temps n'est plus; j'achève dans les ténèbres mon pèlerinage dans la vie, et je vais, me dirigeant faible et chancelante, vers ce dernier asile où nous dormons dans la poussière.

Lucrétia Davidson ne l'avait que trop bien senti, sa fin était prochaine ; elle se mourait de ce mal qui fait d'autant plus croire à la vie, que la mort est plus près.

Elle sortit de pension, et revint à Plattsburgh pour revoir encore une fois les parents qui avaient fondé sur elle leur espérance de gloire et de bonheur.

Dans ses derniers jours, le médecin qui la soignait lui interdit toute lecture ; mais, comme son existence tenait à ses livres, Lucrétia les faisait placer sur son lit afin de pouvoir les toucher ; elle les baisait mille fois le jour, et puis, quand l'espoir de sa guérison lui revenait par hasard, elle s'écriait, en montrant à sa mère les livres qui étaient près d'elle : « Ah ! maman, quelle fête ce sera pour moi le jour où je pourrai en ouvrir un ! »

Ce jour ne vint pas ; le temps fixé à cet astre pour briller sur la terre et remonter au ciel était accompli. Lucrétia-Maria Davidson mourut le 27 août 1825.

MÉTASTASE

L se nommait Trapassi, et, sous ce nom bien obscur, l'enfant s'essayait par son génie hâtif à conquérir la célébrité qu'il devait répandre un jour, comme à pleines mains, sur son nom d'emprunt de Métastase.

Le poëte lyrique qui devait plus tard charmer par la mélodie de ses vers les oreilles délicates des rois et des grands du monde, n'était à l'âge de dix ans qu'un poëte de basse classe du peuple, un simple improvisateur de carrefour. La foule se pressait au coin des rues de Rome pour entendre chanter de si ingénieuses *canzonnette* par ce joli enfant tout blond, tout animé par l'inspiration poétique, et dont les vers coulaient doux et parfumés de ses lèvres comme les gouttes d'un miel limpide couleraient sur des feuilles de roses. Quand la verve de l'enfant était épuisée, il souriait gracieusement à son auditoire, descendait du banc de pierre sur lequel il venait de monter pour dominer l'assemblée, et puis il prenait congé des spectateurs sans vouloir recevoir d'eux autre chose que des caresses et des bonbons; car Trapassi, n'était pas un mendiant, et quoique son père ne fût qu'un pauvre artisan, du moins il travaillait assez pour nourrir sa famille, sans qu'elle eût besoin d'implorer la charité publique.

Le peuple a pour ces poëtes plus de véritable enthousiasme peut-être que n'en ont les artistes et les savants pour les hommes de génie. On prend aussi bien parti pour les choses de plaisir que pour les croyances religieuses, car le plaisir est un culte aussi comme le génie est une royauté; si bien que deux grands poëtes, deux grands peintres, deux grands artistes enfin, qui chacun dans le même temps suivent une route différente avec des talents égaux, séparent en deux camps rivaux leurs différents admirateurs, comme deux rois qui auraient au trône des droits également légitimes sépareraient la nation en deux armées rivales.

J'ai dit cela pour faire comprendre comment le peuple de Rome était partagé, en ce temps-là, entre le jeune poëte de dix ans, qui mettait dans ses chants une sensibilité vraie, une douce mélancolie, et un autre improvisateur, le vieux Bellucci, poëte âpre, désor-

donné; génie à qui sa muse n'inspirait que des chants
de désespoir, qui n'évoquait que des images mons-
trueuses et qui ne savait peindre que d'effrayants tableaux. Tandis que l'enfant laissait errer ses rêveries
dans les jardins enchantés d'Armide, le vieil improvisateur traînait impitoyablement son auditoire dans les
cercles infernaux où le Dante alla surprendre les cris de
rage des damnés.

C'était tous les jours entre le parti Trapassi et le
parti Bellucci une lutte nouvelle. Parmi les admirateurs de l'enfant, il y avait un perruquier, nommé Zaverio, qui comptait au nombre de ses pratiques le
savant jurisconsulte Gravina. Un jour, Zaverio arriva
plus tard qu'il n'avait coutume de le faire chez le célèbre fondateur de l'Académie des Arcadiens; celui-ci,
qui aimait l'exactitude, gronda son perruquier de ce
qu'il arrivait si tard; Zaverio s'en excusa, prétextant une
querelle littéraire que lui, admirateur du jeune Trapassi, avait été obligé de soutenir contre un zélé par-
tisan du vieux Bellucci. Gravina, qui vivait dans un
monde élevé jusqu'où le nom du petit improvisateur
n'avait pu monter encore, s'informa de ce que c'était
que cet enfant de génie dont Zaverio lui parlait avec un
si chaleureux enthousiasme. Bien que le jurisconsulte,
qui était poëte aussi, n'eût pas une bien grande confiance dans les sympathies littéraires de son perruquier,
il éprouva le désir de connaître l'improvisateur imberbe
qui excitait si fort l'admiration de maître Zaverio; le
soir il alla au Champ de Mars pour entendre improviser

l'enfant, qui avait accepté le combat poétique que lui offrait Bellucci. Les deux armées s'étaient mêlées, confondues, et la foule était si grande, que Gravina ne parvint qu'à grand'peine à trouver place dans le cercle immense de curieux. Enfin il parvint à se glisser au premier rang.

Soit par respect pour l'âge de son adversaire, soit par un louable sentiment de modestie, ou soit plutôt par une simple coquetterie de poëte, l'enfant céda tout d'abord la parole à Bellucci. Celui-ci appela à son secours tout ce que son imagination sauvage et vagabonde pouvait lui fournir d'images gigantesques ou déchirantes : il fit passer son auditoire par tous les degrés de la terreur; il l'enleva, pour ainsi dire, de rocher en rocher à travers des chemins bordés de ronces et d'épines; et puis, quand il l'eut conduit au sommet, par un dernier effort de son génie, il fit jaillir l'éclair, éclater la foudre, et précipita dans le fond des abîmes sa victime foudroyée. Après cette orageuse péroraison, Bellucci se croisa les bras, regarda fièrement la foule, qui semblait pétrifiée d'admiration et de terreur. Ensuite il se tourna vers son jeune émule, qui se tenait assis et la tête penchée sur sa main, subissant, lui aussi, la puissance de ce terrible génie. « Eh bien! lui dit Bellucci, parle; maintenant la victoire te sera difficile, car je leur ai ôté jusqu'à la force de m'applaudir. »

Rappelé à son rôle d'improvisateur par l'orgueilleuse apostrophe de son fougueux rival, le jeune Trapassi se leva, monta sur le tertre d'où Bellucci venait de descendre d'un air triomphateur, et puis à son tour l'enfant prit la parole.

Vous souvient-il d'avoir contemplé le ciel un jour que le temps était lourd et chargé d'orage? Avez-vous éprouvé comme la poitrine longtemps oppressée respire plus à l'aise, et comme l'air circule peu à peu plus librement dans les poumons à mesure qu'un rayon de soleil perce de plus en plus le nuage? Savez-vous bien comme le regard cherche et s'arrête avec bonheur sur l'espace bleu du ciel que l'œil peut entrevoir quand le retour du beau temps déchire par lambeaux la masse noire des nuées? Eh bien, autant on respire à l'aise, autant le cœur est soulagé, autant les yeux se pénètrent avec bonheur de l'azur qui les inonde, autant la vie semble revenir avec le soleil qui revient à nous, autant la douce poésie de Trapassi ramenait à de douces pensées l'âme de ses auditeurs, autant ses mélodieuses chansons guérissaient les blessures que Bellucci avait faites. Le premier venait d'amasser des pleurs sur le cœur de ceux qui l'écoutaient; mais Trapassi, plus heureux poëte encore, les fit couler de leurs yeux. L'un semblait avoir desséché de son souffle brûlant tout ce qui l'entourait; l'enfant, par sa douce et pure haleine, rendait à tout ce qui l'environnait la vie et la fraîcheur; l'âme s'épanouissait à sa voix; les battements du cœur se réglaient aux accents cadencés de sa douce musique, et, comme au souffle du Créateur, la nature semblait s'éveiller et chanter avec lui.

La victoire du jeune Trapassi fut complète, et, nous

devons le dire, si l'orgueil de son rival se trouva blessé,
du moins il n'ajouta pas au malheur de sa défaite la
honte de passer pour un homme jaloux, car le premier
il courut à l'enfant pour l'embrasser; puis, le prenant
dans ses bras, il dit en le montrant à la foule : « Celui-ci
est vraiment un poëte. »

Alors les applaudissements éclatèrent, et Bellucci
put en prendre sa part; car, si l'on admirait le génie
précoce de l'enfant, on était profondément touché aussi
du généreux mouvement de son redoutable adversaire.
Trapassi fut porté comme en triomphe jusque dans la
maison paternelle; longtemps la foule encombra l'é-
troite habitation occupée par les parents de l'improvisateur. Le pauvre père pleurait de joie en voyant que
son fils avait mérité tant d'hommages : « Mon Dieu, disait-il, pourquoi ne suis-je pas plus riche, j'en ferais un
savant. » Un homme s'approcha du père de l'enfant
poëte et répondit : « Moi, je suis riche, et j'adopte
votre fils; je lui donnerai un nom; il s'appellera Métastase; il y a en lui un reflet du génie des poëtes grecs,
c'est pourquoi je veux qu'il porte un nom grec. »

Ainsi parla l'illustre Gravina; car, toujours caché dans
la foule, il était entré avec elle dans la maison du pauvre
artisan.

Le protecteur, fidèle à ses promesses, guida de ses
conseils l'enfant qu'il avait adopté. A quatorze ans, Métastase composa sa première comédie, et elle lui mérita le surnom de Racine de l'Italie. Gravina mourut en
laissant à son élève une fortune considérable. Dans sa

longue carrière dramatique, Métastase ne compta que
des succès, il mourut âgé de quatre-vingt-deux ans,
après avoir doté le monde littéraire de soixante-trois
tragédies lyriques, douze *oratorios*, une foule innombrable de cantates, d'élégies, d'idylles et de sonnets,
parmi lesquels on cite d'inimitables chefs-d'œuvre.

LUCIUS VALÉRIUS

ous le règne de l'empereur Trajan, la
ville d'Hisconium vit naître un enfant
dont l'existence devait être courte et
la gloire immortelle. Durant près de
deux mille ans, le voile de l'oubli fut
jeté sur cette carrière si rapide et si bien fournie; et c'est
seulement à une inscription découverte par le fils du
président de Lamoignon que l'existence de Lucius Valérius fut révélée au monde. Mais comme le temps, en passant sur les grands hommes et sur les grandes actions,
ajoute une illustration nouvelle à leur nom, celui de Valérius est devenu presque aussi populaire de nos jours
qu'il le fut autrefois. On l'avait surnommé *Pudens*, ce qui

veut dire modeste. Son talent pour la poésie s'était développé de si bonne heure, qu'à l'âge de treize ans il se mit sur les rangs pour disputer le prix qu'on adjugeait aux poètes tous les cinq ans dans sa ville natale, le jour même du dénombrement du peuple. Le jour donc des Lustrations, c'était le nom de cette fête populaire, le poëme de Lucius Valérius fut lu publiquement; et, tout d'une voix, les juges du concours lui adjugèrent la médaille d'or et la lyre d'ivoire qu'on décernait aux poètes couronnés. L'inscription romaine dit que le poëme était si beau, qu'il fallut le lire huit jours de suite, et sur toutes les places de la ville, au peuple émerveillé, qui ne pouvait se lasser de l'entendre. L'admiration avait été portée si haut, que tous les concitoyens du jeune Valérius lui votèrent une statue d'airain, et que les plus habiles fondeurs de Rome furent appelés à Hisconium pour travailler jour et nuit au monument qui devait perpétuer la mémoire du poëte

C'était dans le temps où les mœurs s'altéraient, et où les magistrats romains essayaient de ramener dans le cœur des jeunes gens l'amour de la vraie gloire et des vertus antiques.

Marcus Mummius, préfet du prétoire, commandait dans la ville natale de Valérius; il sentit que le triomphe de cet enfant serait un motif d'émulation pour tous ceux qui sentaient le besoin de s'illustrer. Les récompenses nationales ont cela de bon qu'elles font toujours sortir de la foule quelques vertus ignorées. Le jour de l'inauguration ayant été annoncé à son de trompe dans

toutes les villes de l'Italie, la jeunesse romaine se rendit
en foule à Hisconium. Les rues étaient jonchées de
fleurs, de guirlandes, et des banderoles ornaient les
maisons; dans toute la longueur de la route que le cortége devait parcourir, on planta une double haie de
peupliers, de rosiers et d'orangers; Lucius Valérius,
couvert du manteau de pourpre, la tête couronnée, et
tenant en main le sceptre du génie, était monté sur un
char de triomphe que traînaient six chevaux blancs.
Les plus belles filles de la ville, figurant les Muses et
les Grâces, entouraient le char triomphal et chantaient
les louanges du vainqueur; des hérauts précédaient la
marche, criant : « Largesse au peuple ! » et ils jetaient
à la foule de petites médailles d'argent à l'effigie du
jeune poëte. Il fit ainsi le tour de la ville huit jours de
suite; la même marche triomphale traversa Hisconium;
la maison de Valérius fut illuminée; et quand il s'endormit le soir pour rêver à son triomphe, une musique
harmonieuse le berçait et se continuait même jusque
pendant son sommeil. Enfin arriva le jour où Marcus
Mummius devait placer sur la statue la couronne d'immortelles. Au moment où il posait le laurier sur l'image
en bronze du vainqueur, Lucius Valérius aperçut dans
la foule celui de ses concurrents qui avait, après lui,
réuni le plus grand nombre de suffrages. Aussitôt il
découronne sa statue, il court vers son rival de gloire,
et, lui adjugeant le prix à son tour, il lui dit : « Acceptez
cette couronne, vous la méritez plus que moi : si je l'ai
obtenue, ce n'est qu'en faveur de mon âge que l'on a

voulu encourager. » Les deux rivaux s'embrassèrent
fraternellement; et ce trait de générosité mérita à Valérius le nom de *Pudens*.

Le temps a détruit le poëme du jeune tromphateur
d'Hisconium; mais il nous a laissé le souvenir de ses
vertus comme une preuve de cette vérité morale : tous
les beaux ouvrages peuvent se perdre, mais les belles
actions sont immortelles.

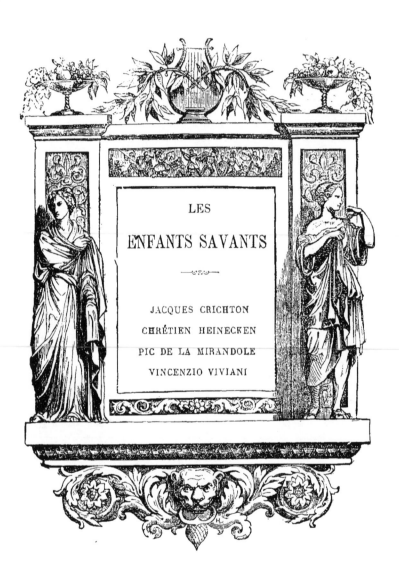

LES

ENFANTS SAVANTS

JACQUES CRICHTON

CHRÉTIEN HEINECKEN

PIC DE LA MIRANDOLE

VINCENZIO VIVIANI

Le Prince se découvre aux yeux indignés de Crichton

JACQUES CRICHTON

N Écossais âgé de quinze ans, étant venu à Paris vers l'an 1575, fit afficher à la porte de tous les colléges un placard portant que lui, Jacques Crichton, gentilhomme né dans le comté de Perth, offrait de disputer avec tout venant, en vers ou en prose, et en douze langues différentes, sur quelque science que ce fût. Ces ambitieuses promesses excitèrent les railleries des étudiants des colléges : cinquante d'entre les plus forts acceptèrent le défi, et on prit jour pour cette lutte grammaticale et scientifique.

On crut effrayer le jeune Écossais en lui annonçant qu'il aurait à répondre sur quinze cents questions au moins. Jacques Crichton dit seulement que, pourvu qu'on lui fît la journée assez longue, on pouvait en mettre deux mille, attendu que cinq cents questions de plus ou de moins n'étaient pour lui qu'une affaire de temps et non pas d'étude. Il disait vrai, car, tandis que ses adversaires se préparaient laborieusement à disputer contre lui, et qu'ils passaient les nuits et les jours à compulser leurs livres, le gentilhomme écossais ne s'occupait que de parties de chasse ou de bague; il se montrait dans les promenades; il allait gaiement de festin en festin, et faisait son personnage dans les mascarades des bals de la cour. Le jour de la lutte arriva, c'était au collége de Navarre que devait se tenir cette mémorable séance. Crichton se fit un peu àttendre : déjà l'assemblée murmurait, déjà ses adversaires le proclamaient vaincu et prétendaient qu'il avait fui honteusement de Paris, effrayé lui-même de la joute qu'il avait provoquée. Ces propos injurieux ne durèrent pas longtemps, car Jacques Crichton, annoncé de loin par la voix publique, entra dans la salle de l'assemblée. Il salua avec aisance, et s'excusa de ce retard involontaire sur ce que, ayant été provoqué en duel par un des plus rudes bretteurs de l'époque, il avait été forcé de s'arrêter, mais seulement le temps nécessaire pour envoyer de vie à trépas le terrible duelliste. Cette excuse, comme on le pense bien, fut accueillie avec de grands applaudissements, et l'on commença à faire des vœux en faveur de celui qui jouait si bien de l'épée. Le président de l'assemblée fit crier à haute voix que la lice était ou-

verte, et les cinquante rivaux de Crichton commen-
cèrent à l'apostropher en hébreu, en arabe, en grec,
en latin, en espagnol, en anglais, en italien, en français et en allemand. Le jeune et savant gentilhomme
renvoya avec grâce tous les coups qu'on lui porta, et,
par une singularité de son esprit ingénieux, il répondit
en hébreu à la question faite en arabe, en arabe à la
question formulée en grec, et, tour à tour, faisant
usage de toutes ces langues qu'il maniait avec une rare
habileté selon son caprice, il traduisit jusqu'à douze
fois le même mot en douze langues, ou bien poursuivit
une longue période dont chaque membre avait un
idiome différent. Cette longue séance ne fut pour lui
qu'un triomphe continuel. Ce génie monstrueux,
comme Scaliger l'a surnommé pour exprimer fortement
sa pensée sur ce merveilleux enfant, Crichton, en un
mot, parcourut dans ce seul jour le vaste domaine de
toutes les sciences : la philosophie, la théologie, les
mathématiques, les belles-lettres. Son regard embrassa
tout, sa pensée creusa tout, il alla de ci, de là, il monta
aussi haut qu'on le voulut, il descendit dans les pro-
fondeurs de la science, il suivit ses adversaires partout
où ceux-ci lui présentèrent le combat, et, quand il les
eut terrassés par les foudres de son éloquence, il leur
fit crier grâce. Alors le régent du collége, s'étant levé
de son siége de président, embrassa Jacques Crichton;
il lui donna un diamant et une bourse pleine d'or qui
était le prix de la victoire, et le proclama le plus savant
homme de son temps.

C'en était aussi le plus actif, car, le soir même, l'enfant, ne se souvenant plus des fatigues de la journée, dansait dans un bal et se préparait par cet exercice, où il excellait, à aller passer le reste de la nuit dans un cabaret célèbre de ce temps-là, que les premiers gentilshommes de la cour ne dédaignaient pas de hanter. Après cette nuit si joyeusement passée, on retrouve l'infatigable Crichton courant la bague dans un tournoi au Louvre, et, toujours aussi heureux, il est quinze fois de suite proclamé vainqueur. Puis, il va à Venise, à Rome, à Padoue; dans chacune de ces villes il subit des épreuves pendant trois jours consécutifs, et toujours de nouveaux succès viennent ajouter à sa célébrité. « Il nous frappa d'une terreur panique, dit un auteur du temps, car il savait plus qu'un homme ne peut savoir, et on crut que c'était l'Antechrist. » Parvenu à l'âge de vingt-deux ans, on le retrouve à Mantoue, gouverneur du prince Vincent de Gonzalve. Crichton était plutôt l'ami que le précepteur de l'héritier de la couronne ducale. Dans ce temps-là il y avait à Mantoue un redouté spadassin, qui, pour ainsi dire, tous les jours faisait une victime nouvelle. Le duc souverain ayant reçu en audience trois veuves dont les époux étaient tombés sous les coups de ce misérable, s'apitoya si fort sur le sort de ces pauvres femmes, qu'il offrit quinze cents pistoles à quiconque provoquerait et tuerait le meurtrier. Crichton appela le spadassin en duel, et, comme il s'était engagé à venger les trois veuves, il perça son adversaire de trois coups d'épée si habilement portés, que

chacun de ces coups faisait une plaie mortelle, juste à
la même place où le spadassin avait frappé ses trois
dernières victimes. Le duc de Mantoue donna les
quinze cents pistoles au vainqueur; mais celui-ci n'accepta cette récompense que pour en faire trois parts
égales, qu'il distribua aux trois pauvres veuves. Le fils
du duc souverain profita mal des leçons de Crichton.
Fatigué de s'entendre dire par son père que l'Écossais
l'emporterait toujours sur lui en savoir, en adresse,
en conduite généreuse et en noblesse de cœur, le jeune
prince conçut une invincible aversion pour celui qu'il
avait d'abord accueilli comme un frère. Crichton aimait
à aller se promener, le soir, dans les environs de Mantoue, il sortait du palais, emportant avec lui seulement
son épée et une guitare, car le savant jeune homme
était aussi un excellent musicien. Par une belle nuit
d'été, comme il revenait de sa promenade accoutumée,
et qu'il traversait les rues de Mantoue pour rentrer au
palais, il se vit tout à coup enveloppé par douze hommes masqués qui l'attaquèrent vigoureusement. Crichton jeta sa guitare, mit l'épée à la main et se défendit
avec tant de courage, qu'il ne resta plus devant lui
qu'un seul adversaire qu'il désarma d'un revers de
main. Celui-ci, voyant bien que c'en était fait de sa vie
s'il persistait à vouloir rester inconnu, arracha vivement son masque et montra aux yeux surpris de Crichton le visage du prince Vincent de Gonzalve. A
l'aspect de son élève, l'intrépide savant s'excuse de ce
qu'il l'a poussé si rudement; mais il était si loin de

soupçonner que ce jeune homme qu'il aimait pût être
au nombre de ses assassins! Après avoir essayé de faire
rougir le prince de son action criminelle, Crichton,
prenant son épée par la pointe, la présenta respectueusement à Vincent de Gonzalve. Un si noble pardon
aurait dû désarmer la haine du prince contre son gouverneur; mais la supériorité du maître humiliait trop
l'élève pour qu'il pût écouter la voix du remords. Dès
que le fils du duc de Mantoue vit que Crichton était
sans armes, il se jeta sur lui et lui plongea sa propre
épée dans le cœur.

Jacques Crichton n'avait pas encore vingt-trois ans
quand il mourut.

CHRÉTIEN-HENRI HEINECKEN

 L y avait à Lubeck un savant
professeur d'histoire nommé
Heinecken; son érudition
était immense, et il enseignait avec un rare talent.
Après avoir longtemps désiré
un fils, le célèbre professeur vit enfin tous ses vœux
exaucés; il se promit de poursuivre avec un zèle infatigable l'éducation de l'enfant que Dieu accordait à
ses prières. Celui-ci n'avait pas encore huit mois que
son père lui avait déjà appris à parler; pour arriver à
ce résultat extraordinaire, le professeur lui montrait
avec soin chaque objet, il le lui nommait à plusieurs
reprises, il lui en expliquait la nature et les propriétés,
il répétait dix ou quinze fois le même son, articulant

chaque mot syllabe par syllabe jusqu'à ce que le mouvement des lèvres de l'enfant lui eût démontré que la leçon était sue.

Cette première étude fut la plus longue et la plus difficile; ensuite les progrès devinrent prodigieux de rapidité : à un an, le petit Heinecken savait les principaux événements de l'histoire de l'Ancien Testament, à quatorze mois il avait lu les saints Évangiles, son père lui parlait latin et français, et sa mère ne s'adressait à lui qu'en allemand. Sans effort, et pour ainsi dire sans étude, l'enfant parvint, en même temps, à s'exprimer correctement dans ces trois langues. Il était né le 17 février 1721; au mois de septembre de l'année 1723 il pouvait répondre à toutes les questions sur les principaux événements de l'histoire ancienne et moderne, et il avait acquis des notions étendues sur la géographie. C'était de vive voix seulement que son père lui enseignait toutes ces choses; pour les lui mieux graver dans la mémoire, l'ingénieux professeur dessinait sur des cartons numérotés avec soin les faits historiques auxquels il voulait que son fils pût répondre; il suffisait à l'enfant de voir une seule fois le carton numéroté pour fixer dans son souvenir la date précise de l'événement et le nom de ceux qui en avaient été les héros. L'enfant prodige ne tarda pas à voir la célébrité s'attacher à son nom; il fut bientôt connu dans les pays étrangers, on parla de lui dans toutes les cours de l'Europe, et le roi de Danemark fit appeler avec sa mère, à Copenhague, le merveilleux enfant.

Heinecken était dans sa quatrième année quand il parut à la cour de Danemark; sa contenance fut celle d'un enfant qui est élevé plutôt avec indulgence qu'avec sévérité : il n'eut rien de gêné dans ses mouvements, sa démarche était assurée, et son sourire enfantin annonçait par sa gaieté vraie qu'on ne faisait pas subir à son esprit des études au-dessus de la portée de son intelligence. C'était, chez lui, une nature hâtive et non point une nature forcée. Il prononça devant le roi un petit discours latin, qui dura environ dix minutes, et, quand il eut fini, comme chacun témoignait sa surprise et son admiration, le petit Heinecken, s'adressant alors à la reine et aux princesses, leur récita en vers français un ingénieux apologue que son père avait composé pour cette circonstance. Ce fut à qui prendrait l'enfant sur ses genoux, à qui le comblerait de plus de caresses; mais le savant au berceau, se dégageant des bras qui le retenaient, courut se jeter dans ceux de sa mère. Celle-ci, qui savait bien ce que son fils venait solliciter, demanda au roi la permission de donner à teter à l'enfant. « Comment ! il tette encore? dit le roi avec surprise. — C'est tout son bonheur, » répondit madame Heinecken. Aussitôt elle présenta le sein au petit orateur, qui se mit sans façon, et devant toute la cour, à pomper le lait maternel. Après un mois de séjour à Copenhague, la mère et l'enfant se mirent en route pour retourner à Lubeck. Avec les éloges que l'on devait à son savoir précoce, le petit Heinecken emporta de la cour de Danemark une foule de riches présents et une bibliothèque remplie de

livres rares, instructifs et curieux. Lorsqu'il fut de retour à Lubeck, l'enfant manifesta le désir d'apprendre à
écrire, car son père ne lui enseignait que ce qu'il demandait à apprendre : en peu de jours il sut écrire. Son
père résolut alors de lui faire commencer des études
réglées et suivies; mais, pour cela, il pensa qu'il était
indispensable de sevrer le petit Heinecken. Lorsque
l'enfant apprit qu'on voulait le priver du lait maternel,
il en conçut d'abord un grand chagrin; mais, comme
il était avant tout fort avide de savoir, il finit par se résigner; seulement il pria sa mère de s'éloigner de la
maison pour quelque temps, de peur que, voyant là le
sein nourricier, il ne pût s'accoutumer à ses autres aliments, qui lui inspiraient une invincible répugnance.
Madame Heinecken partit, mais son absence ne fut pas
de longue durée; il n'y avait que huit jours qu'elle s'était
éloignée de son fils, quand elle reçut du pauvre petit
une lettre ainsi conçue : « Ma chère maman, je ne peux
vivre que près de toi et par toi; ce n'est pas le désir
d'apprendre qui me manque, et cependant il faudra
que je renonce à continuer mes études, si, pour acquérir une véritable instruction, je dois être forcé de me
priver de cette bonne et douce nourriture que je ne puis
tenir que de toi. Je sens bien que je vais tomber sérieusement malade; ainsi reviens, chère maman, et reviens
bien vite; si tu tardais trop, je n'aurais plus même assez
de force pour aller t'attendre sur la route. »

A cette lettre déjà si pressante, le père du pauvre
petit en joignit une autre dans laquelle il se reprochait

comme un crime d'avoir voulu priver son enfant de ce
qui était son soutien, son bonheur et sa vie. Il disait à
madame Heinecken : « Reviens, si tu ne veux pas que
j'aie des remords éternels. Non, désormais je ne ten-
terai plus de m'opposer aux volontés sacrées de la nature; j'ai compris enfin que tout le génie de mon enfant, c'était au lait de sa mère qu'il le devait; Dieu veuille
que cela ne m'ait pas été révélé trop tard ! » Madame
Heinecken ne se fit pas attendre; mais, quelque diligence qu'elle pût mettre dans son retour, elle n'arriva
qu'à peine assez à temps pour voir cet enfant admirable
expirer sous ses yeux. Il mourut à l'âge de cinq ans, le
front appuyé et les lèvres collées sur ce sein où il avait
puisé sa rare précocité.

JEAN PIC DE LA MIRANDOLE

'IL faut en croire la tradition, des miracles révélèrent à la mère de ce prodigieux enfant ce qu'il devait être un jour; aussi ne voulut-elle confier à personne le soin de la première éducation de son fils. C'est en 1463, le 24 février, que naquit Jean Pic, comte de la Mirandole et de Concordia; c'est par erreur que la plupart des historiens le font prince souverain, car il ne le fut jamais; c'est son frère aîné Galéotti Pic qui posséda l'État de Mirandole et de Concordia après la mort de leur père. Mais qu'importe! s'il ne porta pas, par droit de succession, une couronne passagère, il sut en conquérir une dont la mort même ne le déposséda

pas; nous voulons parler de la couronne d'immortalité,
qu'on ne peut acquérir qu'à la condition d'être, non pas
le premier d'un État, mais l'un des premiers d'entre
tous les hommes. Son étonnante mémoire fit de lui un
prodige de savoir. Dès sa plus tendre jeunesse, quand
il avait entendu trois fois la lecture d'un livre, il pouvait
répéter les mots de plusieurs pages, soit dans leur ordre
naturel, soit dans un ordre renversé.

A dix ans, le jeune Pic était placé par le suffrage universel au rang des meilleurs poëtes et des plus fameux
orateurs; il alla à quatorze ans étudier le droit à Bo-
logne, et parcourut ensuite les plus célèbres universités
de France et d'Italie. On assure qu'à l'âge de dix-huit
ans il savait vingt-deux langues; chose presque incroyable, car il n'y a point de langue qui ne demande
au moins une année d'étude pour la bien posséder. Il
alla à vingt ans soutenir quatorze cents conclusions gé-
nérales sur les sciences dans la ville de Rome, où son
arrivée fit une sensation extraordinaire, tant était grande
la réputation qui l'y avait précédé. Ses immenses succès
avaient dû nécessairement lui susciter des ennemis;
ceux-ci l'accusèrent de magie : treize de ses propositions furent censurées publiquement, comme coupables
d'hérésie, par l'ordre du pape Innocent VIII. L'un des
censeurs de Jean Pic peut donner une idée de l'ignorance de quelques théologiens de ce temps-là, par cette
singulière explication qu'il donna du mot *cabale*, qui se
trouvait dans une des thèses du jeune savant, et dont le
conseil de censure ne comprenait pas le sens : « Cabale,

dit le théologien, c'est un hérétique qui a écrit autrefois contre Jésus-Christ, et qui a des sectaires qu'on
appelle cabalistes. » D'après l'avis de si bons juges, Pic
de la Mirandole se vit exilé des États romains, il passa
en France; mais il y resta peu de temps, attiré qu'il était
en Italie par le désir de respirer l'air natal. Sa passion
pour l'étude devint si forte, qu'il renonça à tous ses
biens patrimoniaux, et s'enferma dans l'un de ses châ-
teaux, n'ayant pour compagnon de sa solitude que les
livres de sa bibliothèque.

On se tromperait singulièrement en cherchant à établir un parallèle entre ce que la science était alors et
ce qu'elle est aujourd'hui. Toutes prodigieuses qu'elles
soient, les connaissances de Pic de la Mirandole nous
paraîtraient aujourd'hui fort bornées. Ses livres témoi-
gnent bien de la vivacité de son esprit, mais ils ne prouvent rien en faveur de son jugement. Il assure quelque
part « qu'il n'y a aucune vertu dans le ciel et sur la terre
qu'un magicien ne puisse faire agir, » et il prétend que
les paroles sont efficaces en magie, parce que Dieu s'est
servi de la parole pour arranger le monde. On voit
autre part « que les animaux et les plantes naissent seulement de la corruption animée. » Enfin, c'est un fatras
d'erreurs qui valait autrefois des éloges outrés à son
auteur, mais qui, de nos jours, ne mérite guère autre
chose que la pitié qu'on doit à de pauvres aveugles qui
se fourvoient dans les ténèbres. Le véritable mérite de
Pic de la Mirandole, c'est d'avoir réuni en lui seul toutes
les connaissances qu'il était donné à l'homme de pos-

séder en ce temps-là. Il mourut à Florence le 17 novembre 1494, à l'âge de trente et un ans, et le jour
même que Charles VIII fit son entrée dans cette ville.
Le roi de France, ayant appris que Jean Pic était à l'extrémité, lui envoya deux de ses médecins, mais leur
art ne lui fut d'aucun secours. Les mœurs de Pic de la
Mirandole étaient aussi pures que son esprit était actif.
S'il a eu peu de connaissances exactes et utiles, dit un
de ses historiens, ce fut la faute de son siècle, et non la
sienne.

VINCENZIO VIVIANI

N enfant qui pouvait être âgé
d'environ douze ans, et dont
le costume était celui des pauvres
paysans de la campagne de Florence,
entra un jour de l'année 1638 dans la
noble capitale du grand-duché de Toscane; il portait
sur son épaule un mince paquet dans lequel il avait
passé son bâton de voyage, la pochette de sa veste était
fort peu garnie, et cependant il avait emporté de la
maison paternelle tout ce que son père avait pu lui
donner d'argent pour faire route et pour subsister jusqu'au moment où il trouverait à gagner sa vie.

« Te voilà déjà grand garçon, tu es fort, tu as de l'esprit, lui avait dit son père, tu es en âge de travailler;

moi, je n'ai plus le moyen de te nourrir; sois sage, sois
laborieux; et, si tu gardes la crainte de Dieu, partout où
ton ange gardien te conduira, sois-en bien sûr, il se
trouvera toujours quelque bonne âme sur ton chemin
qui ne demandera pas mieux que de venir à ton
aide. »

Le père et l'enfant avaient pleuré ensemble, et puis
ils s'étaient séparés. Le petit exilé, ayant pris le chemin
de la ville, s'arrangea pour ménager de son mieux le
peu d'argent qu'il possédait. De peur d'user ses gros
bons souliers, il les attacha au bout de son bâton et
marcha nu-pieds; mais, quand il fut tout près de Florence, il se baigna dans l'Arno, secoua la poussière de
sa veste, s'assit sur une pierre pour raccommoder, avec
une aiguille et du fil, qu'il avait eu soin d'emporter, les
déchirures de son pantalon de toile; ensuite il s'habilla
le plus coquettement qu'il lui était possible de le faire;
car il allait au-devant de la fortune, et il sentait qu'il ne
pouvait mettre trop de soin dans sa toilette pour faire sa
première visite à cette grande dame.

Nous n'avons pas dit encore comment le père du
jeune Viviani avait pu se décider à se séparer de son
enfant, quand celui-ci était encore dans un âge si tendre, et comment aussi le père pouvait espérer que Viviani trouverait à occuper assez utilement ses faibles
bras pour subsister avec le produit de son travail. C'est
que, tout ignorant qu'il était, ce père comprenait la
haute portée de l'intelligence de son fils. Viviani ne savait pas un seul métier, mais on peut dire qu'il était

capable de les exercer tous. Doué d'une prodigieuse
pénétration, il devinait ce qu'on ne lui enseignait pas;
dès qu'on l'avait mis sur une voie, quelle qu'elle fût, il
n'avait pas besoin de conseils pour y marcher d'un pas
sûr. Ainsi on lui avait à peine enseigné l'alphabet, et il
savait parfaitement bien lire; on lui avait dit deux et
deux font quatre, et ce point de départ l'avait conduit
aux opérations les plus compliquées de l'arithmétique.
Manquant des notions nécessaires pour calculer d'après
les règles de la science, il se créa une méthode aussi
simple qu'ingénieuse, et c'est au moyen de petits morceaux de bois diversement entaillés qu'il parvint seul à
découvrir les lois des nombres et à se rendre compte
de leurs combinaisons.

Le curé du village traduisit un jour pour cet enfant
un des psaumes du roi David; à l'aide de cette centaine
de lignes, Viviani parvint à comprendre et à traduire à
son tour la plus grande partie de presque tous les
autres psaumes. Cette intelligente aptitude au travail
ne se bornait pas seulement aux travaux de l'esprit;
plus d'une fois, en visitant les ateliers du village, Viviani, qui ne connaissait pas, même de nom, ce qu'on
appelle les lois du raisonnement, l'équilibre, la méca-
nique, indiquait par un mouvement naïf, mais précis,
le moyen de vaincre une difficulté contre laquelle un
ouvrier malhabile avait souvent lutté pendant plusieurs
jours.

Tel était cet enfant, que la misère avait chassé de
son village, et qui se promenait dans les rues de Flo-

rence, tout émerveillé des belles choses qu'il voyait.
Parmi les curiosités qui attiraient ses regards, il y en
eut une qui le retint longtemps fixé devant la boutique
d'un marchand. Cet objet, qu'il considérait avec tant
d'attention, c'était une lanterne magique; comme il n'en
connaissait pas l'usage, sa pénétration ordinaire se trouva
cette fois en défaut. Un autre que Viviani eût passé outre,
de peur de trop se fatiguer l'esprit; mais lui, il n'était
pas de ceux qui passent facilement d'une préoccupation
à une autre. Voyant que son intelligence ne lui apprenait rien de ce qu'il voulait savoir, il prit la résolution
d'entrer chez le marchand, et il pria celui-ci de lui expliquer le mécanisme de la lanterne. C'était alors un
objet rare et d'une grande valeur qu'une lanterne magique! Quand Viviani fut familiarisé avec ce jouet de
nouvelle espèce, il comprit aussitôt quel parti avantageux il pourrait tirer de ce spectacle attrayant en le
portant de village en village, pour le montrer aux enfants des campagnes. Il étala sur le comptoir du marchand tout ce que sa poche contenait de petite monnaie, et lui demanda si cela suffisait pour payer la
merveilleuse lanterne. « Non, répondit le brave homme
à qui Viviani s'était adressé; tu serais dix fois plus riche
que tu aurais encore trop peu pour acheter l'objet que
tu convoites; et cependant, puisque tu crois que ta fortune à venir est dans la possession de cette lanterne, je
ne veux pas que tu puisses me reprocher de t'avoir fait
manquer la fortune. Je ne te vends pas cette lanterne
magique, mais je te la loue. Tu parais intelligent, je te

crois de la probité; engage-toi seulement à revenir ici,
à la fin de chaque semaine, me dire franchement ce que
tu auras gagné, et, selon que tes recettes auront été
bonnes ou mauvaises, je réglerai le prix de la location. »
Viviani, portant çà et là son petit spectacle, allait de hameau en hameau offrir à la curiosité des bonnes gens
de la campagne monsignor le soleil, madame la lune,
notre saint-père le pape dans son grand costume ponti-
fical, la tentation de saint Antoine, et le grand Girolamo,
vainqueur de tous les cinq cents diables. On admirait
beaucoup mais on payait fort peu, si bien que Viviani
n'avait pas grand'chose à rapporter à la fin de chaque
semaine. Ses souliers commençaient à s'user; il se décida, pour les ménager, à ne plus faire d'excursions
hors la ville; il s'établit avec son spectacle sous la grande
porte du palais Strozzi; mais ses recettes ne furent pas
beaucoup meilleures. Un soir qu'il pleuvait fort, et que
l'enfant se morfondait auprès de sa lanterne, il avisa de
loin un homme qui traversait la rue, que la pluie avait
rendue déserte : « Signor, signor, dit-il en courant après
le passant, si vous ne venez pas voir le soleil, je n'aurai
pas de quoi payer mon souper et mon gîte. — Le soleil,
dit l'étranger, nous sommes fort mal ensemble, car je
ne suis pas payé pour l'aimer. »

Cet homme, c'était celui qui avait assigné au soleil et
sa place et sa route dans les espaces infinis, c'était Galilée enfin. Touché de compassion à la vue du petit
mendiant, il se rendit à sa prière, et, malgré la pluie qui
tombait, il daigna s'arrêter devant le spectacle que Vi-

viani lui offrait. Il écouta patiemment l'explication jusqu'au bout, et, quand la représentation fut terminée, il
resta encore auprès de Viviani pour l'interroger sur le
mécanisme de son théâtre d'illusions. Viviani répondit
avec sa justesse accoutumée. Puis, de la démonstration
de la lanterne, il arriva insensiblement à l'explication
de plusieurs calculs de l'art de l'opticien qu'il avait pu
saisir dans ses conversations du samedi soir avec le bon
marchand qui le protégeait. Comme il est vrai que le
savoir est un trésor, Viviani avait prophétisé juste en
disant que sa fortune à venir était dans la possession
de cette lanterne; il dut à son spectacle sa rencontre
avec Galilée. Le grand homme se prit d'affection pour
l'enfant, il l'emmena chez lui, devint son père d'adop-
tion; il mit si bien à profit les heureuses dispositions de
Viviani pour l'étude des sciences, qu'il en fit l'un des
plus grands géomètres du dix-septième siècle. La réputation de Viviani se répandit bientôt dans toute l'Europe, les princes de la maison de Médicis s'empressèrent de le combler de leurs bienfaits; Louis XIV lui fit
une pension considérable; l'Académie des sciences de
Paris l'admit dans la classe de ses associés étrangers,
et Ferdinand II, grand-duc de Toscane, lui confia à
plusieurs fois d'importantes missions politiques auprès
des différents souverains de l'Europe. Nous avons avancé
que c'était, pour ainsi dire, en devinant les choses qu'il
avait commencé à s'instruire; c'est aussi par la divina-
tion qu'il sut établir plus tard ses droits à l'immortalité.
Un effort de génie, presque incroyable, l'amena à re-

composer, à force de raisonnements, les cinq livres du
vieux géomètre grec Aristée, qui étaient perdus pour la
science depuis un grand nombre de siècles.

Viviani mourut à l'âge de quatre-vingt-deux ans

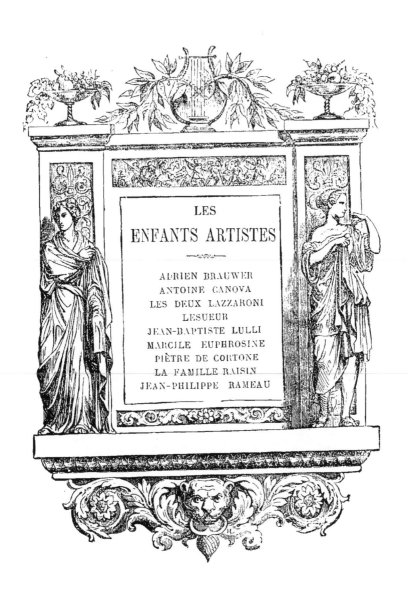

LES
ENFANTS ARTISTES

ADRIEN BRAUWER
ANTOINE CANOVA
LES DEUX LAZZARONI
LESUEUR
JEAN-BAPTISTE LULLI
MARCILE EUPHROSINE
PIÈTRE DE CORTONE
LA FAMILLE RAISIN
JEAN-PHILIPPE RAMEAU

Vous permettrez au moins que je consulte l'ancien.

ADRIEN BRAUWER

ARLEM s'honore d'avoir vu naître et d'avoir nourri dans son sein un peintre illustre, qui fit de son art un bien rude apprentissage. Le peintre dont nous voulons parler, ce fut Adrien Brauwer. Vous allez voir qu'il lui fallut une vocation bien prononcée et une singulière persévérance pour s'élever ainsi, du dernier degré de la misère, au plus haut point de la célébrité.

Il y avait à Harlem une pauvre brodeuse qui travaillait habituellement pour les paysannes des environs ; cette femme vivait à grand'peine du produit de son travail ; elle n'était pas seule à travailler : son fils, un petit garçon nommé Adrien, enfant plein d'intelligence,

s'était fait lui-même le dessinateur des broderies de sa
mère. Du matin au soir, assis devant sa petite table, il
n'était occupé qu'à dessiner à la plume des oiseaux et
des fleurs. Son seul guide, c'était le goût; car la mère
d'Adrien était trop pauvre pour donner un maître de
dessin à son fils. Tous deux habitaient une petite boutique située dans une rue à peu près déserte; aussi
Adrien avait-il rarement le plaisir de voir un curieux
s'arrêter pour regarder les dessins dont il ornait le
vitrage de la boutique. Cependant, un jour, le jeune artiste remarqua un étranger qui resta longtemps fixé
devant ses petits tableaux, et qui laissait percer un
sourire de satisfaction en les contemplant. L'étranger
passa à plusieurs reprises devant la porte; une fois
même il fit mine de vouloir entrer dans la boutique;
mais il se ravisa et continua son chemin.

Ce jour-là Adrien travailla avec plus de courage encore qu'il n'avait coutume de le faire; et, d'inspiration,
il imagina un dessin encore mieux composé que ses
précédents ouvrages : puis il le plaça sur une des vitres
de la devanture de la boutique, comme s'il avait prévu
que son admirateur repasserait le lendemain et s'arrê-
terait encore à la porte. Le lendemain, en effet, l'étranger revint, il s'arrêta de nouveau, et son sourire de
satisfaction fut encore plus significatif que ne l'avait été
celui de la veille. Je laisse à penser si le cœur du petit
Adrien battit avec force, si la rougeur de l'amour-
propre satisfait lui monta au visage quand il revit l'étranger et quand il put se dire à lui-même : « Ce sont mes

dessins qui l attirent, ce n'est plus par hasard qu'il
s'arrête devant notre porte : c'est pour moi seul qu'il
revient. » Aussi bien que la veille, l'étranger passa, re-
passa encore ; sa main se porta sur le bouton de la
porte ; mais, pour la seconde fois, il se ravisa et tourna
l'angle de la rue. Adrien pensa qu'il ne le voyait pas
pour la dernière fois ; il s'ingénia, de son mieux, à
faire encore un plus joli dessin, et le colla au vitrage de
la boutique. Le lendemain encore, l'étranger revint
admirer les progrès du jeune artiste.

Cette singulière lutte, entre celui-ci qui ne se lassait
pas de dessiner et celui-là qui revenait sans cesse, dura
plusieurs jours. Le petit Adrien, comme tous ceux qui
sont nés pour devenir de grands artistes, craignait de
laisser évaporer le parfum de sa gloire en en parlant à
qui que ce fût ; il se contentait d'en jouir en secret, de
renfermer son bonheur en lui-même, et n'en disait mot,
pas même à sa mère. La bonne femme, tout occupée de
son travail, n'avait pas même remarqué l'étranger :
aussi, lorsqu'un jour celui-ci se décida enfin à entrer dans
la boutique, la brodeuse fut bien surprise en voyant
Adrien lui sourire comme on sourit à une ancienne
connaissance.

« Madame, lui dit l'inconnu, cet enfant est-il à vous ?
— Oui, monsieur, c'est mon fils. — Quel est son maître de dessin ? — C'est moi seul, répondit l'enfant. —
Quel âge a le petit ? continua l'inconnu en s'adressant à
la mère. — Il a dix ans, répliqua celle-ci. — Et que
prétendez-vous faire de ce mioche ? ajouta l'étranger

20

d'un ton brusque. — Ce que Dieu voudra, dit la femme.
— Eh bien, Dieu veut que je sois peintre, reprit l'enfant sans être intimidé par la brusquerie du nouveau venu. — Je me nomme François Hals, poursuivit l'étranger; je suis peintre aussi, et tous les souverains de l'Europe se disputent mes tableaux à prix d'or. Je prends votre fils sous ma protection; il sera mon élève, et je vous réponds, bonne femme, que nous en ferons quelque chose. »

Qu'on juge de la joie d'Adrien Brauwer! qu'on juge de la stupéfaction de la brodeuse! Elle, si pauvre, elle voyait s'ouvrir pour son fils une carrière qui devait le conduire à la gloire, à la richesse. Le vieux Hals voulut emmener son élève avec lui sur-le-champ, et l'enfant ne demanda pas mieux que de suivre à l'instant son illustre maître. Les préparatifs ne furent pas longs; la bonne mère, pleurant tout à la fois de joie et de douleur (de joie parce que son enfant allait être heureux, de douleur parce que leur séparation pouvait être longue), la mère, dis-je, embrassa à plusieurs reprises le fils qu'elle aimait tendrement; Adrien lui dit au revoir, et François Hals partit avec son nouvel élève.

Pendant un an, le maître traita avec bonté l'enfant dont il avait promis de faire un grand peintre. Les progrès d'Adrien justifiaient les bons traitements de maître Hals; mais, un jour, le vieux peintre changea tout à fait de conduite envers son élève; il le fit sortir de l'atelier, l'emmena dans un grenier, et le sépara entièrement de ses camarades. Relégué durant trois années,

dans son étroite mansarde, avec sa palette, ses toiles et
son chevalet, Adrien Brauwer fut réduit à une nourriture presque insuffisante : ses habits tombaient en
lambeaux, et le peu de secours qu'il recevait de François Hals et de sa femme, il fallait qu'il les payât par un
travail opiniâtre. Les camarades d'Adrien, inquiets de
ne plus le revoir dans l'atelier, s'informèrent auprès de
maître Hals de ce qu'il était devenu. Celui-ci leur répondit effrontément que le petit bonhomme, avec toutes
ses belles dispositions, n'aurait jamais pu faire qu'un
peintre médiocre, et qu'il l'avait renvoyé chez sa mère,
fatigué qu'il était de voir que l'enfant profitait si mal de
ses leçons.

Cependant les tableaux de François Hals semblaient
acquérir de jour en jour plus de prix aux yeux des ama-
teurs; on disait dans le monde artiste de ce temps-là,
que le vieux peintre avait recouvré toute la verve de sa
jeunesse, et qu'il y avait même dans ses compositions
une richesse de coloris, une fraîcheur d'imagination
qui n'existait pas dans ses meilleurs ouvrages.

Il n'est pas besoin de dire peut-être que le véritable
auteur de ces tableaux justement estimés, et que l'on
payait si cher, c'était ce tout jeune et si pauvre artiste
que l'avarice de son maître laissait végéter dans un
grenier. Adrien Van Ostade, un autre grand peintre,
élève aussi de François Hals, découvrit par hasard le
lieu où Brauwer était renfermé : il ne put voir sans
compassion ce malheureux enfant qui, dit un de ses
historiens, avait à peine la figure d'un homme, tant il

était maigre et épuisé par le travail et les privations.
Van Ostade lui conseilla de quitter cette maison et
d'aller ailleurs chercher meilleure fortune. Brauwer
était si fatigué de cette misérable existence, qu'il adopta
le projet d'évasion qu'on lui proposait, quoiqu'il ne sût
pas comment il pourrait pourvoir à sa nourriture; car
maître Hals avait si grand soin de lui dire que ses ouvrages étaient détestables, et qu'il était indigne de
tenir un pinceau, que Brauwer avait fini par croire
qu'en effet il ne réussirait jamais dans l'art de la peinture.

Il partit donc presque nu, et n'ayant pour toute ressource que quelques pièces de menue monnaie que Van
Ostade lui donna par charité. Quand il se vit dans la
rue, sa misère lui fit tant de peur, qu'il n'osa pas même
retourner chez sa mère. Il acheta du pain, car il en
avait grand besoin, et s'en alla sous le buffet d'orgue de
la grande église, demandant à son imagination quel état
il devait embrasser, puisqu'il lui était impossible de
réussir dans l'art pour lequel il se sentait cependant
une si impérieuse vocation. Qu'on ne s'étonne pas si
Adrien Brauwer s'ignorait lui-même et ne croyait pas à
son talent; habitué à s'entendre dire par son maître,
chaque fois qu'il finissait un tableau : « Celui-ci est encore plus mauvais que le dernier; je veux bien te faire
la grâce de t'en laisser recommencer un autre; mais,
si tu ne fais pas mieux, je te chasse! » Habitué à s'entendre reprocher le pain qu'il mangeait et qu'il ne
croyait devoir qu'à la pitié de François Hals, Adrien

pouvait-il savoir qu'il était déjà un peintre illustre? A trente ans on se rend compte de son talent; mais à seize ans sait-on ce que c'est que d'avoir du génie? Il était donc sous le buffet d'orgue, bien inquiet de l'avenir et sans savoir ce qu'il ferait le lendemain, quand un ami de François Hals le rencontra là, et lui proposa de le ramener chez son maître en se faisant fort d'obtenir pour lui un meilleur traitement pour l'avenir. Hals, enchanté d'avoir retrouvé un élève si précieux, le reçut à bras ouverts; l'avare délia les cordons de sa bourse, et fit venir un fripier à qui il acheta, mais au plus bas prix possible, des habits pas trop usés pour couvrir le corps décharné du pauvre artiste.

Il eut quelques jours de bonheur; mais bientôt le maître oublia ses promesses; et Adrien Brauwer, voyant que la persécution allait recommencer encore pour lui, abandonna décidément ce maître ingrat; et, de peur d'être ramené de nouveau chez François Hals, il quitta la ville et alla droit à Amsterdam. Un heureux hasard le conduisit chez un aubergiste nommé Henri Van Soomeren. Cet aubergiste avait eu dans sa jeunesse le goût de la peinture; il avait même un fils qui s'était fait une assez brillante réputation par ses tableaux d'histoire, de paysage et de fleurs. Adrien Brauwer offrit ses services à Van Soomeren en qualité de garçon d'auberge. La conformité des goûts qui existaient entre le maître et le valet les lia bientôt d'une étroite amitié. Lorsqu'Adrien Brauwer n'était pas employé au service de l'auberge, il passait son temps à dessiner, à pein-

20.

dre. Son maître, enchanté de ses petits ouvrages, lui fit un jour présent d'une planche de cuivre; et, sur cette planche, Brauwer peignit un admirable tableau : c'était une querelle survenue au jeu entre des paysans et des soldats.

Mais, pendant que le garçon d'auberge se remettait peu à peu des souffrances qu'il avait éprouvées chez le peintre François Hals, celui-ci portait de jour en jour la peine de son avarice : le nombre de ses admirateurs diminuait. Les critiques se demandaient comment cet homme, qui semblait tout à coup avoir rajeuni de vingt ans, était tout à coup aussi retombé dans la vieillesse, sans que nul au monde pût expliquer ce double miracle du rajeunissement et du retour à la faiblesse d'un grand âge. On en vint à soupçonner sa supercherie, on examina mieux les derniers ouvrages qui avaient donné un nouvel essor à sa renommée; on prétendit, avec raison, que ces tableaux, vendus si cher parce que François Hals les signait de son nom, n'étaient pas l'ouvrage de François Hals; et, comme la médisance marche si vite, qu'elle dépasse le but et sort du domaine de la vérité pour entrer dans celui de la calomnie, on alla jusqu'à dire que maître Hals n'était pas même l'auteur de ses propres ouvrages. L'injustice le poursuivit jusque dans sa gloire la mieux méritée, et il ne dut qu'au jugement équitable de la postérité de ne pas être considéré seulement comme un vil plagiaire.

Le tableau peint sur cuivre par Adrien Brauwer fut longtemps exposé dans la salle de l'aubergiste Van

Soomeren ; il eut un grand nombre d admirateurs
parmi les habitués de la maison; mais aucun de ceux-ci
n'était capable d'apprécier véritablement le mérite ar-
tistique de ce magnifique ouvrage. Un riche voyageur,
qui s'arrêta dans l'auberge, fut frappé de surprise, et
demanda à Van Soomeren par quel hasard il se trouvait
possesseur de ce beau tableau, qui, disait-il, devait être
nécessairement l'ouvrage de François Hals, et même
pouvait passer, à juste titre, pour le chef-d'œuvre de ce
grand maître. Pendant que le voyageur parlait, Van
Soomeren regardait du coin de l'œil son pauvre garçon
d'auberge, tout surpris de l'erreur d'un homme qui
semblait pourtant se connaître en peinture. « Si ce
tableau est à vous, reprit le voyageur, il a dû vous
coûter un prix considérable. Quant à moi, si vous voulez me le céder, je vous en offre cinq cents ducats. »
L'aubergiste fit un mouvement; mais c'était pour réprimer le cri de joie d'Adrien Brauwer. « Je sais bien,
continua le voyageur, trompé par le mouvement de
Van Soomeren, que je ne vous en offre pas ce qu'il vaut;
mais ma fortune ne me permet pas de vous en donner
davantage; à prix égal je vous demande la préférence.
— Vous permettrez au moins, dit l'aubergiste, que je
consulte l'auteur. » Et il alla droit à son garçon d'auberge, qui était là tremblant d'émotion, pâle de bonheur, et les yeux pleins de larmes.

Quand le voyageur sut que ce tableau était l'ouvrage
d'Adrien Brauwer, et qu'Adrien Brauwer était lui-même
l'élève de François Hals, il devina la ruse du maître, et

paya généreusement le prix qu'il avait offert du tableau. C'est de ce jour-là que le jeune artiste data son
existence de peintre célèbre. Il entra franchement et
glorieusement dans la carrière où ses premiers pas
avaient été si malheureux. Le reste de sa vie n'a pas
été exempt de reproches; mais nous n'avons voulu raconter que son enfance.

ANTOINE CANOVA

Quand on voit de quelle profonde obscurité le génie peut tirer un homme, et combien il peut l'élever haut, on est tenté de dire à chaque enfant qui montre un talent précoce : « Ne te rebute devant aucun obstacle, n'écoute pas la voix qui t'enseigne un autre chemin, va où ta vocation te conduit, tranche les liens qui voudraient t'arrêter dans ta course; marche toujours, et tu arriveras. »

Mais, hélas! pour quelques-uns qui ont fait heureusement le périlleux voyage qui mène à la gloire, tant d'autres sont tombés sur le chemin, qu'il n'est pas bon de dire à tous : « Allez, et vous arriverez. » Pour aujourd'hui, je ne veux parler que d'un de ces prédestinés qui ne vont que de succès en succès, rencontrant ici la fortune, plus loin les honneurs, puis enfin l'immortalité au bout de cette aventureuse carrière des arts où le plus grand nombre se traîne si péniblement.

C'est au petit village de Possagno, situé dans l'ancien État vénitien, que l'illustre Antoine Canova vit le jour en 1747. Le sénateur Jean Falieri était seigneur de ce village; un jour qu'il donnait un grand dîner, on servit à sa table, parmi les ouvrages de pâtisserie, l'image d'un lion parfaitement sculpté en beurre. Cette pièce inattendue causa autant de surprise au seigneur Falieri que d'admiration à ses nombreux convives; il ordonna qu'on fît monter son cuisinier, car il voulait féliciter celui-ci en présence de l'assemblée, tant il était satisfait de ce merveilleux ouvrage. Le cuisinier fut introduit dans la salle du festin, on le combla de tant de félicitations, que les larmes lui en vinrent aux yeux. «Tu pleures de joie? lui dit son maître. — Non, monseigneur, c'est de désespoir de ne pas avoir fait l'ouvrage qui me vaut d'aussi grands compliments.— J'en veux connaître l'auteur, » dit Jean Falieri. Le cuisinier se retira en annonçant que monseigneur allait être obéi, et, quelques minutes après, l'artiste lui fut amené; or, cet artiste, c'était un petit paysan âgé de dix ans à peu près, assez mal costumé, car ses parents n'étaient pas riches; cependant ces braves gens avaient mieux aimé se mettre à la gêne que de refuser à leur fils des leçons de dessin qu'un professeur avait bien voulu se charger de lui donner au prix le plus médiocre. Antoine Canova avait montré de bonne heure les plus heureuses dispositions pour l'art de la statuaire; il modelait avec goût la terre glaise quand il pouvait s'en procurer, et sculptait à l'aide de son couteau de petites figures avec tous les éclats de bois qui étaient à sa disposition. Les parents d'Antoine Canova connaissaient le cuisinier du sénateur Jean Falieri; le jour de ce grand dîner, il vint leur faire part de l'embarras où il était pour compléter le service symétrique de la table : il avait épuisé tout ce que son art et son imagination pouvaient lui fournir de ressources; mais il lui manquait encore un plat à effet, capable de produire une de ces grandes sensations qui asseoient sur une base large et solide la réputation d'un cuisinier de grande maison. Le petit Canova réfléchit et dit ensuite : « Ne soyez plus en peine : j'irai tantôt vous trouver, vous me laisserez faire, et je vous réponds que votre service sera complet. » L'enfant alla, comme il l'avait promis, trouver le cuisinier du sénateur; il lui montra le dessin de la figure qu'il voulait exécuter, répondit du succès de l'entreprise, et tailla le bloc de beurre avec cette pureté d'imagination et ce goût parfait dont il donna plus tard tant de preuves en taillant des blocs de marbre. Si les convives avaient été surpris à l'aspect de l'ouvrage, ils le furent bien plus encore quand on leur présenta l'artiste; on combla l'enfant de caresses, et, dès ce moment, Jean Falieri se déclara le protecteur d'Antoine Canova. Cet heureux coup d'essai du petit paysan de Possagno rendit tout à coup son nom célèbre et lui ouvrit la route des succès. Falieri le plaça dans l'atelier du vieux Torreti, le meilleur sculpteur du temps. Deux ans après, c'est-à-dire lorsque Antoine Canova comptait à peine douze ans, il envoya à son Mécène deux corbeilles de fleurs en marbre qui ornent encore maintenant le perron du palais Falieri à Venise.

D'autres vous diront, mes enfants, quels sont les titres de ce grand et laborieux artiste à l'admiration de la postérité. Toutes les académies du monde savant sollicitèrent l'honneur de le compter au nombre de leurs membres, tous les rois de l'Europe se disputèrent la gloire d'enrichir les musées de leurs États de ses sublimes ouvrages. Le pape Pie VII voulut que le nom d'Antoine Canova fût inscrit au livre d'or du Capitole. Il fut élu *prince perpétuel* de l'Académie de Saint-Luc à Rome, et ce titre depuis sa mort n'a été déféré à aucun autre artiste. La cérémonie funèbre dont on honora ses restes fut la plus pompeuse qui eût été consacrée aux arts depuis la mort de Raphaël.

LES DEUX LAZZARONI

Piangete, fanciullini,
I piccoli lazzaroni.

C'EST le refrain d'une chanson populaire que l'on entend encore dans les rues de Naples et même dans d'autres parties de l'Italie : « Pleurez, petits enfants, les deux petits lazzaroni. » C'est là ce qu'aujourd'hui l'on redit encore, et vraiment ils étaient bien dignes de regrets, ces deux jumeaux napolitains, si mignons, si doux, si joyeux, que tout le monde aimait, et qui aimaient tant leur père. Celui-ci était simplement un mendiant, un homme de cette dernière classe du peuple qu'à Naples on appelle lazzarone, parce que, comme le Lazare de la Bible, ils n'ont ni toit pour se loger, et

2!

presque ni vêtements pour se couvrir. Les individus de
cette caste dorment sous le porche des églises; l'été ils
portent seulement une chemise et un caleçon de toile;
quand il fait froid, ils tâchent de se procurer à force
d'aumônes un gilet long à manches, auquel est attaché
un capuchon de grosse étoffe brune. Ils ne sont ni locataires ni paroissiens. Désœuvrés par goût, pouvu qu'ils
gagnent assez dans un jour pour l'*aquaiolo* qui leur dis-
tribue une boisson rafraîchissante et glacée moyennant
deux liards de notre monnaie, pourvu qu'ils puissent
acheter la valeur de trois sous de macaroni, qui suffit
à leur nourriture, les lazzaroni sont assez contents de
leur sort, et ils répètent en s'endormant ce refrain de
tout le peuple napolitain :

> Veder Napoli e poi morir.
> « Voir Naples et puis mourir. »

Il appartenait donc à cette portion de la nation le père
des deux petits enfants qui font le sujet de cette histoire. Le lazzarone dont nous voulons parler n'était pas
de ceux qui passent tout leur temps à rien faire : né musicien, comme tous les enfants de son harmonieuse patrie, il avait exercé sa voix, et savait reproduire avec
un singulier talent les roulements du gosier de plusieurs espèces d'oiseaux chanteurs. Il jouait agréablement du *zufolino*, petit flageolet avec lequel il savait
attirer à lui et retenir les promeneurs de la belle rue de
Tolède et ceux du beau quai de *Chiaja*, qui est tout
planté, comme on sait, d'orangers et de citronniers, et

orné çà et là de fontaines et de tapis de gazon. Le lazzarone ayant remarqué que ses deux jeunes enfants mon-
traient beaucoup de dispositions pour l'étude de la musique, leur apprit dès l'âge de deux ans et à force de
patience à moduler des sons en soufflant dans un flageolet. Quand ils furent assez instruits, leur père se fit
faire un manteau auquel il adapta de chaque côté une
poche de cuir dans laquelle chacun des deux jumeaux
se tenait à l'aise, tant les enfants du lazzarone étaient
mignons. Le musicien se mit alors en voyage avec ses
deux petits concertants; il allait, s'arrêtant de ville en
ville, de bourg en bourg, de village en village, se plan-
tait au beau milieu de la place principale, commençait
par imiter le chant des oiseaux, afin de fixer l'attention
des habitants, et lorsque le cercle formé autour de lui
était assez nombreux, le lazzarone prenait sa flûte et
commençait seul l'introduction d'un air national qui
devait finir par un gentil trio. A un moment donné, les
deux autres musiciens, qui se tenaient dans la poche du
manteau, attendant la réplique, sortaient tout à coup
de leur retraite et grimpaient agilement, chacun de son
côté, sur les épaules du chef d'orchestre. Ce singulier
spectacle fit grand bruit dans le monde, et partout où
le lazzarone passait il faisait une abondante récolte de
bravi, bravissimi, et surtout de pièces de monnaie. Une
pensée originale qui vint à un grand seigneur du pays
où se trouvait le lazzarone mit le comble à la réputation
des deux enfants.

Ce seigneur mariait sa fille; il avait réuni un grand

nombre de convives au splendide repas des noces; sur
la table du banquet, parmi les ingénieuses magnifi-
cences du dessert, s'élevait un buisson de roses dont
l'imitation avec la nature était parfaite. Du fond de ce
bosquet les assistants entendirent sortir alternative-
ment le chant de la fauvette, de la mésange et du ros-
signol. Puis on vit, bientôt après, les oiseaux eux-mêmes
percer le feuillage et aller çà et là se percher sur les
convives, et se croiser en volant dans la salle du festin.
Cette charmante surprise fut accueillie par des cris
d'admiration et de joie, car on s'imaginait que c'était ces
oiseaux qui venaient de chanter. Mais bientôt après de
nouveaux accents se firent entendre, une nouvelle volée
d'oiseaux s'échappa comme la première du miraculeux
buisson de roses; puis, des deux côtés, les branches se
baissèrent, et l'on vit au fond du bosquet les petits lazzaroni qui continuaient à imiter sur la flûte les chants
que leur père leur renvoyait de l'autre bout de la salle
avec le seul secours de la voix.

Encouragé par des succès aussi fructueux que l'è-
taient ceux-là, le lazzarone conduisit ses enfants en
Angleterre; ils parurent sur les différents théâtres de
Londres. De maison en maison, de château en château,
on se disputait le plaisir de les voir et de les entendre;
ils furent appelés à la cour, et partout ils obtinrent la
faveur générale. Le pauvre mendiant de Naples devint
en peu de temps un riche capitaliste; il eut un apparte-
ment somptueux, des habits magnifiques, un superbe
équipage dans lequel il conduisait ses enfants lorsqu'un

grand seigneur désirait les avoir. Comme, avant tout, le lazzarone était bon père et qu'il voyait que le ciel natal manquait à ces deux fidèles créatures auxquelles il devait sa fortune, il prit le parti de revenir à Naples malgré tous les efforts que l'on fit pour le retenir en Angleterre. Dès que les enfants eurent subi de nouveau la douce influence de l'air embaumé de Naples et de ses campagnes, leur santé cessa d'être chancelante, le lazzarone fit bâtir pour eux une charmante villa près de la porte de la ville où il avait vécu si pauvre et où il revenait si riche, grâce à la gentillesse et au talent des frères jumeaux. Les enfants, libres désormais de tout soin, aimaient à courir ensemble à travers champs, et ils revenaient si ponctuellement à l'heure désignée par le père pour leur retour, que celui-ci ne s'inquiétait jamais de leur absence. Cependant un jour l'heure se passa et l'on ne vit point revenir les petits lazzaroni; le père au désespoir les fit chercher partout sans qu'il fût possible de les trouver. Toute la soirée, puis toute la nuit se passa en courses inutiles; mais le lendemain matin on trouva sur une route les deux pauvres enfants renversés l'un à côté de l'autre, et qui avaient cessé de vivre. On ne voyait sur leur corps aucune blessure, aucune marque, pas même la plus légère, qui pût indiquer la cause de leur mort. Ce n'est que quelques jours après qu'un religieux de l'ordre de Saint-François raconta que, voyageant sur la même route où les enfants avaient été retrouvés, il avait en effet aperçu deux petits garçons qui couraient à toutes jambes pour échapper à l'orage; le moine leur avait crié de loin de s'arrêter pour ne point agiter l'air, mais ceux-ci n'avaient point voulu suivre son conseil, il les avait perdus de vue, et peu de temps après la foudre était tombée.

C'est ainsi qu'on explique la mort de ces deux intéressantes créatures. Les jumeaux napolitains comptaient tout au plus sept ans quand leur père eut le malheur de les perdre.

LESUEUR

COMPOSITEUR CÉLÈBRE

ᴏᴜʀ la joie de sa famille, pour le bonheur de ses amis, celui-là vit encore. Dans sa noble et glorieuse vieillesse il s'appuie sur des succès qui ne vieilliront pas; le temps a respecté l'immense popularité de ses ouvrages, et le cri d'admiration qu'excita l'opéra des *Bardes* retentit encore trop haut pour qu'il soit besoin d'ajouter un mot d'éloge quand on a nommé Lesueur.

Ce n'était pourtant que le fils d'un cultivateur assez peu aisé de la commune de Plessier, en Picardie: il faut dire qu'avant la succession de malheurs qui l'avait entièrement ruinée, sa famille avait compté autrefois plus d'une illustration dans les arts et la magistrature. Il est né dans un obscur village, obscur, non plus à présent, car il possède un monument que les amis des arts vont visiter avec un saint respect; ce monument, c'est la chaumière où Lesueur a vu le jour.

Dans le temps où le grand musicien dont nous venons de parler n'était encore qu'un enfant des campagnes, déjà le génie musical tourmentait cette jeune âme et la poussait vers son illustre destinée. Il se composait des instruments rustiques encore bien imparfaits, mais dont il aimait à tirer des sons sur des tons que son intelligence seule lui enseignait à moduler. On chantait à l'église du village avec ferveur sans doute, mais sans beaucoup de goût, et pourtant ce chant triste et monotone le jetait pour tout un jour dans une étrange rêverie. Le ramage des oiseaux, le bruit du vent dans les arbres, tout ce qui était harmonie, tout ce qui était mélodie dans la voix de la nature, il l'écoutait avec recueillement, il avait soif de s'en abreuver.

Il arriva qu'une fois son attention fut singulièrement excitée par la musique d'un régiment qui passait sur la route; aussitôt qu'il l'entendit, le petit Lesueur se dirigea de ce côté, courut à perdre haleine, et durant près de trois lieues l'enfant suivit le régiment, qui tantôt marchait au bruit du tambour, tantôt réglait le pas sur sa musique guerrière. Il alla, il alla jusqu'à ce que la fatigue l'obligeât de s'arrêter : il tomba épuisé sur la route; mais, son enthousiasme n'ayant pas cédé à la fatigue, on le trouva l'oreille penchée contre

terre, et cherchant encore à saisir le bruit vague de
cette harmonie qui n'arrivait plus que par lambeaux
jusqu'à lui. On le ramena chez son père, et pendant
plusieurs jours ses parents le crurent atteint de folie ;
il ne faisait plus que répéter, à chaque instant du jour,
aussi bien que la nuit, les airs dont sa mémoire ne
conservait que des souvenirs incomplets, mais qui le
poursuivaient jusque dans son sommeil. Avec tous les
ustensiles de ménage, l'enfant essayait de reproduire
les sons qu'il avait entendus ; mais, comme il ne pouvait
y parvenir, il pleurait, il souffrait, il tomba malade. On
lui demanda où était son mal, il mit la main sur son
front qui brûlait, et dit dans son patois picard : « Je
veux *appreindre à canter.* — Eh bien! c'est bon ! lui
répondait son père ; je te conduirai à la maîtrise d'Abbeville, où on te fera *canter* tant que tu voudras. » Le
chef de la maîtrise d'Abbeville prétendit qu'il n'y avait
pas de place pour recevoir le nouvel enfant de chœur ;
le jeune Lesueur s'en retourna tout pleurant, et son
père pour le consoler lui dit en chemin : « Nous irons
voir dimanche à Amiens si on veut te recevoir. »
Comme le bon père l'avait promis, il alla le dimanche
suivant à Amiens avec son fils. Le maître de musique de
la cathédrale, touché des prières de l'enfant, qui voulait
absolument *canter*, et devinant sans doute déjà ce que
l'avenir réservait de gloire au jeune solliciteur, l'admit
parmi les élèves de la maîtrise. C'est ainsi que sortit
d'une condition obscure celui qui devait élever si haut
l'art de la musique théâtrale en France. Les opéras de

21.

la Caverne et des *Bardes* ont attaché au nom de Lesueur une juste célébrité. L'empereur Napoléon, qui aimait la France, mais qui n'aimait pas la musique française, ne fut point injuste envers ce grand compositeur : à une représentation de l'opéra des *Bardes*, il obligea notre Lesueur à venir s'asseoir dans la loge impériale ; il le plaça bien en vue des spectateurs, et à chaque fois que l'assemblée trépignait d'admiration, Napoléon semblait désigner l'auteur au public et lui dire : « Voilà celui à qui nous devons ce chef-d'œuvre. »

Gloire au bon paysan picard qui a compris tout ce qu'il y avait de sacré dans la vocation de son fils; respect à la mémoire du bon maître de chapelle qui n'a point repoussé l'enfant de génie, quand celui-ci est venu lui dire tout ingénument : *Je veux appreindre à canter.*

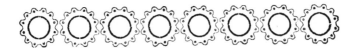

JEAN-BAPTISTE LULLI

ORSQU'EN 1643 le chevalier de Guise, qui voyageait alors en Italie, se préparait à revenir en France, il reçut de Mademoiselle, duchesse de Montpensier, une lettre par laquelle celle-ci le priait de lui choisir un enfant spirituel de dix à douze ans, dont elle voulait faire son bouffon. Après maintes recherches, le chevalier, qui avait à cœur de se rendre agréable à Mademoiselle, se décida pour un petit Florentin d'une imagination vive, et surtout d'une si singulière laideur, qu'elle suffisait, à la première vue, pour provoquer le rire : cet enfant, c'était Jean-Baptiste Lulli. Né de parents fort pauvres, mais d'un père assez bon musicien,

Lulli avait appris de si bonne heure à jouer du violon, qu'à dix ans il était un instrumentiste assez remarquable. Le chevalier de Guise n'eut pas de peine à décider les parents à une séparation qui devait faire la fortune de leur fils; il arriva en France avec le futur bouffon de Mademoiselle; mais, comme cette princesse était naturellement fort capricieuse, il se trouva qu'elle avait entièrement changé d'idée depuis l'envoi de sa lettre au chevalier. Lorsqu'on lui amena le spirituel enfant que M. de Guise avait choisi pour amuser ses loisirs, c'est à peine si Mademoiselle parut se souvenir de la commission qu'elle avait donnée au chevalier. La physionomie originale de Lulli ne put trouver grâce près de la capricieuse princesse : l'enfant était venu en France pour briller dans un salon, Mademoiselle le renvoya à la cuisine, et, au lieu de l'admettre au nombre de ses pages, elle le fit descendre au rang de ses marmitons. Les espérances de Lulli se trouvaient sans doute bien trompées; cependant, comme il avait fait fort maigre chère chez ses parents, il ne trouva pas son sort trop malheureux, et accepta même assez gaiement sa destinée, attendu qu'on n'exigeait pas de lui beaucoup de services, qu'il était bien nourri, bien vêtu, et qu'on le laissait jouer du violon autant que cela lui était agréable. Relégué aussi loin qu'il l'était de sa protectrice, Lulli ne s'occupa plus que de se faire bien venir des nombreux valets de la maison. Durant le jour il les divertissait par ses naïves saillies, et le soir, quand l'heure du repos était venu pour les gens qui composaient le service de la princesse, Lulli les réunissait autour de lui, soit dans l'antichambre, soit dans la salle d'office, soit dans la cour, et il leur jouait, avec une admirable précision et une originalité d'exécution fort extraordinaire pour son âge et pour ce temps-là, les plus jolis airs nationaux de Naples et de Florence. Le comte de Nogent, qui venait un jour en visite chez la duchesse de Montpensier, entendit du pied de l'escalier le petit virtuose qui donnait son concert habituel aux valets de Mademoiselle, à l'étage inférieur, où se trouvait l'office; il s'arrêta un moment pour écouter le violoniste; puis, attiré par le mérite de l'exécutant, le grand seigneur, tout paré qu'il était pour une visite d'étiquette, ne dédaigna pas de descendre jusqu'à l'office, où Lulli faisait merveille sur son violon. L'apparition du noble personnage causa bien quelque embarras au virtuose et à ses auditeurs; mais, comme ceux-ci se confondaient en politesses, le comte de Nogent leur dit : « Je suis venu ici pour entendre de la musique et non pour recevoir des hommages; » et, se tournant ensuite vers Lulli, il ajouta : « Continue, petit drôle; et, pour peu que tu te perfectionnes encore, je te promets une belle place dans les grands violons du roi. » La timidité n'était pas une des vertus du jeune Lulli; il recommença avec plus d'aplomb encore à jouer ses airs florentins; puis, voyant que ses auditeurs habituels, maintenus par le respect qu'ils devaient à un aussi grand seigneur que le comte de Nogent, ne lui témoignaient pas leur satisfaction comme ils avaient coutume de le faire, Lulli

s'interrompit pour leur dire dans son baragouin demi-
français, demi-italien : « *Perche !* pourquoi n'applau-
dissez-vous pas ? La présence *del signor conte* a-t-elle
pou sanzer miei dilettenti en asini [1] ? » Cette saillie excita
l'hilarité du comte de Nogent; il donna le premier le
signal de ces applaudissements dont le jeune virtuose
paraissait si jaloux.

La visite inattendue du comte chez la duchesse de
Montpensier changea tout à coup la fortune de Lulli; le
noble visiteur fit à Mademoiselle un si grand éloge du
marmiton violoniste, que celle-ci voulut l'entendre.
Comme il était descendu du salon à la cuisine, il re-
monta de la cuisine dans le salon. Un caprice l'avait
condamné à une condition obscure, son talent précoce
l'en fit sortir; on l'avait réduit à n'avoir pour auditeurs
que les valets de la maison, il mérita d'être apprécié
par la plus brillante assemblée. La duchesse de Montpensier donna un concert dans lequel Lulli se fit entendre, et il obtint tous les suffrages. Le roi créa pour
lui la troupe des petits violons de la chambre; et cette
troupe dont Lulli était le chef eut une renommée européenne.

Ici finit l'enfance de Lulli. Son savoir comme exécutant l'avait tiré de l'obscurité; son génie comme compositeur l'a rendu à jamais célèbre. On le regarde, avec
justice, comme le véritable créateur de l'opéra en

---

[1] « La présence de monsieur le comte a-t-elle pu changer mes
admirateurs en ânes ! »

France; il fut comblé de gloire et de richesses; le roi
l'anoblit; et Molière, qui se connaissait en hommes d'esprit, faisait le plus grand cas des saillies originales de
Lulli.

MARCILE EUPHROSINE

ILLE d'Apollodore, célèbre ar-
chitecte, qui florissait sous le
règne de Trajan, la jeune Marcile était douée d'une merveilleuse beauté; élevée dans les
principes d'une grande modestie, elle refusait toujours de se
laisser peindre ou sculpter par les artistes, qui se disputaient l'honneur d'avoir un si beau modèle à retracer;
mais, malgré ses refus et ceux de ses parents, de toute
part elle voyait la toile et le marbre reproduire comme
à l'envi ses traits; les peintres et les sculpteurs romains
allaient partout où ils pensaient rencontrer Marcile; leur
crayon saisissait avec avidité l'ensemble de ce beau visage, de cette majestueuse stature ; et, sous les noms

d'Hébé, de Flore ou de Vénus, ils en décoraient les palais et les temples. Marcile Euphrosine n'était pas seulement une belle personne, c'était une enfant pleine de sagesse, de douceur et de savoir. Familiarisée avec les beaux-arts comme avec les grands poëtes, elle composait des vers dignes d'être cités, et son goût pour l'architecture était si pur, si sévère, que son père Apollodore soumettait à sa critique savante les plans de ses ouvrages, et ne se croyait jamais si certain du mérite de ce qu'il allait entreprendre que lorsqu'il l'avait consultée. Trajan étant mort, l'empire reconnut la domination d'Adrien, qui, sous la pourpre impériale, cachait l'ambition de l'artiste; car, non content d'être le premier de l'empire, il voulait qu'on le considérât comme le plus grand peintre et le plus grand architecte de son siècle. Il fit ériger un temple à Vénus sur ses propres dessins; Apollodore osa critiquer l'ouvrage de ce maître du monde. Blessé dans sa vanité d'artiste, Adrien ne pensa plus qu'à chercher quelle vengeance il pourrait tirer du rival qui ne voulait pas admettre sa supériorité, et du sujet qui venait d'offenser son souverain. Il y eut dans ce temps-là une sédition à Rome; l'empereur en profita pour faire inscrire Apollodore sur la liste des accusés. Des témoins achetés déposèrent contre l'illustre architecte; des juges serviles le condamnèrent sans preuves, et l'empereur Adrien signa son arrêt de mort.

Jamais amour filial n'a été plus puissant, plus complétement dévoué que celui de Marcile Euphrosine pour le grand artiste à qui elle devait le jour. Elle alla se jeter aux pieds d'Adrien, qui ne fut point ému de ses larmes; elle accompagna son père jusqu'au lieu du supplice; puis elle revint chez elle, bien résolue à ne pas survivre longtemps à l'innocent condamné. Mais, avant que d'aller rejoindre celui dont elle venait d'être si cruellement séparée, elle demanda conseil à son génie, et il lui inspira le plan d'un monument qui devait perpétuer le souvenir de son nom et de sa piété filiale.

C'était un petit temple de marbre blanc, où l'on voyait Apollodore placé au centre d'un superbe péristyle. L'illustre architecte, entouré des attributs de tous les arts, avait une main placée sur le cœur de sa fille, et l'on voyait au-dessus de ce groupe la déesse de l'Immortalité couronnant Apollodore. Tout près était un tombeau de porphyre que les génies entouraient en fondant en larmes, tandis que la mort soulevait avec le bout de sa faux la pierre sépulcrale qui fermait le tombeau. Là encore il y avait un nouveau groupe; c'était Euphrosine s'arrachant des bras de sa mère pour se précipiter sur le corps du grand artiste; de sa main gauche la jeune fille tenait un rouleau déployé où se lisaient ces mots : « Laissez-moi, il m'appelle, je ne veux pas lui survivre. »

La mère de Marcile lui permit de faire exécuter ce monument coûteux; car elle espérait que la tendre fille puiserait dans l'amour de son art assez de force pour vaincre sa douleur. En effet, pendant le temps nécessaire à l'achèvement de cet ouvrage, Marcile parut

accepter son sort d'orpheline avec résignation. Il fallut
près d'une année pour terminer le temple consacré à la
mémoire d'Apollodore. Plus l'ouvrage avançait, plus on
voyait un air de contentement briller sur ce beau visage; mais, quand le monument fut achevé, l'enfant
reprit sa première tristesse, elle refusa toute nourriture malgré les instances de sa mère pour l'obliger à
renoncer à son fatal projet. Marcile languit pendant
quelques jours; puis elle expira en demandant à cette
pauvre mère pardon de sa mort volontaire.

Et c'est ainsi que la fille d'Apollodore mit fin à ses
jours, à l'âge de treize ans et cinq mois.

PIETRE DE CORTONE

Un petit berger de douze ans abandonna un jour le troupeau que l'on avait confié à sa garde, et il s'en alla à Florence, où il ne connaissait personne autre qu'un petit garçon de son âge, à peu près aussi pauvre que lui, et qui, comme lui, était parti aussi du village de Cortone, mais c'était pour servir en qualité de marmiton dans la cuisine du cardinal Sachetti. Ce fut un but plus noble qui conduisit Pietre dans la ville de Florence; il savait qu'il y avait là une Académie des beaux-arts, une École de peinture, et le berger voulait être peintre.

Quand il eut bien cherché dans la ville, Piètre s'arrêta devant la porte du palais du cardinal, et, humant de loin l'odeur de la cuisine, il attendit patiemment que monseigneur fût servi pour pouvoir parler à son camarade Thomasso. Il attendit longtemps; mais enfin le moment tant désiré de l'entrevue arriva. « Te voilà, Piètre; et que viens-tu faire à Florence? — Je viens apprendre la peinture. —Tu ferais bien mieux d'apprendre comme moi la cuisine : d'abord on est toujours sûr de ne pas mourir de faim. — Tu manges donc tout ton content ici? lui dit Piètre. — Je crois bien, repartit le marmiton; c'est au point qu'il ne tiendrait qu'à moi de me donner tous les jours des indigestions si je voulais. — En ce cas, continua Piètre, je vois que nous pouvons nous entendre. Comme tu as trop et que je n'ai pas assez, je t'apporte mon appétit, tu me donneras de ta cuisine, et nous ferons bon ménage. — Ça va, dit Thomasso. — Ça va même tout de suite, reprit Piètre; car, vu que je n'ai pas dîné, nous pouvons commencer dès à présent l'établissement que j'étais venu te proposer. » Thomasso fit grimper en cachette le petit Piètre dans la mansarde où il couchait, lui offrit la moitié de son grabat, et lui dit de l'attendre, vu qu'il ne tarderait pas à remonter avec quelques débris du dîner de monseigneur. Il n'est pas besoin de dire si le repas fut gai : Thomasso avait un cœur excellent, et le petit Piètre un appétit d'enfer. « Ah ça! te voilà bien logé et bien nourri, il ne s'agit plus que de savoir comment tu travailleras. — Comme travaillent tous ceux qui dessinent avec des crayons et

du papier. — Mais, objecta Thomasso, tu as donc de
l'argent pour acheter du papier et du crayon? — Moi,
je n'ai rien du tout; mais je me suis dit en venant :
Thomasso, qui est marmiton chez monseigneur, ne peut
pas manquer d'argent, et, puisque tu es riche, c'est absolument comme si je l'étais.» Thomasso se gratta l'oreille,
et répondit que pour ce qui était des os à ronger, on
n'en manquait pas dans la maison, mais, quant à l'argent, il devait attendre encore au moins trois ans avant
d'être en droit de demander des gages. Piètre se rési-
gna; les murs de la mansarde étaient blancs; Thomasso
fournissait à l'artiste plus de charbon qu'il n'en pouvait user pour crayonner ses esquisses, et Piètre se mit
courageusement à charbonner les murs. On ne sait par
quel moyen le bon petit Thomasso parvint à se procurer
une piécette d'argent; mais l'enfant avait un si bon cœur
qu'il ne pouvait manquer de probité; aussi doit-on croire
que le marmiton avait légitimement gagné la demi-
pistole qu'il apporta un jour triomphalement à son camarade de chambrée. Alors, grande joie : l'artiste eut
des crayons, du papier. Il sortait à la pointe du jour,
allait étudier les tableaux dans les églises, les monuments sur les places, les paysages dans les environs de
Florence; et le soir, l'estomac vide, mais l'esprit bien
nourri de tout ce qu'il avait vu, il rentrait furtivement
dans la mansarde, où il était toujours sûr de trouver
son dîner prêt et caché par Thomasso sous la paillasse,
moins encore pour le dérober aux regards des curieux
que pour le tenir chaud pendant l'absence de son pen-

sionnaire. Bientôt sous les dessins plus corrects disparut le charbonnage des murs. Piètre tapissa de ses
esquisses les plus parfaites l'étroite cellule où l'amitié
d'un enfant lui valait un si généreux asile. Un jour, le
cardinal Sachetti, qui faisait restaurer son palais, visita
avec l'architecte les étages supérieurs où peut-être jamais il n'était monté; il entra dans la mansarde du marmiton. Piètre était sorti, mais ses nombreux dessins
témoignaient du laborieux travail de l'enfant qui habitait cette demeure; le cardinal et l'architecte furent
frappés du mérite de ses ouvrages. On crut d'abord que
c'était Thomasso qui en était l'auteur, et monseigneur
le fit appeler pour le complimenter sur ses heureuses
dispositions. Quand le pauvre Thomasso sut que monseigneur était entré dans la mansarde, et qu'il avait vu
ce qu'il appelait les barbouillages de son ami Piètre, il
se crut perdu : « Tu n'es plus au nombre des marmitons, » lui dit le cardinal, qui se doutait peu que l'enfant eût un pensionnaire. Thomasso, trompé sur le véritable sens de ces paroles, s'imagina que le cardinal
le chassait de ses cuisines. Alors le pauvre marmiton,
qui voyait son existence et celle de Piètre fort compromises par cet acte de justice sévère, se jeta aux pieds
de son maître, et lui dit tout en pleurant : « Ah! monseigneur, que deviendra mon pauvre ami Piètre si vous
me renvoyez? » Le cardinal voulut avoir l'explication
de ces paroles, qu'il ne comprenait pas, et voilà comment il sut que ces dessins avaient été faits par un
pauvre petit berger que Thomasso nourrissait en secret

depuis deux ans. « Quand il sera rentré ce soir, tu me l'amèneras, » dit encore le cardinal en riant de sa méprise et en accordant un généreux pardon à Thomasso. Ce soir-là l'artiste ne parut pas au palais du cardinal; puis deux jours, puis huit jours, puis quinze jours se passèrent sans qu'on entendît parler de Piètre de Cortone. Enfin le cardinal, qui s'intéressait vivement au sort du jeune artiste, parvint à savoir que, depuis quinze jours, les charitables moines d'un couvent isolé avaient accueilli et retenaient chez eux un dessinateur de quatorze à quinze ans, qui était venu leur demander la permission de copier un tableau de Raphaël qui se trouvait dans la chapelle du cloître : cet enfant, c'était Piètre. Il fut ramené chez le cardinal, qui, l'ayant reçu avec bonté, le plaça dans l'école d'un des meilleurs peintres de Rome.

Cinquante ans plus tard, il y avait deux vieillards qui vivaient en frères dans l'une des plus belles habitations particulières de Florence. On disait de l'un : c'est le plus grand peintre de notre époque; on disait de l'autre : ce sera le modèle des amis dans tous les temps.

LA FAMILLE RAISIN

ANDIS que les bateleurs, joueurs de gobelets, comédiens et marchands, enfin tous les locataires de loges à la foire Saint-Germain, s'ingéniaient à qui mieux mieux et luttaient d'adresse et d'intelligence pour exciter la curiosité publique, attirer les chalands et faire bonne recette, un organiste de Troyes en Champagne, nommé Raisin, qui était venu à Paris en 1662 pour l'époque de a foire, attirait par l'affiche de son spectacle les regards de tous les passants. Cette affiche annonçait une épinette miraculeuse, qui jouait à volonté tous les airs à la mode, sans le secours d'un instrumentiste. Placée au milieu du théâtre, elle obéissait à la parole et ne s'arrêtait que lorsqu'on lui disait : Assez!

22

Ce prodigieux instrument pompeusement annoncé
n'était pas la seule merveille du spectacle de Raisin,
mais c'était au moins la plus extraordinaire; il y avait
là aussi deux jeunes enfants, Jacques Raisin et sa sœur
Babet; le premier avait huit ans, la seconde n'en comptait encore que cinq, et tous deux ils jouaient du clavecin avec un aplomb, une précision, un sentiment
musical étonnants pour leur âge.

Le public venait en foule chez Jean-Baptiste Raisin,
on admirait ces deux jeunes enfants, on les applaudis-
sait avec enthousiasme, les dames leur jetaient des
fleurs, et, ce qui vaut mieux, des bonbons; mais aussitôt qu'ils avaient cessé de jouer, et que l'épinette miraculeuse, isolée au milieu du théâtre, commençait sa
série de prodiges, alors on oubliait les deux intéressants
musiciens, pour ne plus s'occuper que de l'instrument,
cent fois plus intéressant encore.

De pauvre qu'il était d'abord, Jean-Baptiste Raisin
devint bientôt riche. A la ville, à la cour, on ne parlait
que de la fameuse épinette, et même à l'étranger les
gazettes retentissaient du bruit de ce phénomène musical. Le peuple avait pour l'épinette de Raisin une admiration qui tenait de l'effroi, car il soupçonnait son
auteur coupable de sorcellerie. Les savants ne savaient
comment expliquer le mécanisme de cet instrument à
qui l'on disait : « Jouez une gavotte, » et qui jouait une
gavotte; à qui on disait ensuite : « Cessez la gavotte et
jouez un air de cantique, » et qui de lui-même obéis-

sait à la parole, changeait de ton, d'air et de mesure selon les désirs de l'assemblée.

L'organiste de Troyes fut appelé à la cour avec ses enfants et l'instrument célèbre qui l'avait déjà conduit à la fortune. Jacques et Babet se firent entendre, on donna des éloges à leur talent; mais là, chez le roi, en présence des princes et des grands seigneurs, aussi bien que dans la loge foraine, tout l'intérêt se concentra sur l'épinette, qui, disait-on, était fée. Comme si l'instrument avait pu savoir devant quel grand personnage il avait l'honneur de se faire entendre, jamais son jeu n'avait été si pur, jamais son obéissance n'avait été si prompte et le choix de ses airs si heureux et si varié; et, qu'on se le rappelle bien, personne ne touchait à l'épinette; elle était placée au milieu d'un cercle, ayant autour d'elle un grand espace vide; l'organiste ne lui parlait que de loin et les enfants de Jean-Baptiste Raisin avaient ordre de ne pas s'approcher d'elle. Ce ne fut qu'un cri d'admiration durant toute la séance; l'enivrement fut général; le roi prétendit qu'il n'était pas assez riche pour acheter un pareil instrument, et sa mère, Anne d'Autriche, alla jusqu'à la prière pour obtenir de l'inventeur la permission d'examiner le mécanisme caché qui produisait de si merveilleux effets. Jean-Baptiste Raisin supplia la reine de ne pas insister, car il s'était promis de n'ouvrir son épinette devant personne. Ce refus fit rumeur à la cour; alors la reine Anne commença à croire qu'il y avait magie, elle exprima hautement son effroi. Louis XIV, voyant la pâleur

de sa mère, dit avec force : « Eh bien ! s'il ne veut pas
ouvrir son épinette, on va la briser! » L'organiste se
jeta aux pieds du roi, lui demanda grâce pour sa coupable résistance, et, dès qu'il eut obtenu son pardon,
il alla tout tremblant ouvrir ce miraculeux instrument.

Il était temps que l'ordre du roi s'accomplît, car quelques minutes de plus, et le génie caché à qui Jean-Baptiste Raisin devait sa fortune allait mourir privé d'air dans
la boîte où on le tenait renfermé. C'était un petit enfant
âgé de quatre ans seulement, et qui, à force d'études,
était devenu déjà un musicien consommé. Il se nommait
Baptiste comme son père; il était beau, spirituel, il était
mieux que cela : il était bon ! Quand on le sortit de sa
prison, le pauvre petit tomba dans un évanouissement
qui fit craindre pour ses jours. La reine le prit sur ses
genoux, le roi, les dames, les seigneurs, chacun s'empressa autour de lui pour le rendre à la vie; mais ce
qu'il y eut de pénible à voir surtout, ce fut le désespoir
de ce père, qui, ne songeant plus à la présence des
personnes royales, se meurtrissait le front et criait :
« Ils l'ont fait jouer trop longtemps, ils ont tué mon
fils! » A ces cris de douleur se mêlèrent les cris non
moins déchirants du jeune frère et de la petite sœur :
« Rendez-nous notre frère! » disaient-ils en se préci-
pitant vers la reine et en lui disputant l'enfant évanoui,
à qui elle donnait ses soins, mais qui ne revenait pas
encore. Pourtant il reprit connaissance, et tout faible,
tout malade qu'il était, il demanda la permission de
toucher du clavecin, non plus enfermé dans sa boîte,

mais en présence des belles dames et des grands seigneurs qui venaient de lui témoigner leur intérêt.

Le petit Baptiste Raisin montra cette fois à visage découvert tout ce qu'une excellente organisation musicale
peut offrir de prodiges dans un âge si tendre. Pendant
tout le temps qu'il joua, les louis d'or ne cessèrent de
pleuvoir autour de lui. Quand il eut fini, les dames se le
passèrent de main en main en le comblant de caresses,
et son père, en quittant la cour, emporta non-seulement
une abondante recette et le pardon de sa supercherie,
mais encore la protection de la famille royale.

L'année suivante, Jean-Baptiste Raisin revint avec sa
famille donner des représentations à la foire Saint-Germain; ses spectateurs furent plus nombreux encore, car
il eut soin d'ajouter sur son affiche qu'à la fin des représentations l'épinette serait ouverte et qu'il découvri-
rait publiquement son secret. Cette nouvelle annonce
lui valut une fortune d'environ cent mille livres; personne ne songea à se plaindre de la ruse de l'organiste,
car l'enfant était si jeune et de si petite taille, que ceux
qui s'attendaient à voir une merveille trouvèrent que
l'événement dépassait encore leur attente.

Si l'organiste de Troyes avait su borner ses désirs et
son ambition, il eût vécu heureux avec cette honnête
aisance que la famille devait au petit Baptiste Raisin;
mais il n'est pas donné à la sagesse humaine de s'arrêter dans la route du bonheur; on veut toujours aller
plus loin, on ne songe point qu'au delà il y a peut-
être une mauvaise destinée qui nous attend, et que

22.

nous finissons toujours par rencontrer un abîme à force de vouloir avancer imprudemment sur le chemin de la fortune.

Jean-Baptiste Raisin, ayant remarqué que ses enfants avaient d'heureuses dispositions pour jouer la comédie, imagina de les réunir à une troupe de petits acteurs dont il prit la direction. C'était un spectacle tout nouveau en ce temps-là, car jamais si jeunes comédiens n'avaient paru devant le public. Ils attirèrent tout Paris à leurs représentations. Jacques Raisin, l'aîné des trois enfants, jouait avec une rare intelligence ; il fut même depuis un acteur distingué pour l'époque où il vivait. Babet Raisin se faisait admirer par sa grâce enfantine et pleine de naturel. Mais, comme au temps de l'épinette miraculeuse, celui qui réunissait tous les suffrages, à qui s'adressaient les bonbons, c'était encore le petit Baptiste Raisin : sa mémoire était imperturbable; tous les rôles convenaient à son génie; il avait ou une dignité comique, ou une sensibilité vraie, qui arrachait des larmes ou qui faisait trépigner de joie. L'exiguïté de sa taille donnait occasion de le montrer dans des créations originales qui justifiaient pleinement l'empressement du public. Il y avait une pièce intitulée l'*Andouille de Troyes*, que l'on considérait comme le triomphe de Baptiste Raisin. D'abord il paraissait servi sur un plat et enveloppé d'un taffetas brun qui figurait l'andouille, puis, quand les convives avaient mis le couteau dans la pièce succulente du festin, Jean-Baptiste Raisin, se débarrassant de sa première enveloppe, se montrait sous la figure d'un petit cochon de lait tout vivant; alors une lutte s'engageait entre lui et le cuisinier qui voulait le mettre à la broche; enfin, par une métamorphose nouvelle, le cochon de lait devenait un petit diablotin qui effrayait tous les convives et dévorait à lui seul le repas préparé pour les autres. Ce dénoûment excitait les transports de gaieté universelle; on appelait Raisin à grands cris sur le bord du théâtre, et, pour clore agréablement la représentation, il répondait aux acclamations des spectateurs par un joli petit couplet dont lui-même avait composé la musique et les paroles.

Un jour la pièce n'arriva pas jusqu'à son dénoûment; un de ses petits camarades, nommé Lefèvre, qui jouait le rôle de cuisinier, se jeta avec tant de force sur lui en le menaçant de sa broche, qu'il le perça de part en part. « Je n'en veux pas à Lefèvre, dit-il en mourant, mais c'est ma pauvre sœur Babet que je regrette ; » et il mourut âgé de six ans.

Sa famille fut inconsolable; chacun pleura ce jeune et gracieux enfant; son frère ne l'oublia jamais; mais cette sœur Babet qu'il avait raison de tant aimer ne se souvint bientôt plus du malheur arrivé au petit Raisin : elle était devenue folle le jour de la mort de son frère. Dans sa vieillesse, la pauvre insensée ne faisait que répéter à tout le monde : « Avez-vous vu mon frère Baptiste? pourquoi donc ne rentre-t-il pas? »

JEAN-PHILIPPE RAMEAU

'IL fut un grand compositeur, il
faut avouer aussi que la musique a
été sa langue maternelle. Son
père, savant organiste, lui apprit
à chanter même avant de lui apprendre à parler. Dès qu'il put
faire usage de ses doigts, on les lui posa sur le clavier
d'une épinette. C'est donc sans peine aucune, et sans
s'apercevoir des difficultés de son art, que le petit Rameau fit, de jour en jour, des progrès rapides dans la
science musicale, dont l'étude n'était pour lui qu'un plaisir. Son goût se développant, Rameau fit de la musique
son unique passion; il ne pensait qu'à devenir un artiste
célèbre. Négligeant toutes ses autres études, il fut ren-

voyé du collége où son père l'avait placé, attendu que,
toujours préoccupé de l'idée qui le poursuivait sans
cesse, il chantait involontairement pendant l'heure des
classes, et répondait en chantant au professeur qui l'interrogeait. Ses cahiers de devoirs ressemblaient plutôt
à des cahiers d'airs notés qu'à des cours de thèmes et de
versions. Le principal du collége pria le père Rameau
de reprendre son fils et de renoncer à en faire autre
chose qu'un musicien. L'organiste, qui eût été assez
flatté d'avoir un savant dans sa famille, pria à son tour
M. le principal d'essayer si les punitions ne change-
raient pas les dispositions peu studieuses de l'élève
mélomane : on fustigea le petit Rameau, comme c'était
l'usage du temps; et l'écolier châtié, qui racontait plus
tard cette aventure, prétendait que sous la verge du
correcteur il était musicien si incorrigible, qu'il pleura
même en mesure. On le mit au cachot : l'enfant ne
songea à autre chose qu'à composer un air de désespoir, dont il garda le souvenir pour le placer plus tard
dans son opéra de *Dardanus*. Le père de Rameau,
voyant bien, selon la prophétie de M. le principal, que
son fils ne pouvait être qu'un musicien, voulut, au
moins, faire de lui un grand artiste. A peine âgé de
huit ans, Rameau passait déjà pour un musicien distingué. Son père l'envoya en Italie pour y étudier les
chefs-d'œuvre des grands maîtres ; puis, devenu à
douze ans très-habile organiste, il se rendit à Clermont
en Auvergne, où le chapitre de la cathédrale le choisit
pour toucher l'orgue. Dès son entrée en fonctions, il

obtint un tel succès, qu'on lui proposa un engagement de plusieurs années; le jeune artiste le signa avec joie; mais Rameau n'avait pas vu Paris; il apprit bientôt que c'est à Paris seulement qu'une grande réputation peut s'asseoir sur des bases solides; alors il demanda la rupture de son engagement; mais, tout d'une voix, le chapitre la lui refusa, ne voulant pas se priver d'un organiste qui lui faisait un si grand honneur. Rameau, poursuivi par un impérieux besoin de renommée, Rameau, qui se sentait appelé à briller sur un plus vaste théâtre, essaya longtemps, à force de prières et de supplications, de vaincre la résistance de ceux qui voulaient le garder malgré lui; mais le chapitre persista dans sa résolution, et l'enfant ne put pas même avoir recours à la fuite, car il eût été renvoyé sous bonne escorte de Paris à Clermont, s'il avait osé, au mépris de son engagement, se décider à obéir à cette soif de célébrité qui le poussait vers Paris.

Voyant que le chapitre restait inébranlable, et de plus en plus dominé par un désir de gloire, Rameau jugea qu'il ne pourrait arriver à la rupture de son engagement que par un coup d'État, fort coupable sans doute, mais qu'il expia plus tard à force de génie.

C'était le jeudi de l'octave de la Fête-Dieu; le matin encore Rameau avait de nouveau sollicité l'autorisation de partir pour Paris, et de nouveau cette autorisation lui avait été refusée. A l'heure du service divin, il se mit à l'orgue : la foule était immense, et chacun se préparait avec recueillement à entendre le chant reli-

gieux auquel sa touche savante donnait une expression
toute divine. Le jeune organiste prélude, on est saisi
d'admiration, et, de l'un à l'autre, tous les assistants
semblent se dire du regard : Écoutons! Alors, du sein
des vastes tuyaux de l'orgue, s'élancent, se croisent et
rebondissent les sons les plus discordants; l'un semble
crier, tandis que l'autre chante; celui-ci module les
premières notes d'un pieux cantique, celui-là lui répond par un air de contredanse : on dirait dix orches-
tres rivaux qui luttent l'un contre l'autre à qui déton-
nera le mieux; ce sont des bruits saccadés, des points
d'orgue tout à coup interrompus par des *couic,* des
couac ; une harmonie céleste, à travers laquelle semble
se jeter, avec d'horribles miaulements, une légion de
chats en furie. Les assistants se regardent avec stupéfaction; il y a rumeur, scandale jusqu'au pied des autels; on croirait que tous les démons de l'enfer se sont
emparés de l'orgue, et qu'ils jouent, en courant sur le
clavecin, à qui saura le mieux troubler la cérémonie de
ce jour saint. On monte jusqu'auprès de Rameau pour
connaître la cause de cet étrange charivari; mais la porte
de l'orgue est fermée, et l'organiste ne veut point ouvrir à ceux qui frappent. Cependant, affligés d'un pareil
événement, les chanoines tiennent conseil, et l'on
demande à parlementer avec Rameau, qui à toute force
refuse toujours d'ouvrir sa porte. C'est par le trou de
la serrure seulement qu'il consent à entendre les
propositions de ceux qui le tiennent assiégé. D'abord on
le menace; pour toute réponse, l'artiste dit qu'il a mé-

rité d'être puni; mais que, comme il ne veut pas souffrir
de punition, il se jettera par la fenêtre et se tuera sur les
dalles du porche de l'église si l'on tente d'enfoncer la
porte. Aux menaces succédèrent des paroles plus douces; on lui offre de tout oublier s'il consent à réparer à
force de talent le scandale qu'il vient de commettre.
Rameau ne s'engage à rien; bien plus, il parle de continuer le charivari si l'on s'obstine à ne point vouloir le
laisser partir. On lui propose de doubler ses appointe-
ments. « Paris! Paris! je veux aller à Paris! » Pour la
seconde fois le chapitre s'assemble; quelques membres
veulent absolument qu'on sévisse contre le coupable;
mais d'autres chanoines, plus indulgents et plus sages,
se prononcent pour l'oubli de la faute et le renvoi de
l'organiste. Ce dernier avis l'emporte, l'engagement de
Rameau est déchiré; son congé est signé par tous les
chanoines; on revient à la porte de la cellule, où il se
tient toujours enfermé, et, ne pouvant arriver jusqu'à
lui, on lui passe sous la porte son engagement mis en
pièces et son congé rédigé en bonne forme et en bons
termes. Aussitôt le jeune artiste, ému jusqu'aux larmes,
se remet à l'orgue et fait entendre tout ce que l'harmonie a de plus éclatant et la mélodie de plus doux. Ce
jour-là, dit un de ses historiens, Rameau fit des prodiges; il produisit des effets extraordinaires, que tout
l'auditoire accueillit par les témoignages du plus vif
enthousiasme.

Comme il l'avait si ardemment désiré, enfin Rameau
vint à Paris. Le sort glorieux qu'il avait pressenti l'y

attendait. C'est pour ce célèbre artiste, qui était né à Dijon en 1683, que le roi créa la charge de compositeur de son cabinet. Rameau obtint des lettres de noblesse; il fut nommé chevalier de Saint-Michel, et mourut à Paris en 1764.

FIN.

TABLE DES MATIÈRES

LES ENFANTS PIEUX

LES ENFANTS LABORIEUX

LES ENFANTS COURAGEUX

LES ENFANTS POÈTES

LES ENFANTS SAVANTS

LES ENFANTS ARTISTES

Paris. — Typ. Pillet et Dumoulin, 5, rue des Grands Augustins.

Imprimé en France
FROC031117210120
23228FR00013B/156/P

9 782329 358055